汽车专业"1+X"课证融通创新教材
高职高专汽车类专业创新一体化教材

汽车底盘机械系统构造与检修一体化教程

主　编　杨智勇　黄艳玲　李培军
副主编　李泰然　刘　波　惠怀策

机械工业出版社

本书是"1+X"课证融通模式理实一体化教材。根据项目教学的要求，以常见的大众汽车和丰田汽车等车型为例，系统地介绍了汽车底盘机械系统各总成和部件的结构、工作原理及拆装与检修方法，并按照项目描述、岗位核心能力、相关知识、相关技能及维修实例的形式进行编排。本书共分5个项目，内容包括汽车底盘概述、传动系统、行驶系统、转向系统和制动系统，并配送《实训工作页》分册。

　　本书聚焦汽车维修核心岗位技能要求，对接行业标准和专业教学标准，将"1+X"证书考试内容与课程内容融合，注重对学生技能操作规范化、职业化的素质培养，实现课程理论与实践相统一。

　　在表现形式上使用了大量的便于学生理解的实物图片，介绍了汽车新技术和实用技术知识。采用"互联网+"的形式，可通过手机扫描二维码观看动画、视频。

　　本书可作为高职高专、中职中专及技师学院等汽车相关专业及汽车"1+X"培训课程的教材，也可作为汽车技术人员的培训教材和参考用书。

图书在版编目（CIP）数据

汽车底盘机械系统构造与检修一体化教程 / 杨智勇，黄艳玲，李培军主编 . — 北京：机械工业出版社，2021.4（2023.6 重印）
高职高专汽车类专业创新一体化教材
ISBN 978-7-111-67683-6

Ⅰ.①汽… Ⅱ.①杨… ②黄… ③李… Ⅲ.①汽车 – 底盘 – 机械系统 – 结构 – 高等职业教育 – 教材 ②汽车 – 底盘 – 机械系统 – 车辆检修 – 高等职业教育 – 教材 Ⅳ.①U463.103 ②U472.41

中国版本图书馆CIP数据核字（2021）第039202号

机械工业出版社（北京市百万庄大街22号　邮政编码100037）
策划编辑：齐福江　　　　　　责任编辑：齐福江
责任校对：张晓蓉　　　　　　封面设计：张　静
责任印制：单爱军
北京中科印刷有限公司印刷

2023年6月第1版第3次印刷
184mm×260mm・15.25印张・374千字
标准书号：ISBN 978-7-111-67683-6
定价：59.00元

电话服务　　　　　　　　　　网络服务
客服电话：010-88361066　　　机 工 官 网：www.cmpbook.com
　　　　　010-88379833　　　机 工 官 博：weibo.com/cmp1952
　　　　　010-68326294　　　金　书　网：www.golden-book.com
封底无防伪标均为盗版　　　　机工教育服务网：www.cmpedu.com

FOREWORD 前言

汽车底盘机械系统是高职院校汽车检测与维修、汽车电子等专业的一门核心专业课程。为了适应新的高职教育模式的要求，使学生能够系统地学习汽车底盘机械系统的知识与技能，并确实体现"做中学"和"基于工作过程"的教学理念，我们组织高职院校教师及企业专家编写了本教材。

为了符合高等职业"1+X"课证融通教育教学的特点，符合高职院校学生的认知习惯，在编写本书的过程中，紧紧围绕汽车专业教育教学改革的要求和生产一线的实际，注重职业教育的特点，按技能型、应用型人才培养的模式进行设计构思。

本书根据项目教学的要求，将具体内容按照项目描述、岗位核心能力、相关知识、相关技能及维修实例的形式进行编排。本书共分5个项目，内容包括汽车底盘概述、传动系统、行驶系统、转向系统和制动系统。编写时，从高等职业教育的实际出发，结合教学和行业实际的需要，在内容上注重实训教学环节的重要性和动手能力的培养，具有针对性和实用性，强化了实践教学。

为了适应汽车技术的飞速发展与不断更新，本书在编写过程中，突出以下特点：

1. 本书按照汽车结构特点编写，与汽车类专业规划教材的分类相对应，在总体设计上仍沿用传统教材的教学顺序，采用项目任务的设计，每个任务均能够体现工作过程，使学生能够通过每个任务的学习，循序渐进地由简到繁逐步掌握汽车底盘机械系统检修的知识和技能。

2. 本书在编写过程中，聚焦汽车维修核心岗位技能要求，对接行业标准和专业教学标准，将"1+X"证书考试内容与课程内容融合，注重对学生技能操作规范化、职业化的素质培养，实现课程理论与实践相统一。

3. 在表现形式上使用了大量的便于学生理解的实物图片，介绍了汽车新技术和实用技术知识。

4. 本书配备有相关技能训练和复习题，来检验学习效果。

5. 采用"互联网+教育"的形式，即可通过手机扫描二维码来观看动画、视频的形式进行学习，解决学生从抽象思维到形象思维的转变瓶颈，有效提高学生的学习兴趣。

6. 列举一些通俗易懂的典型车型维修实例，注重理论与实践的紧密结合。

本书由广东合赢教育科技股份有限公司技术支持，由辽宁省交通高等专科学校杨智勇、黄艳玲、李培军主编，辽宁省交通高等专科学校李泰然、刘波和沈阳时达汽车服务有限公司技术总监惠怀策任副主编，全书由杨智勇统稿。参加本书编写工作的还有厦门东海职业技术学院唐龙泉、沈阳和昊汽车销售服务有限公司季成久、鞍山和佳汽车销售服务有限公司贾宏波等。

本书可作为高职高专、中职中专及技师学院等汽车专业及"1+X"培训课程的教材，也可作为汽车技术人员的培训教材和参考用书。

由于作者水平所限，书中难免有不当之处，恳请使用本教材的师生和读者批评指正。

编　者

CONTENTS 目录

前　言

项目一　汽车底盘概述　001

任务一　认识底盘基础 // 001
相关知识
　一、底盘基本组成 // 001
　二、底盘的总体构造 // 002
　三、传动系统的布置形式 // 004

任务二　常用设备及工具 // 006
相关知识
　一、举升机 // 006
　二、常用工具 // 007
复习题 // 014

项目二　传动系统　015

任务一　离合器的检修 // 015
相关知识
　一、离合器的功用与分类 // 016
　二、离合器的组成 // 017
　三、离合器的工作原理 // 021
　四、离合器自由间隙和离合器踏板自由
　　　行程 // 021
相关技能
　一、离合器的拆装 // 022
　二、离合器的检修 // 025
　三、离合器的维护 // 028
　四、离合器常见故障诊断与排除 // 030
维修实例
　复习题 // 033

任务二　手动变速器的检修 // 034
相关知识
　一、变速器的功用与类型 // 034
　二、变速器基本工作原理 // 036
　三、手动变速器的结构 // 038
　四、同步器的结构与工作原理 // 046
　五、四轮驱动系统简介 // 050
相关技能
　一、手动变速器的分解 // 052
　二、手动变速器的检修 // 054
　三、手动变速器的安装 // 055
　四、手动变速器齿轮油的更换 // 056
　五、手动变速器常见故障诊断 // 057
维修实例
　复习题 // 060

任务三　万向传动装置的检修 // 061
相关知识
　　一、万向传动装置的功用与结构 // 062

　　二、万向节的类型与结构 // 063

　　三、传动轴的功用与结构 // 068

　　四、中间支撑的功用与结构 // 069

相关技能
　　一、球笼式等速万向节拆装与检查 // 070

　　二、传动轴的检修 // 072

　　三、中间支撑的检修 // 072

　　四、万向传动装置常见故障诊断与排除 // 073

维修实例
　　复习题 // 075

任务四　驱动桥的检修 // 075
相关知识
　　一、驱动桥的功用与组成 // 076

　　二、主减速器的功用与结构 // 077

　　三、差速器的功用与结构 // 078

　　四、半轴的功用与结构 // 081

　　五、桥壳的功用与类型 // 083

相关技能
　　一、主减速器的拆装 // 083

　　二、差速器的拆装 // 085

　　三、主减速器的调整 // 086

　　四、半轴与桥壳的检修 // 087

　　五、驱动桥常见故障诊断与排除 // 088

维修实例
　　复习题 // 090

项目三　行驶系统　　091

任务一　车桥的检修 // 091
相关知识
　　一、车桥的功用与类型 // 092

　　二、车桥的结构 // 093

　　三、车轮定位 // 095

相关技能
　　一、前轴的检修 // 098

　　二、转向节的检修 // 099

　　三、车轮定位的检查和调整 // 099

　　四、车桥的故障诊断 // 101

维修实例
　　复习题 // 104

任务二　车架与悬架的检修 // 105
相关知识
　　一、车架的功用与类型 // 106

　　二、悬架的组成与类型 // 108

相关技能
　　一、前悬架的检修 // 116

　　二、独立悬架车轮外倾角的调整 // 118

　　三、车架与悬架的故障诊断 // 119

维修实例
　　复习题 // 120

任务三　车轮与轮胎的检修 // 121
相关知识
　　一、车轮总成的功用与结构 // 122

　　二、车轮的功用与类型 // 122

　　三、轮胎的功用与类型 // 124

相关技能
　　一、车轮的拆装 // 129

　　二、轮毂轴承预紧度的调整 // 129

三、轮胎的检查 // 130

四、车轮动平衡的检验 // 131

五、轮胎的换位 // 132

六、轮胎的拆装 // 133

七、轮胎磨损的故障诊断 // 135

维修实例

复习题 // 137

项目四　转向系统　　139

任务一　机械转向系统的检修 // 139

相关知识

一、转向系统的功用与类型 // 140

二、转向系统的基本组成和工作原理 // 140

三、机械转向器 // 141

四、转向操纵机构 // 144

五、转向传动机构 // 146

相关技能

一、齿轮齿条式转向器的拆装与检修 // 150

二、循环球式转向器的拆装与检修 // 152

三、机械转向系统的故障诊断与排除 // 153

维修实例

任务二　动力转向系统的检修 // 156

相关知识

一、液压控制动力转向系统 // 157

二、电子控制动力转向系统 // 161

相关技能

一、动力转向器的拆装 // 167

二、转向盘的检查 // 169

三、电控动力转向系统的检查 // 169

四、电控转向系统的故障诊断与排除 // 172

维修实例

复习题 // 176

项目五　制动系统　　178

相关知识

一、制动系统的功用与组成 // 178

二、制动系统的类型与工作原理 // 179

三、盘式制动器 // 180

四、鼓式制动器 // 184

五、制动系统其他主要部件 // 189

六、驻车制动系统 // 191

相关技能

一、盘式制动器的拆装与检查 // 193

二、鼓式制动器的拆装与检查 // 196

三、真空助力器工作情况的检查 // 198

四、制动主缸与制动轮缸的检查 // 199

五、制动液液位的检查 // 200

六、制动踏板行程的检查与调整 // 200

七、制动灯开关总成与踏板臂间隙的调整 // 201

八、制动系统的排气 // 201

九、驻车制动装置的检查 // 202

十、制动系统的故障诊断与排除 // 202

维修实例

复习题 // 207

参考文献 // 209

项目一 汽车底盘概述

➔ 项目描述

汽车底盘是汽车的重要组成部分之一，是汽车装配的基础，底盘性能的好坏会影响汽车的舒适性、操控性和驾驶稳定性，并在一定程度上影响汽车的安全性，从而影响到车辆的正常使用。本项目主要介绍汽车底盘的基本知识和常用维修工具。本项目包括以下两个任务：

任务一　认识底盘基础
任务二　常用设备及工具

通过以上两个任务的学习，你将熟悉汽车底盘的基本组成和总体构造，能够了解汽车的驱动形式，学会从总体上认识汽车底盘的主要部件。

任务一　认识底盘基础

岗位核心能力

◎ **知识目标**

1）熟悉汽车底盘的基本组成和总体构造。
2）了解汽车的驱动形式。

◎ **技能目标**

1）能够指出汽车底盘部件组成所处位置。
2）能够区分汽车的驱动形式。

相关知识

一、底盘基本组成

汽车底盘由传动系统、行驶系统、转向系统和制动系统四大系统组成，其功用为接受发动机的动力,使汽车运动并保证汽车能够按照驾驶员的操纵而正常行驶。图 1-1 所示为常见汽车的底盘基本组成。

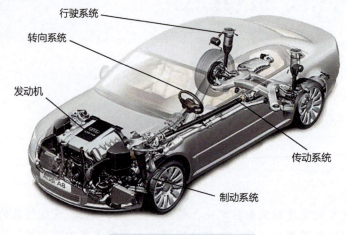

汽车底盘基本组成

图 1-1　汽车底盘基本组成

二、底盘的总体构造

1. 传动系统

汽车传动系统是指从发动机到驱动车轮之间所有动力传递装置的总称。

（1）功用　传动系统的功用是将发动机的动力传给驱动车轮。

（2）组成　传动系统一般由离合器、手动变速器、万向传动装置、驱动桥等组成,如图1-2所示。不同的汽车,其底盘的组成稍有不同。现代轿车中采用自动变速器的越来越多,其底盘包括自动变速器、万向传动装置、驱动桥等,即用自动变速器取代了离合器和手动变速器；如果是越野汽车(包括SUV,即运动型多功能车等),有的还应包括分动器等。

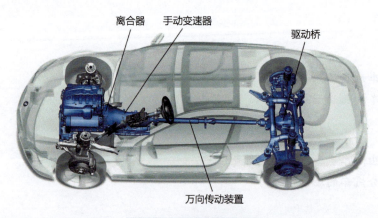

图 1-2　传动系统的组成

（3）传动系统主要部件的功用

1）离合器：保证变速器换档平顺,必要时中断发动机的动力传递。

2）变速器：变速、变矩、变向、中断发动机传给驱动车轮的动力传递。

3）万向传动装置：实现有夹角和相对位置经常发生变化的两轴之间的动力传递。

4）主减速器：将动力传给差速器，并实现降速增矩、改变传动方向。

5）差速器：将动力传给半轴，并允许左右半轴以不同的转速旋转。

6）半轴：将差速器的动力传给驱动车轮。

7）分动器：对于四轮驱动的汽车，在变速器与万向传动装置之间还装有分动器，其作用是将发动机的动力分配给前后驱动桥。

2. 行驶系统

（1）功用　汽车行驶系统的功用是支承、安装汽车的各零部件总成，传递和承受车上、车下各种载荷的作用，缓和冲击、减少振动，以保证汽车的平稳行驶。

（2）组成　行驶系统主要由车架（车身）、车桥、悬架、车轮等组成，如图1-3所示。

图1-3　行驶系统的组成

3. 转向系统

（1）功用　转向系统的功用是保证汽车能够按照驾驶员选定的方向行驶。

（2）组成　转向系统主要由转向操纵机构（包括转向盘、转向轴等）、转向器和转向传动机构（包括转向横拉杆、转向节臂、转向节、转向轮等）等组成，如图1-4所示。现在的汽车普遍采用动力转向装置，电子控制转向系统（EPS）应用也越来越广泛。

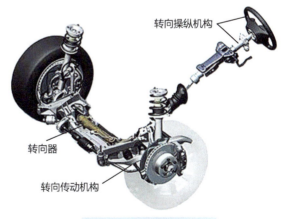

图1-4　转向系统的结构

4. 制动系统

（1）功用　制动系统的功用是使汽车减速、停车并能保证可靠地驻停。

（2）组成　汽车制动系统一般包括行车制动系统和驻车制动系统等两套相互独立的制动

系统，每套制动系统都包括制动器和制动传动机构。

现代汽车的行车制动系统都普遍装有防抱死制动系统（ABS）及驱动防滑控制系统（ASR）。ABS的作用是不论车辆在任何情况下制动时，即使在滑溜路面，也能保持车辆不抱死，以保持车辆的最大制动力，使车辆的方向保持稳定；ASR的作用是在车辆起步加速时，控制驱动轮不打滑，以保持最大的驱动力及方向稳定性。制动系统基本组成如图1-5所示。

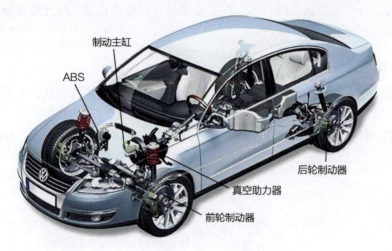

图1-5 制动系统基本组成

汽车传动系统的布置形式

三、传动系统的布置形式

汽车传动系统的布置形式主要取决于传动系统与发动机在汽车上的相对位置及汽车驱动形式。汽车的驱动形式通常用汽车车轮总数 × 驱动车轮（车轮总数系指轮毂数）来表示。普通汽车大多装有4个车轮，常见的驱动形式有4×2、4×4等；重型货车大多装6个车轮，其驱动形式有6×6、6×4和6×2等。此外，也有用汽车车桥总数 × 驱动车桥数来表示汽车的驱动形式。

就目前常见的汽车而言，汽车传动系统的布置形式可分为五种，即发动机前置后轮驱动（简称前置后驱，FR）、发动机前置前轮驱动（简称前置前驱，FF）、发动机后置后轮驱动（简称后置后驱，RR）、发动机中置后轮驱动（简称中置后驱，MR）、发动机前置全轮驱动（简称前置全驱，也称前置四驱，XWD）。

1. 前置后驱

发动机前置后轮驱动如图1-6所示。发动机布置在汽车前部，动力经过离合器、变速器、万向传动装置、后驱动桥，最后传到后驱动车轮，使汽车行驶。这是一种传统的布置形式，应用广泛，适用于除越野汽车外的各类型汽车，大多数的货车、部分轿车和部分客车都采用这种形式。

这种布置类型通常将发动机、离合器、变速器各总成连成一体，安装于汽车前部；主减速器、差速器安装于后桥中部，构成后驱动桥；在变速器与后驱动桥之间用万向传动装置进行连接。

2. 前置前驱

发动机前置前轮驱动如图1-7所示。发动机布置在汽车前部，动力经过离合器、变速器、前驱动桥，最后传到前驱动车轮。这种布置形式在变速器与驱动桥之间省去了万向传动装置，使结构简单紧凑，整车质量小，高速时操纵稳定性好，大多数轿车采用这种布置形式。但这种布置形式的不足是爬坡性能差。

发动机前置前轮驱动布置形式根据发动机布置的方向可以分为发动机前横置前轮驱动式和发动机前纵置前轮驱动式。

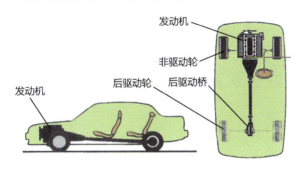

图1-6　发动机前置后轮驱动示意图

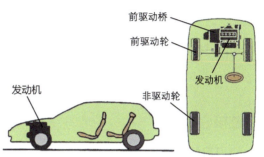

图1-7　发动机前置前轮驱动示意图

3. 后置后驱

发动机后置后轮驱动如图1-8所示。发动机布置在汽车后部，动力经过离合器、变速器、角传动装置、万向传动装置、后驱动桥，最后传到后驱动车轮，使汽车行驶。这种布置形式便于车身内部的布置，减小室内发动机的噪声，一般用于大型客车。

4. 中置后驱

发动机中置后轮驱动如图1-9所示。这种布置形式将发动机布置于驾驶室后面、汽车的中部，有利于实现前、后轴较为理想的轴荷分配，是赛车和部分大、中型客车采用的方案。客车采用这种方案布置时，能使车厢有效面积得到最高利用。

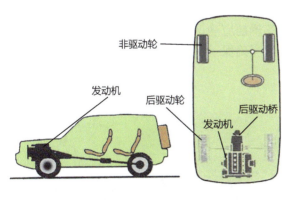

图1-8　发动机后置后轮驱动示意图

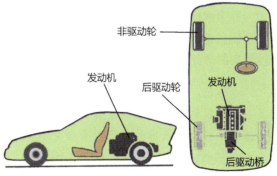

图1-9　发动机中置后轮驱动示意图

5. 前置全驱

发动机前置全轮驱动（简称全轮驱动）如图 1-10 所示。发动机布置在汽车前部，动力经过离合器、变速器、分动器、万向传动装置分别到达前后驱动桥，最后传到前后驱动车轮，使汽车行驶。这种布置形式由于所有的车轮都是驱动车轮，提高了汽车的越野通过性能，因而被越野汽车广泛采用。

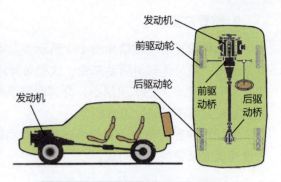

图 1-10　发动机前置全轮驱动示意图

任务二　常用设备及工具

岗位核心能力

◎ **知识目标**

1）熟悉举升机的支撑部位和举升机的安全操作规程。
2）掌握常用工具的使用方法。

◎ **技能目标**

1）能够正确使用举升机举升车辆。
2）能够熟练使用常用工具。

相关知识

一、举升机

1. 举升支撑部位

许多维修工序需要将汽车升离地面，在升起车辆前应确保汽车已被正确支撑，并应使用安全锁以免汽车落下。在用千斤顶支起汽车时，应当确保千斤顶支撑在汽车底盘大梁部分或较结实的部分。

小提示： 在举升车辆前，应先查找维修手册，找到车辆正确的支撑点，错误的支撑点不仅会带来危险，而且会破坏汽车的车身结构。图 1-11 所示为典型轿车的举升支撑部位。

2. 举升机的安全操作规程

1）使用前应清除举升机附近妨碍作

图 1-11　典型轿车的举升支撑部位

业的器具及杂物，并检查操作手柄是否正常。

2）操作机构灵敏有效，液压系统不允许有爬行现象。

3）支车时，举升机的 4 个支脚应在同一平面上，调整支脚橡胶垫高度使其接触车辆底盘支撑部位。

4）支车时，车辆不可支得过高，支起后四个托架要锁紧。

5）待举升车辆驶入后，应将举升机支撑块调整移动对正该车型规定的举升点。

6）举升时人员应离开车辆，车辆举升到需要高度时，必须插入保险锁销，在确保安全可靠后才可开始车底作业。

7）除维护保养及小修项目外，其他繁琐笨重作业，不得在举升机上操作修理。

8）举升机不得频繁起落。

9）支车时举升要稳，降落要慢。

10）有人作业时严禁升降举升机。

11）发现操作机构不灵、电动机不同步、托架不平或液压部分漏油，应及时报修，不得带病操作。

12）作业完毕应清除杂物，打扫举升机周围以保持场地整洁。

13）定期（半年）排除举升机液压缸积水，并检查液压缸油量，油量不足应及时加注相同牌号的压力油。同时应检查润滑、举升机传动齿轮及链条。

二、常用工具

1. 套筒扳手

如图 1-12 所示，套筒扳手是由多个带六角孔或十二角孔的套筒并配有手柄（棘轮扳手）、接杆、万向接头等多种附件组成的，适合拆装部位狭小、凹陷较深的螺栓或螺母。

套筒部分与梅花扳手的端头相似，并制成单件，根据需要，选用不同规格的套筒和合适的手柄进行组合。如活动手柄可以调整所需力臂；棘轮扳手用于快速拆装螺栓、螺母。有的扳手同时还能配用扭力扳手显示拧紧力矩，具有功能多、使用方便、安全可靠的特点。

小提示：套筒扳手是一种组合型工具，使用时由几件共同组合成一套扳手，如图 1-13 所示。

图 1-12 套筒扳手

图 1-13 套筒扳手的组合使用

2. 呆扳手

（1）特点　呆扳手如图 1-14 所示，主要用于拆装一般标准规格的螺栓或螺母。使用时可以上、下套入或直接插入，具有使用方便的特点。常用的有 6 件套、8 件套两种，适用范围在 6~32mm 之间。按其结构形式可分为双头扳手和单头两种；按其开口角度又可分为 15°、45°、90° 三种。

（2）使用注意事项

1）一定要选择与所拆装螺栓（螺母）相同规格的扳手，如图 1-15 所示。不要使用尺寸过大的扳手，以免因扳手尺寸过大而损坏螺栓（螺母）的棱角，如图 1-16 所示。

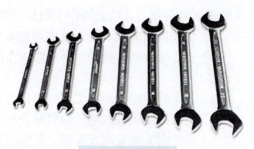

图 1-14　呆扳手

图 1-15　选择与螺栓（螺母）相同规格的扳手

图 1-16　不要使用尺寸过大的扳手

2）当使用推力拆装时，应用手掌力来推动，如图 1-17 所示。不能采用握推的方式，以免碰伤手指，如图 1-18 所示。

图 1-17　用手掌力推动

图 1-18　不能采用握推的方式

3）如图 1-19 所示，不能采用两个扳手对接或用套筒等套接的方式来加长扳手，以免损坏扳手或发生事故。

图 1-19　不能使两个扳手对接来加长扳手

3. 梅花扳手

（1）特点　梅花扳手如图1-20所示，它两端的套筒是圆环状的，能将螺母或螺栓的六角部分全部围住，从而保证工作的安全可靠性。其用途与呆扳手相似，具有更安全可靠的特点。常用的有6件套、8件套两种，适用范围在5.5~32mm之间。

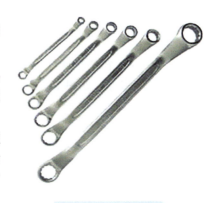

图1-20　梅花扳手

（2）使用方法　在使用梅花扳手时，左手推住梅花扳手与螺栓连接处，保持梅花扳手与螺栓完全配合，防止滑脱，右手握住梅花扳手另一端并加力。梅花扳手可将螺栓、螺母的头部全部围住，因此不会损坏螺栓角，可以施加大力矩。

（3）注意事项

1）扳转时，严禁将加长的管子套在扳手上以延伸扳手的长度增加力矩。

2）严禁锤击扳手以增加力矩，否则会造成工具的损坏。

3）严禁使用带有裂纹和内孔已严重磨损的梅花扳手。

4. 扭力扳手

（1）类型　在维修作业中，凡是有拧紧力矩要求的螺栓或螺母，均需用扭力扳手将螺栓或螺母拧到规定力矩。扭力扳手有指针式（图1-21a）、预置式（图1-21b）、数显式（图1-21c）、表盘式、定值式以及特殊式等类型。

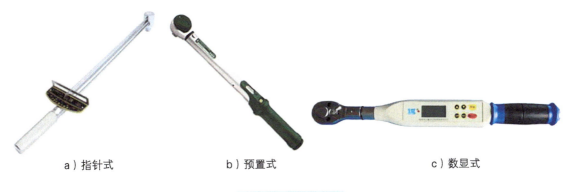

a）指针式　　　　　b）预置式　　　　　c）数显式

图1-21　扭力扳手

小提示：扭力扳手是一种与套筒扳手中的套筒配合使用，能显示扭转力矩的专用工具。

用扭力扳手拧紧螺栓或螺母时，其力矩的大小能及时指示出来，力矩的单位是N·m。汽车维护中常用扭力扳手的规格为0~300N·m。

（2）使用注意事项

1）使用扭力扳手时，必须符合规定，切忌在过载情况下使用而造成扭力扳手的失准或损坏。

2）用完应将扭力扳手平稳放置，避免因重物撞、压，造成扳手杆或扳手指针变形而影响扳手的精度，甚至损坏扳手。

5. 钳子

（1）分类　汽车维修作业中常用的钳子有鲤鱼钳、尖嘴钳和弯嘴钳、钢丝钳、断线钳、卡环钳和多用钳等，如图 1-22 所示。钳子的规格一般以钳身长度来表示。

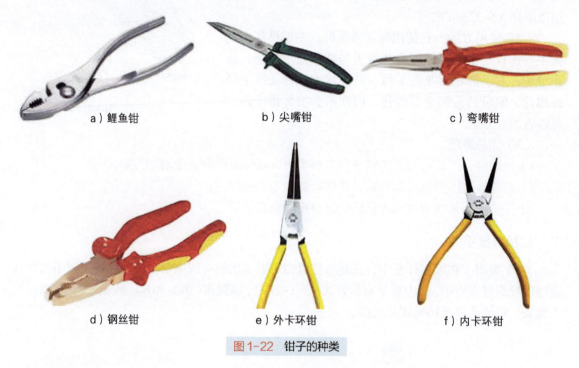

图 1-22　钳子的种类

（2）用途、用法与规格

1）鲤鱼钳。鲤鱼钳可用来切割金属丝，弯扭小型金属棒料，夹持扁的或圆柱形小工件。按长度通常分为 150mm、200mm、250mm 三种。

2）尖嘴钳与弯嘴钳。尖嘴钳与弯嘴钳能在较狭小的工件空间操作，不带刃口的只能夹捏工件，带刃口的能切剪细小零件，是修理仪表及电讯器材的常用工具。按长度分有 130mm、160mm、180mm、200mm 四种。

3）钢丝钳。钢丝钳上带有旁刃口，除能夹持工件外，还能折断金属薄板以及切断直径较小的金属线。钳柄上套有橡胶绝缘套的钢丝钳多在带电的场合使用。按长度分有 150mm、175mm、200mm 三种。

4）卡环钳。卡环钳有外卡环钳、内卡环钳、特种卡环钳等类型。卡环钳专门用于拆装带有拆装孔的弹性挡圈。

（3）使用注意事项

1）钳子的规格应与工件规格相适应，以免钳子小工件大造成钳子受力过大而损坏。

2）使用前应先擦净钳子柄上的油污，以免工作时滑脱而导致事故。

3）使用完应保持清洁，及时擦净。

4）如图 1-23 所示，严禁用钳子代替扳手拧紧或拧松螺栓、螺母等带棱角的工件，以免损坏其棱角。

5）使用钳子时，不允许用钳子切割过硬的金属丝，以免造成刃口损坏或钳体损坏，如图 1-24 所示。

图 1-23　钳子的错误用法（1）

图 1-24　钳子的错误用法（2）

6）使用时，不允许用钳柄代替撬棒撬物体，以免造成钳柄弯曲、折断或损坏，也不可以用钳子代替锤子敲击零件。

6. 螺钉旋具

（1）分类　螺钉旋具的种类有一字旋具、十字旋具等，如图 1-25 所示。

（2）用途、用法与规格

1）一字旋具。主要用于拆装一字槽螺钉、木螺钉等。常以钢杆部分的长度来区分，其常用的规格有 50mm、75mm、125mm、150mm 等几种。

2）十字旋具。专用于拆装十字槽螺钉。按十字槽的直径可分为 2~2.5mm、3~5mm、5.5~8mm、10~12mm 四种规格。

（3）使用注意事项

1）旋具有木柄和塑料柄之分，塑料柄具有一定的绝缘性，适宜电工使用。

a）一字旋具　　b）十字旋具

图 1-25　螺钉旋具的种类

2）使用前应先擦净旋具柄和口端的油污以免工作时滑脱而发生意外。

3）选用的旋具口端应与螺栓（钉）上的槽口相吻合。若旋具口端太薄易折断，太厚则不能完全嵌入槽口内，而易使旋具口和螺栓（钉）槽口损坏。

4）使用时，不允许将工件拿在手上用旋具拆装螺栓（钉），以免旋具从槽口中滑出伤手。

5）如图 1-26 所示，使用时，不可用旋具当撬棒或錾子使用，除夹柄螺钉旋具外，不允许用锤子敲击旋具柄。

6）不允许用扳手或钳子扳转旋具口端的方法来增

图 1-26　旋具的错误使用

大扭力，以免使旋具发生弯曲或扭曲变形。

7）正确的握持方法应以右手握持旋具，手心抵住旋具柄端，让旋具口端与螺栓(钉)槽口处于垂直吻合状态。当开始拧松或最后拧紧时，应用力将旋具压紧后再用手腕力按需要的力矩扭转旋具。当螺栓(钉)松动后，即可使手心轻压住旋具柄，用拇指、中指和食指快速扭转。

小提示： 使用较长的螺钉旋具时，可用右手压紧和转动旋具柄，左手握在旋具柄中部，防止旋具滑脱，以保证安全工作。

8）使用完毕，应将旋具擦拭干净。

7. 锤子

（1）分类　锤子的种类有钢制圆头锤、横头锤、软面锤等，如图1-27所示。

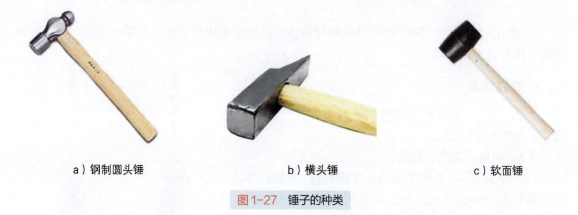

a）钢制圆头锤　　　b）横头锤　　　c）软面锤

图1-27　锤子的种类

（2）用途、用法与规格

1）钢制圆头锤。钢制圆头锤在拆装较硬组合时使用。钢制圆头锤的规格是以锤头的质量单位规定的，常用的有0.25kg、0.5kg、0.75kg、1kg、1.25kg和1.5kg六种。

2）横头锤。横头锤是在维修钣金等用力不大的零件时使用的。横头锤的规格与钢制锤基本相同。

3）软面锤。软面锤一般用于过盈配合组合件的拆装，当敲开或压紧组合件时，使用软面锤不会使零件产生损坏。常用的有橡胶、皮革、木质和黄铜软面锤。

（3）使用注意事项

1）使用前，必须检查锤柄是否安装牢固，若松动应重新安装，以防在使用时由于锤头脱出而发生伤人或损物事故。

2）使用时，应将手上和锤柄上的汗水和油污擦干净，以免锤子从手中滑脱而发生伤人或损物事故。

3）如图1-28所示，在使用锤子时，手要握住锤柄后端，握柄时手的握持力要松紧适度，这样才能保证锤击时灵活自如。

锤击时要靠手腕的运动，眼应注视工件，锤头工作面和工件锤击面应平行，才能使锤面平整地打在工件上，图1-29中所示是错误的操作方法。

项目一 汽车底盘概述

图1-28 锤子的正确使用

图1-29 锤子的错误使用

4）使用前，应清洁锤头工作面上的油污，以免锤击时发生滑脱而敲偏，损坏工件或发生意外。

5）在锤击铸铁等脆性工件和截面较薄的零件或悬空未垫实的工件时，不能用力太猛，以免损坏工件。

6）使用完毕，应将锤子擦拭干净。

8. 拉器

（1）分类　拉压器有两爪拉器、三爪拉器两种，如图1-30所示。

a）两爪拉器

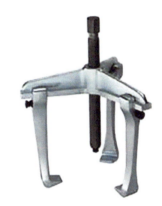

b）三爪拉器

图1-30 拉压器的种类

（2）用途与用法

1）两爪拉器。两爪拉器主要用于拆卸发动机曲轴正时齿轮、曲轴带轮、风扇带轮、凸轮轴正时齿轮及其他位置尺寸合适的齿轮、轴承凸缘等圆盘形零件。

2）三爪拉器。三爪拉器主要用于拆卸各种齿轮及其他轴承、凸缘等圆盘形构件。

小提示：使用两爪拉器和三爪拉器时，当拉器与被拉工件安装好后，要检查拉爪是否卡紧，两边受力是否均匀对称，检查垫套与轴是否对中，然后扭动螺杆接触工件后，再复查一次，确认无误后，才能进行拆卸工作。

复习题

一、选择题

1. 4×2型汽车的驱动轮数为（　　　）。
   A.4　　　　　　　B.2　　　　　　　C.8　　　　　　　D.6
2. 对于发动机后置后轮驱动的汽车而言，发动机位于其（　　　）。
   A. 后轴的后面　　B. 后轴的前面　　C. 前轴的前面　　D. 以上都不对
3. 汽车转向系统主要由（　　　）三大部分组成。
   A. 转向操纵机构、转向器、车轮　　　　B. 转向盘、转向器、转向传动机构
   C. 转向操纵机构、转向器、转向传动机构　D. 转向操纵机构、转向盘、转向器

二、判断题

1. 对于发动机前置后驱的汽车，在变速器与驱动桥之间省去了万向传动装置，使结构简单紧凑，整车质量小。（　　）
2. 发动机中置后轮驱动的布置形式有利于实现汽车前、后轴较为理想的轴荷分配。（　　）
3. 发动机前置后轮驱动的英文缩写为 RF。（　　）
4. 发动机前置前轮驱动布置形式根据发动机布置的方向可以分为发动机前横置前轮驱动式和发动机前纵置前轮驱动式。（　　）
5. 发现举升机操作机构不灵、电动机不同步、托架不平或液压部分漏油，应及时报修，不得带病操作。（　　）

三、问答题

1. 简述汽车底盘的组成与功用。
2. 简述传动系统、行驶系统、转向系统、汽车制动系统的组成与功用。
3. 汽车传动系统的布置形式主要取决于什么？
4. 汽车传动系统的布置形式可分为哪五种？
5. 举升机的安全操作有哪些注意事项？
6. 钳子的使用注意事项有哪些？

项目二 传动系统

→ **项目描述**

传动系统是汽车底盘的重要组成部分之一，位于发动机与驱动轮之间，可使发动机输出的动力特性适合于各种工况下行驶的需要，以保证汽车能正常行驶。

本项目主要介绍汽车传动系统的结构、工作原理及检修方法。本项目包括以下四个任务：

任务一　离合器的检修
任务二　手动变速器的检修
任务三　万向传动装置的检修
任务四　驱动桥的检修

通过以上四个任务的学习，你将能够描述汽车传动系统的基本组成、总体构造和工作原理，熟悉汽车传动系统的检修方法，学会离合器、手动变速器和驱动桥等的拆装与调整。

任务一　离合器的检修

岗位核心能力

◎ 知识目标

1）熟悉离合器的功用、结构和工作原理。
2）熟悉离合器零部件的检修内容和方法。

◎ 技能目标

1）能够正确地对离合器踏板自由行程进行检查与调整。
2）能够正确地对离合器油液进行添加和放气。

案例导入

一汽大众速腾 2015 款 230 TSI 手动档舒适型轿车，行驶里程 11.65 万 km。驾驶员反映，车辆起步时踩下离合器踏板挂入变速器一档,当慢慢抬起离合器踏板时,车速提高不柔和、不平稳,车身严重抖动,直到离合器踏板完全抬起为止。在车辆行驶过程中变换档位时,也能感觉到车身抖动。

相关知识

一、离合器的功用与分类

1. 离合器的功用

离合器的主要功用是保证汽车平稳起步、便于汽车在行驶中切换档位、防止传动系统过载。

小提示:

根据离合器的功用,它应满足下列主要要求:

◆ 保证可靠地传递发动机的最大转矩又能防止传动系统过载。
◆ 接合时应平顺柔和,保证汽车平稳起步,减少冲击。
◆ 分离时应迅速彻底,保证变速器换档平顺和发动机起动顺利。
◆ 旋转部分的平衡性好,且从动部分的转动惯量小。
◆ 具有良好的通风散热能力,防止离合器温度过高。
◆ 操纵轻便,以减轻驾驶员的疲劳程度。

2. 离合器安装位置

离合器位于发动机和变速器之间,如图2-1所示。

如图2-2所示,离合器总成被固定在飞轮的后平面上,汽车在行驶过程中,驾驶员会根据实际情况踩下或松开离合器踏板,使发动机和变速器暂时分离或接合,以切断或传递发动机向变速器输入的动力。

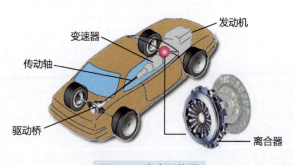

图2-1 离合器位置

图2-2 离合器固定在飞轮上

3. 离合器的分类

(1)离合器的分类　汽车上应用的离合器主要有以下三种类型:

1)摩擦离合器:指利用主、从动部分的摩擦作用来传递转矩的离合器。目前在汽车上广泛采用。

2）液力耦合器：指利用液体作为传动介质的离合器。原来多用于自动变速器，目前在汽车上几乎不采用。

3）电磁离合器：指利用磁力传动的离合器，如在空调中应用的就是这种离合器。

（2）摩擦离合器的分类　摩擦离合器可以从不同的角度来分类，具体如下：

1）按从动盘的数目分类。摩擦离合器按从动盘的数目可以分为单片离合器和双片离合器。轿车、客车和部分中、小型货车多采用单片离合器，双片离合器多用于重型车辆上。

2）按压紧弹簧的形式分类。摩擦离合器按压紧弹簧的形式可以分为周布弹簧离合器（图2-3）、中央弹簧离合器和膜片弹簧离合器。周布弹簧离合器和中央弹簧离合器采用螺旋弹簧，分别沿压盘的圆周和中央布置；膜片弹簧离合器采用膜片弹簧，目前应用最广泛。

a）形状一

b）形状二

图2-3　周布弹簧离合器

本书只介绍在汽车传动系统中应用最广泛的膜片弹簧离合器。膜片弹簧离合器以膜片弹簧取代螺旋弹簧及分离杠杆，使构造简单，并可免除调整分离杠杆高度的麻烦，且膜片弹簧弹性极佳，操作省力，故为目前使用最广泛的离合器。

二、离合器的组成

如图2-4所示，离合器由主动部分、从动部分、压紧机构和操纵机构四部分组成。离合器剖开图如图2-5所示，离合器的分解图如图2-6所示。

离合器的基本结构

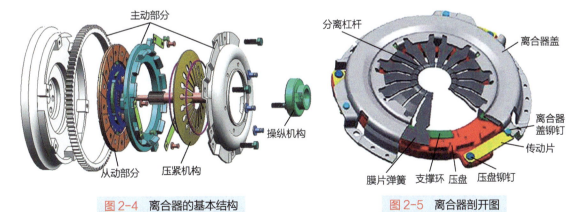

图2-4　离合器的基本结构

图2-5　离合器剖开图

1. 主动部分

主动部分包括飞轮、离合器盖和压盘。离合器盖用螺栓固定在飞轮上，并用定位销进行定位。压盘与离合器盖之间通过周向均布的三组或四组传动片来传递转矩。传动片用弹簧钢片制成，每组两片，一端用铆钉铆在离合器盖上，另一端用螺钉固定在压盘上。这样，当发动机转动，动力便经飞轮、离合器盖传到压盘，并一起转动。离合器盖和压盘如图2-7所示。

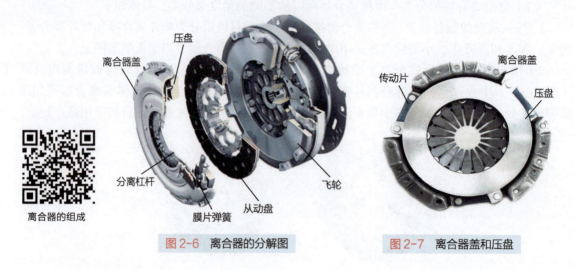

图2-6 离合器的分解图　　　　图2-7 离合器盖和压盘

2. 从动部分

从动部分包括从动盘和从动轴。如图2-8所示，从动盘主要由从动盘本体、摩擦片（也称摩擦衬片）和从动盘花键毂（也称从动盘毂）等组成，从动盘带有双面的摩擦片，离合器正常接合时分别与飞轮和压盘相接触；从动盘通过花键毂装在从动轴的花键上，从动轴是手动变速器的输入轴（一轴），其前端通过轴承支撑在曲轴后端的中心孔中，后端支撑在变速器壳体上。

从动盘的剖面图如图2-9所示。

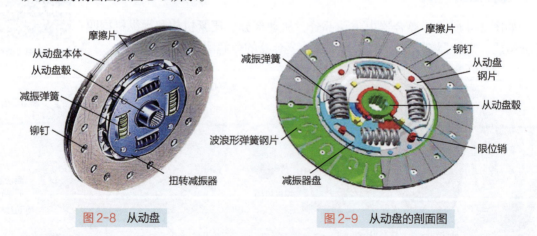

图2-8 从动盘　　　　图2-9 从动盘的剖面图

为消除传动系统的扭转振动，从动盘一般都带有扭转减振器。带扭转减振器的从动盘分解图如图2-10所示，从动盘本体上的钢片外圆周铆接有波浪形弹簧钢片，摩擦片分别铆接在弹簧钢片上，从动盘钢片与扭转减振器盘铆接在一起，这两者之间夹有摩擦垫圈和从动盘毂。从动盘毂、从动盘钢片和扭转减振器盘上都有圆周均布的窗孔，减振弹簧装在窗孔中。

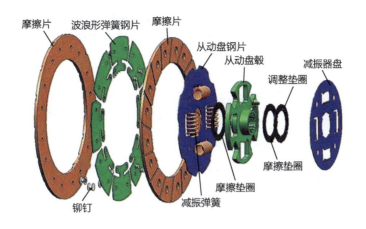

图 2-10 带扭转减振器的从动盘分解图

当从动盘受到转矩作用时，转矩从摩擦片传到从动盘钢片，再经减振弹簧传给从动盘毂，此时弹簧将被压缩，吸收发动机传来的扭转振动。

3. 压紧机构

压紧机构主要指膜片弹簧。如图 2-11 所示，膜片弹簧的径向开有若干切槽，形成弹性杠杆。切槽末端有方孔或圆孔，固定铆钉穿过孔，并固定在离合器盖上。膜片弹簧两侧装有钢丝支撑环，这两个钢丝支撑环是膜片弹簧工作时的支点。膜片弹簧的外缘通过分离钩与压盘联系起来。

膜片弹簧装在压盘与离合器盖之间，用来将压盘和从动盘压向飞轮，使飞轮、从动盘和压盘三者压紧在一起。

图 2-11 膜片弹簧

4. 操纵机构

（1）操纵机构的作用　离合器的操纵机构是驾驶员用以使离合器分离、又使之柔和接合的一套机构。

（2）操纵机构的分类　按照分离离合器时所需操纵能源的不同，离合器的操纵机构可分为人力式和助力式两种。人力式又可以分为机械式和液压式；助力式又可以分为气压助力式和弹簧助力式。目前汽车上广泛采用的是人力式的液压式操纵机构，机械式的操纵机构已被淘汰。

（3）液压操纵机构的组成及工作原理

1）组成。离合器液压操纵机构的组成如图 2-12 所示。操纵机构主要由离合器踏板、主缸、工作缸、离合器轴（即变速器一轴或输入轴，未画出）、分离套筒（未画出）、分离轴承、分离杠杆（未画出）、回位弹簧等组成。

2）工作原理。当驾驶员踩下离合器踏板时，主缸活塞通过主缸推杆的作用向左移动，管路中的液压油（制动液）油压上升，在该油压的作用下，工作缸中的活塞和推杆被推动而移动，工作缸中的推杆直接推动离合器分离叉和分离轴承向前移动，通过膜片弹簧使压盘后移，解除对从动盘的压力,使离合器处于分离状态;当驾驶员放松离合器踏板时,在主缸和工作缸各自回位弹簧以及离合器膜片弹簧的作用下,各部件都回到初始位置,使离合器处于接合状态。

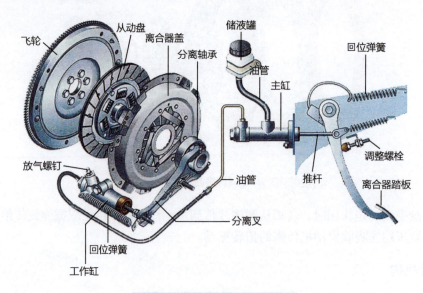

图 2-12　离合器液压操纵机构

3)离合器主缸。离合器主缸的作用是将机械能转换为液压能,实物如图 2-13 所示。

4)离合器工作缸。离合器工作缸的作用是将液压能转换为机械能,实物如图 2-14 所示。

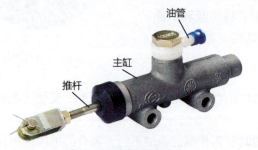

图 2-13　离合器主缸

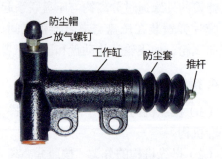

图 2-14　离合器工作缸

5. 双片离合器的基本结构

双片离合器是相对于一般的单片离合器而言。由于受到结构的影响,单片离合器的转矩受到了一定的限制,而许多大型车辆,在单片离合器无法满足转矩要求的情况下,传动系统便采用了双片离合器。

双片离合器即是单片离合器中多了一个中间从动盘(即离合器片)和一个中间压盘。其结构如图 2-15 所示。

图 2-15　双片离合器

三、离合器的工作原理

1. 接合状态

当驾驶员脚不踩离合器踏板时,在压紧弹簧的作用下,压盘将从动盘紧紧地压在飞轮上,通过摩擦力将发动机的转矩传给手动变速器。

2. 分离过程

如图 2-16 所示,当脚踩下离合器踏板时,分离叉带动分离轴承向左移动,分离轴承消除与分离杠杆的间隙后压向分离杠杆,使分离杠杆拉动压盘克服压紧弹簧的力向右移动,解除对从动盘的压力,摩擦作用消失。此时离合器的主、从动部分处于分离状态,中断动力的传递。

3. 接合过程

如图 2-17 所示,当逐渐抬起离合器踏板,压盘在压紧弹簧的作用下向左逐渐压紧从动盘,此时从动盘与压盘、飞轮的接触面之间产生摩擦力矩并逐渐增大,动力由飞轮、压盘传递给从动盘并经从动轴(输出轴)输出。在这一过程中,从动盘与输出轴转速逐渐提高,直至与主动部分相同,主、从动部分完全接合。操纵机构各部件在回位弹簧的作用下回到各自的位置。

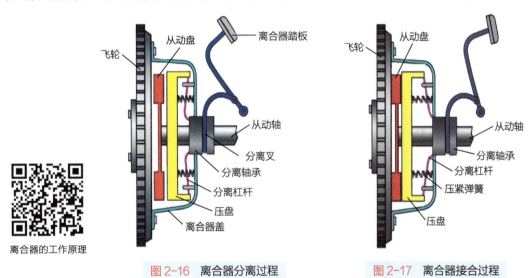

离合器的工作原理

图 2-16 离合器分离过程   图 2-17 离合器接合过程

4. 半联动状态

在离合器的接合过程中,当飞轮、压盘和从动盘之间的接合还不紧密时,所能传递的摩擦力矩较小,其主、从动部分未达到同步,处于相对打滑的状态称为半联动状态。正因为离合器有半联动状态,只要操作合理,就能使汽车平稳起步。

四、离合器自由间隙和离合器踏板自由行程

1. 离合器自由间隙

根据离合器的工作原理可知,当从动盘摩擦片磨损变薄后,为了保证离合器能处于接合

状态，传递发动机转矩，压盘必须向前移动。此时膜片弹簧（或分离杠杆）外端和压盘一起前移，其内端向后移。如果膜片弹簧（或分离杠杆）与分离轴承之间没有间隙，则由于机械式操纵机构的干涉作用，压盘最终无法前移，即导致离合器不能接合，出现打滑现象。为此，在离合器膜片弹簧（或分离杠杆）内端与分离轴承之间预留一定的间隙，这个间隙称为离合器自由间隙，如图 2-18 所示。离合器自由间隙一般为几毫米。

2. 离合器踏板自由行程和离合器踏板工作行程

（1）离合器踏板自由行程　在离合器分离过程中，为消除离合器自由间隙和分离机构、操纵机构零件的弹性变形所需要踩下的踏板行程称为离合器踏板自由行程，如图 2-19 所示。一般车型为几毫米至十几毫米，如一汽大众新宝来轿车离合器踏板自由行程为 10~20mm，本田雅阁轿车离合器踏板自由行程为 10~18mm，丰田卡罗拉轿车离合器踏板自由行程为 5~15mm。

（2）离合器踏板工作行程　消除自由间隙后，继续踩下离合器踏板，将会产生分离间隙，此过程所对应的踏板行程为离合器踏板工作行程，如图 2-19 所示。

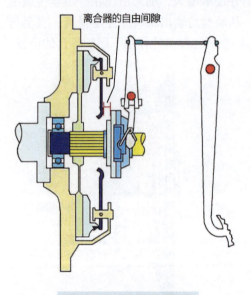

图 2-18　离合器自由间隙

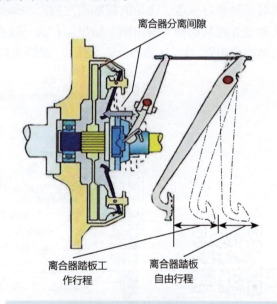

图 2-19　离合器踏板自由行程和离合器踏板工作行程

相关技能

一、离合器的拆装

1. 离合器的拆卸

1）如图 2-20 所示，拆下变速器总成。

2）如图 2-21 所示，从手动变速器壳体内部的分离叉位置拆下离合器的分离轴承。

3）如图 2-22 所示，拆卸前，应先在离合器盖与飞轮上做好装配标记，方便安装，保持原有的平衡状态。

图 2-20　拆下变速器总成

图 2-21　拆下分离轴承

4）如图 2-23 所示，用工具套筒拆卸离合器盖与发动机飞轮上的固定螺栓，注意要对角拧松，使其受力对称均匀，避免相关零件变形。

图 2-22　在离合器盖与飞轮上做装配标记

图 2-23　拆卸离合器盖与发动机飞轮上的固定螺栓

小提示：每次先分别将各固定螺栓拧松一圈，直至弹簧的张力被完全释放。

5）如图 2-24 所示，用一字螺钉旋具在飞轮上撬开离合器盖，取下离合器盖与压盘总成，卸下离合器从动盘。

小提示：拆卸时，应使离合器的压盘、从动盘和飞轮表面远离油污和异物。

2. 离合器的安装

1）清洁飞轮，保证飞轮清洁无油污。

2）如图 2-25 所示，在从动盘花键毂内涂抹少量润滑脂。

图 2-24　用一字旋具在飞轮上撬开离合器盖

图 2-25　在从动盘花键毂内涂抹少量润滑脂

3）确定从动盘的安装位置和方向。

小提示：从动盘扭转减振器突出的一面朝向压盘（图2-26）。

4）用定心棒定位从动盘。如图2-27所示，将一根定心棒插在飞轮的轴心内，再将从动盘套在定心棒上并推到飞轮侧，对从动盘定位。

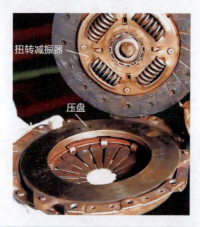

图2-26 从动盘扭转减振器突出的一面朝向压盘

图2-27 对从动盘定位

5）确定离合器盖的安装位置和方向。

小提示：将拆卸前在离合器盖与飞轮上的装配标记对准，并确认飞轮上定位销的位置（图2-28）安装。

6）如图2-29所示，将带压盘的离合器盖对准飞轮上的定位销，将离合器盖安装到发动机飞轮上。

图2-28 飞轮上定位销的位置

图2-29 安装离合器盖

7）如图2-30所示，安上离合器固定螺栓。

小提示：此时离合器盖和从动盘还未准确安装到位，注意暂时不要拧紧固定螺栓。

8）检查并确认离合器从动盘位于飞轮的中心位置（轴心）后，上下左右轻微地移动定心棒，检查并调整离合器盖到正确的位置，然后分2~3次以对角线的位置按规定力矩拧紧离合器固定螺栓，取出定心棒。

9）清理变速器主轴。在分离轴承的内座、分离叉和分离叉支撑部件上涂抹少量润滑脂。将分离轴承安装到分离叉上，然后将分离叉安装固定在变速器上。

10）拨动分离叉，保证分离轴承滑动自如。如图2-31所示。

图2-30　安上离合器固定螺栓

图2-31　拨动分离叉

二、离合器的检修

1. 从动盘的检查

1）目视检查。如图2-32所示，目视检查从动盘摩擦片是否有裂纹、铆钉外露、减振器弹簧断裂等情况，如果有则更换从动盘。

2）检查从动盘摩擦片的磨损程度。如图2-33所示，用游标卡尺测量摩擦片的厚度，若测量值不符合规定值，应更换从动盘。

目视检查从动盘

测量摩擦片的厚度

图2-32　目视检查从动盘摩擦片

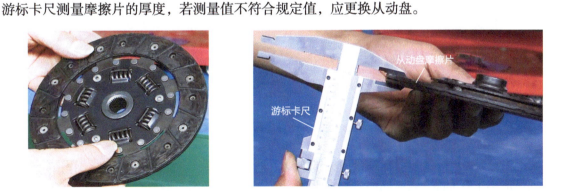

图2-33　测量摩擦片的厚度

3）检查从动盘摩擦片上的铆钉。如图2-34所示，用游标卡尺测量从动盘摩擦片上的铆钉深度，铆钉头埋入深度一般应不小于0.30mm。如果检查结果超过规定值，则应更换从动盘。

注意：检查的是铆钉头的深度，即浅处的深度。

4）其他检查。如图 2-35 所示，检查从动盘的花键毂是否有过度磨损或缺齿；检查减振弹簧是否断裂或有明显变形，若有应更换从动盘。

图 2-34 测量从动盘摩擦片上的铆钉深度

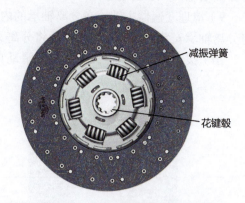

图 2-35 检查从动盘的花键毂和减振弹簧

2. 压盘和离合器盖的检查

压盘损伤主要是翘曲、破裂或过度磨损等。

1）检查压盘表面粗糙度。如图 2-36 所示，目视检查压盘表面不应有明显的沟槽，沟槽深度应小于 0.30mm。轻微的磨损可用油石修平。

2）检查压盘平面度。检查方法如图 2-37 所示，用刀口尺压在压盘上，然后用塞尺测量。离合器压盘平面度不应超过 0.2mm。

压盘平面度或表面粗糙度超过要求可用平面磨床磨平或车床车平，但磨、车的厚度应小于 2mm，否则应更换压盘。

测量从动盘摩擦片上的铆钉深度

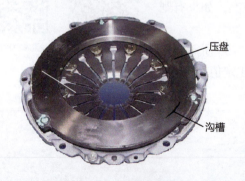

图 2-36 目视检查压盘表面

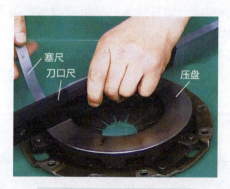

图 2-37 压盘平面度的检查

3）检查离合器盖与飞轮接合面的平面度。离合器盖与飞轮的接合面的平面度应小于 0.5mm，若有翘曲、裂纹、螺纹磨损等应更换离合器盖。

3. 膜片弹簧的检查

1）检查膜片弹簧的磨损程度。如图 2-38 所示用游标卡尺测量膜片弹簧与分离轴承接触部位磨损的深度和宽度。深度应小于 0.6mm，宽度应小于 5mm，否则应更换。

压盘平面度的检查

a）膜片弹簧与分离轴承磨损部位

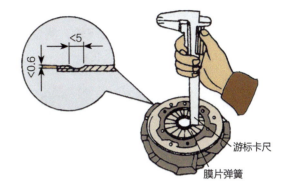

b）深度和宽度的测量

图 2-38　膜片弹簧磨损的检查

2）检查膜片弹簧。如图 2-39 所示，目视检查膜片弹簧的分离指是否在同一高度，是否有断裂或过度磨损现象，如果不在同一高度或有断裂、过度磨损现象，应更换压盘总成。

检查膜片弹簧的磨损程度

4. 分离轴承的检查

如图 2-40 所示用手固定分离轴承内圈，转动外圈，同时在轴向施加压力，若有阻滞或明显间隙感时，应更换分离轴承。

小提示：分离轴承通常是一次性加注润滑脂。维护时切勿随意拆卸清洗。若有脏污，可用干净抹布擦净表面。

图 2-39　膜片弹簧的检查

图 2-40　分离轴承的检查

分离轴承的检查

5. 飞轮的检查

1）目视检查。检查齿圈轮齿是否磨损或打齿，检查飞轮端面是否有烧蚀、沟槽、翘曲和裂纹等，如果有，则应修理或更换飞轮。

2）检查飞轮上的轴承。如图 2-41 所示用手转动轴承，在轴向加力，如果有阻滞或明显间隙感，则应更换轴承。

3）检查飞轮端面的轴向圆跳动。如图 2-42 所示，将百分表安装在发动机机体上，百分表表针抵在飞轮的最外圈，转动飞轮，测量飞轮的轴向圆跳动，应小于 0.1mm。如果轴向圆跳动超过标准，应修磨或更换飞轮。

图 2-41　飞轮上轴承的检查

图 2-42　飞轮端面轴向圆跳动的检查

飞轮每次拆卸后，应更换连接螺栓。将飞轮安装到曲轴上时，应按对角线逐次以规定的力矩拧紧。

三、离合器的维护

离合器的维护检查主要包括检查离合器踏板自由行程、检查离合器的工作情况、检查离合器储液罐液面高度等。

1. 离合器储液罐液面高度检查

如图 2-43 所示，检查离合器主缸储液罐（大多都是与制动液储液罐共用）内离合器液（制动液）面的高度，如果低于最低液面的标记，则应补加，并要进一步检查离合器液压操纵机构是否有泄漏的部位。

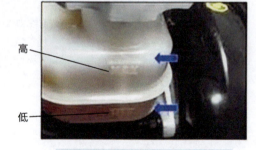

图 2-43　检查离合器液面的高度

2. 离合器液压操纵机构泄漏检查

液压操纵机构泄漏检查主要是检查主缸与油管、工作缸与油管及油封等部位是否有离合器液的痕迹。

3. 离合器踏板自由行程的检查与调整

（1）故障检查　踩下离合器踏板，检查是否存在下述故障。

1）踏板回弹无力。
2）异响。
3）踏板过度松动。
4）踏板沉重。

（2）检查离合器踏板自由行程　离合器踏板行程（高度）包括自由行程和工作行程，自由行程是为保证离合器分离彻底，而工作行程可以调整离合器接合点的高低。离合器踏板行程如图2-44所示。

1）关闭发动机，将一个直尺抵在驾驶室地板上，如图2-45所示。

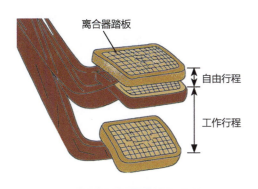

图2-44　离合器踏板行程

图2-45　将直尺抵在地板上

2）先测量离合器踏板完全放松时的高度。

3）再用手轻按离合器踏板，当感到阻力增大时停住，再测量离合器踏板高度。

4）两次测量的高度差即为离合器踏板的自由行程。

（3）离合器踏板自由行程的调整　如果离合器踏板自由行程不符合规定值，应进行调整。

1）离合器踏板自由行程的调整如图2-46所示，液压式操纵机构一般是调整主缸推杆的长度。

2）如图2-47所示，将主缸推杆锁紧螺母旋松。

3）转动主缸推杆，调整主缸推杆长度，主缸推杆变短，则离合器踏板行程变小；反之主缸推杆变长，则离合器踏板行程变大，从而调整踏板自由行程。

4）调整完毕，应将锁紧螺母旋紧。

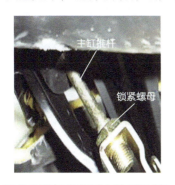

图2-46　踏板自由行程的调整

图2-47　旋松主缸推杆锁紧螺母

小提示：一次调整量不宜过多，调整不合适可反复多次进行调整。有些车辆的操纵机构具有自调装置，如捷达轿车，可以免除离合器踏板自由行程的调整。

4. 离合器工作情况检查

车辆可靠驻停，拉起驻车制动手柄。起动发动机，发动机怠速运转，踩下离合器踏板，换到1档或倒档，检查是否有噪声、是否换档平稳。如果有，说明离合器分离不彻底。

5. 离合器液压系统中空气的排出

离合器液压操纵系统在经过检修之后，管路内可能进入空气；在添加制动液时也可能使液压系统中进入空气。空气进入后，缩短了主缸推杆行程即踏板工作行程，从而使离合器分离不彻底。因此，液压系统检修后或怀疑液压系统进入空气时，就要排除液压系统中的空气。排除方法如下：

1）将主缸储液罐中的制动液加至规定高度。升起汽车。

2）如图2-48所示，在离合器工作缸的放气螺钉上安装一根塑料软管，接到一个盛有制动液的容器内。

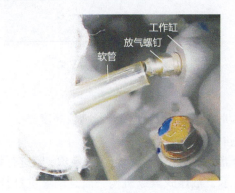
a）实物图

b）示意图

图2-48 连接塑料软管

3）排空气需要两个人配合工作，如图2-49所示，一人慢慢地踏离合器踏板数次，感到有阻力时踏住不动，另一人拧松放气螺钉直至制动液开始流出，然后再拧紧放气螺钉。

4）连续按上述方法操作几次，直到流出的制动液中不见气泡为止。

5）空气排除干净之后，需要再次检查及调整踏板自由行程。

6）再次检查主缸储液罐液面高度，必要时添加。

图2-49 踩住离合器踏板

四、离合器常见故障诊断与排除

离合器的常见故障有离合器打滑、分离不彻底、发抖、异响等。

（1）离合器打滑 故障诊断与排除见表2-1。

表2-1 离合器打滑故障诊断与排除

项目	内容
故障现象	汽车用低速档起步时，放松离合器踏板后，汽车不能起步或起步困难；汽车加速行驶时，车速不能随发动机转速的提高而提高，感到行驶无力，严重时产生焦糊味或冒烟等现象

（续）

项 目	内 容
故障原因	①离合器踏板没有自由行程，使分离轴承压在分离杠杆上 ②从动盘摩擦片、压盘或飞轮工作面磨损严重，离合器盖与飞轮的连接松动，使压紧力减弱 ③从动盘摩擦片油污、烧蚀、表面硬化、铆钉外露、表面不平，使摩擦系数下降 ④压力弹簧疲劳或折断，膜片弹簧疲劳或开裂，使压紧力下降 ⑤离合器操纵杆系卡滞，分离轴承套筒与导管间油污、尘腻严重，甚至造成卡滞，使分离轴承不能回位 ⑥分离杠杆弯曲变形，出现运动干涉，不能回位
故障诊断与排除	①检查离合器踏板自由行程，若不符合规定应予以调整 ②如果自由行程正常，应拆下变速器壳，检查离合器与飞轮连接螺栓是否松动，若松动则予以拧紧 ③如果离合器仍然打滑，应拆下离合器检查从动盘摩擦片的状况。如果有油污，一般可用汽油清洗并烘干，然后找出油污来源并设法排除。如果摩擦片磨损严重或有铆钉外露，应更换从动盘 ④如果从动盘完好，则应分解离合器，检查压紧弹簧，如果弹力过软则应更换 总结：离合器打滑主要可以从从动盘压不紧、从动盘摩擦系数下降等方面加以考虑

（2）离合器分离不彻底故障　故障诊断与排除见表 2-2。

表 2-2　离合器分离不彻底故障诊断与排除

项 目	内 容
故障现象	发动机怠速运转时，踩下离合器踏板，挂档有齿轮撞击声，且难以挂入；如果勉强挂上档，则在离合器踏板尚未完全放松时，发动机熄火
故障原因	①离合器踏板自由行程过大 ②分离杠杆弯曲变形、支座松动、支座轴销脱出，使分离杠杆内端高度难以调整 ③分离杠杆调整不当，其内端不在同一平面内或内端高度太低 ④双片离合器中间压盘限位螺钉调整不当，个别分离弹簧疲劳、高度不足或折断，中间压盘在传动销上或在离合器驱动窗口内轴向移动不灵活 ⑤从动盘钢片翘曲、摩擦片破裂或铆钉松动 ⑥新换的摩擦片太厚或从动盘正反装错 ⑦从动盘花键孔与变速器第一轴花键轴卡滞 ⑧离合器液压操纵机构漏油、有空气或油量不足 ⑨膜片弹簧弹力减弱 ⑩发动机支撑磨损或损坏，发动机与变速器不同心
故障诊断与排除	①检查离合器踏板自由行程，如果自由行程过大则进行调整。否则对于液压操纵机构检查是否储液罐油量不足或管路中有空气，并进行必要的排除。如果不是上述问题应继续检查 ②检查分离杠杆内端高度，如果分离杠杆高度太低或不在同一平面，则进行调整。否则检查从动盘是否装反，如果都没问题则继续检查 ③检查从动盘是否翘曲变形、铆钉脱落，从动盘是否轴向运动卡滞等，如果是，则进行更换或修理 总结：离合器分离不彻底主要可以从离合器踏板自由行程、分离杠杆高度、从动盘等几个方面考虑

汽车底盘机械系统构造与检修一体化教程

（3）起步发抖故障　故障诊断与排除见表 2-3。

表 2-3　离合器起步发抖故障诊断与排除

项　目	内　容
故障现象	汽车用低速档起步时，按操作规程逐渐放松离合器踏板并徐徐踩下加速踏板，离合器不能平稳接合且产生抖振，严重时甚至整车产生抖振现象
故障原因	①分离杠杆内端高度不处在同一平面内 ②从动盘或压盘翘曲变形，飞轮工作端面的端面圆跳动严重 ③从动盘摩擦片厚度不均匀、油污、烧焦、表面不平整、表面硬化、铆钉头露出、铆钉松动或切断、波形弹簧片损坏 ④压紧弹簧的弹力不均、疲劳或个别折断，膜片弹簧疲劳或开裂 ⑤从动盘上的缓冲片破裂或减振弹簧疲劳、折断 ⑥发动机支架、变速器、飞轮、飞轮壳等的固定螺栓松动 ⑦分离轴承套筒与导管油污、尘腻严重，使分离轴承不能回位
故障诊断与排除	①检查离合器踏板、分离轴承等回位是否正常，如果正常则继续检查 ②检查发动机支架、变速器、飞轮、飞轮壳等的固定螺栓是否松动，如果是，则紧固螺栓，否则继续检查 ③检查分离杠杆的内端是否在同一平面，如果是，则继续检查 ④检查压盘、从动盘是否变形，铆钉是否松动、外露，压紧弹簧的弹力是否不在允许范围内，如果是，则更换或修理 总结：起步发抖主要可以从起步时离合器在接合过程中不平稳来考虑，即发动机在匀速转动，而由于离合器接合不平稳使离合器的从动部分转动不平稳，从而反应为离合器乃至整车的抖振

（4）离合器异响故障　故障诊断与排除见表 2-4。

表 2-4　离合器异响故障诊断与排除

项　目	内　容
故障现象	离合器分离或接合时发出不正常的响声
故障原因	①分离轴承缺少润滑剂，造成干磨或轴承损坏 ②分离轴承与分离杠杆内端之间无间隙 ③分离轴承套筒与导管之间油污、尘腻严重或分离轴承回位弹簧与踏板回位弹簧疲劳、折断、脱落，使分离轴承回位不佳 ④从动盘花键孔与其花键轴配合松旷 ⑤从动盘减振弹簧退火、疲劳或折断 ⑥从动盘摩擦片铆钉松动或铆钉头外露 ⑦双片离合器传动销与中间压盘和压盘的销孔磨损松旷
故障诊断与排除	①稍稍踩下离合器踏板，使分离轴承与分离杠杆接触，如果有"沙沙"的响声则为分离轴承响；如果加油后仍响，说明轴承磨损过度、松旷或损坏，应更换 ②踩下、抬起离合器踏板，如果出现间断的碰撞声，说明分离轴承前后有串动，应更换分离轴承回位弹簧 ③连踩踏板，如果离合器刚接合或刚分开时有响声，说明从动盘铆钉松动或外露，应更换从动盘

维修实例

车辆起步困难，行驶过程中动力不足

（1）故障现象　一汽大众速腾2015款230 TSI手动档舒适型轿车，行驶里程11.65万km。驾驶员反映，车辆起步时踩下离合器踏板挂入变速器一档，当慢慢释放离合器踏板时，车速提高不柔和、不平稳，车身严重抖动，车辆起步困难，直到离合器踏板完全抬起为止。在车辆行驶过程中变换档位时，也能感觉到车身抖动现象。

（2）故障原因　离合器从动盘（摩擦片）损坏，导致离合器打滑。

（3）故障诊断与排除　这是轿车离合器打滑的典型故障现象。为了确诊，需进一步诊断。

1）起动发动机，拉起驻车制动杆，挂上一档起步，感觉车辆前部确实抖动严重，不能立即起步，确实为离合器打滑。

2）将汽车放在举升架上，拆下离合器罩壳，检查离合器与飞轮连接螺栓，无松动；检视离合器外观，无严重油污。

3）拆下变速器和离合器总成，分解离合器后检查：离合器从动盘（摩擦片）铆钉头未露出，磨损不严重，但离合器从动盘（摩擦片）焦黑，发硬烧结，已不能再用。观察到压盘表面有烧蚀痕迹。

4）更换离合器从动盘（摩擦片），打磨压盘烧蚀层。

装复后试车，车辆起步柔和、平稳、车身无抖动现象，故障排除。

复习题

一、选择题

1. 离合器的主动部分包括（　　）。
   A. 飞轮　　　　B. 离合器盖　　　　C. 压盘　　　　D. 摩擦片
2. 离合器的从动部分包括（　　）。
   A. 离合器盖　　B. 压盘　　　　　　C. 从动盘　　　D. 压紧弹簧
3. 离合器分离轴承与分离杠杆之间的间隙是为了（　　）。
   A. 实现离合器踏板的自由行程　　　B. 减轻从动盘磨损
   C. 防止热膨胀失效　　　　　　　　D. 保证摩擦片正常磨损后离合器不失效
4. 膜片弹簧离合器的膜片弹簧起到（　　）的作用。
   A. 压紧弹簧　　B. 分离杠杆　　　　C. 从动盘　　　D. 主动盘
5. 离合器的从动盘主要由（　　）构成。
   A. 从动盘本体　B. 从动盘毂　　　　C. 压盘　　　　D. 摩擦片
6. 分离杠杆不平将导致离合器（　　）。
   A. 分离不彻底　B. 接合不完全　　　C. 操纵费力　　D. 散热差

二、判断题

1. 离合器的主、从动部分常处于分离状态。　　　　　　　　　　　　　　（　　）
2. 为使离合器接合柔和，驾驶员应逐渐放松离合器踏板。　　　　　　　　（　　）

3. 离合器踏板的自由行程过大会造成离合器的传力性能下降。（   ）
4. 离合器从动部分的转动惯量应尽可能大。（   ）
5. 离合器的摩擦衬片上粘有油污后，可得到润滑。（   ）

三、简答题

1. 离合器的功用有哪些？
2. 简述离合器的工作原理。
3. 如何调整离合器踏板的自由行程？
4. 装配离合器总成时应注意哪些事项？

任务二 手动变速器的检修

岗位核心能力

◎知识目标

1）熟悉变速器的功用、结构和工作原理。
2）熟悉变速器零部件的检修内容和方法。

◎技能目标

1）能够正确检修手动变速器主要零部件。
2）能够正确分析并排除手动变速器常见故障。

案例导入

一汽大众速腾 2014 款 1.6L 手动舒适型轿车，行驶里程为 12.65 万 km。驾驶员说，车辆在行驶过程中挂入 4 档，变速器很快跳档，即，能挂得上档，却挂不住档。

相关知识

一、变速器的功用与类型

1. 变速器的功用

变速器的功用见表 2-5。

表 2-5 变速器的功用

功用	说明
实现变速、变矩	改变发动机的转矩、转速特性，使发动机的转矩增大、转速下降以适应汽车实际行驶的要求。变速器中是通过不同的档位来实现这一功用的
实现倒车	发动机的旋转方向从前往后看为顺时针方向，且不能改变，为了实现汽车的倒向行驶，变速器中设置了倒档

功 用	说 明
实现中断动力传动	在发动机起动和怠速运转、变速器换档、汽车滑行和暂时停车等情况下，都需要中断发动机的动力传动，因此变速器中设有空档

2. 变速器的类型

现代汽车上所采用的变速器有不同的结构形式，有多种分类方式。

（1）按传动比变化方式分类　变速器按传动比的变化方式可分为有级式、无级式和综合式三种，见表2-6。

表2-6　变速器按传动比的变化方式的类型

类 型	说 明
有级式变速器	有级式变速器采用齿轮传动，具有若干个定值传动比。轿车和轻、中型货车变速器多采用3~5个前进档和1个倒档，每个档位对应一个传动比。重型汽车行驶的路况复杂，变速器的档位较多，可有8~20个档位 变速器的档数都是指前进档的个数，变速器按前进时档位数不同可分为四档变速器、五档变速器和六档变速器等
无级式变速器	无级式变速器（CVT）的传动比可在一定范围内连续变化，目前一般采用金属带传递动力，通过主、从动带轮直径的变化实现无级变速。这种变速器在轿车中得到了应用
综合式变速器	综合式变速器由液力变矩器和齿轮式有级变速器组成，一般都由电脑控制实现自动换档，因此多把这种变速器称为自动变速器。这种变速器的传动比可在最大值与最小值之间的几个间断的范围内做无级变化，是目前车用自动变速器的主要结构类型

（2）按变速器操纵方式分类　变速器按操纵方式不同可分为手动变速器、自动变速器和手动自动一体变速器三种，见表2-7。变速杆的形状如图2-50所示，其中新款广州本田雅阁混动轿车取消了变速杆，改为按键式电子换档装置。

表2-7　变速器按操纵方式不同的类型

类 型	说 明
手动变速器	驾驶员通过用手操纵变速杆来选定档位，并直接操纵变速器的换档机构进行档位变换。齿轮式有级变速器大多数都采用这种换档方式
自动变速器	自动变速器的控制系统可根据发动机负荷和车速变化情况自动地选定档位，并进行档位变换，即自动地改变传动比。驾驶员只需操纵加速踏板和制动踏板即可
手动自动一体变速器	这种变速器可以自动换档，也可以手动换档，比较典型的车型如奥迪A6的Tiptronic和上海帕萨特1.8T等

a）手动变速器杆

b）自动变速器杆

c）手动自动一体变速器杆

d）按键式电子换档装置

图2-50　变速杆的形状

3. 手动变速器的安装位置

手动变速器一般安装在离合器之后。前轮驱动的汽车，手动变速器与主减速器集成为一体。图2-51所示为手动变速器的安装位置。

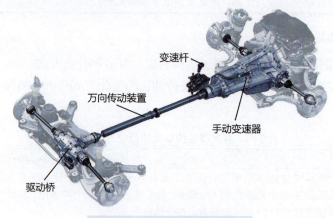

图2-51 手动变速器安装位置

二、变速器基本工作原理

普通齿轮变速器利用不同齿数的齿轮啮合传动来实现转矩和转速的改变。

1. 齿轮传动的变速原理

一对齿数不同的齿轮啮合传动时可以实现变速，而且两齿轮的转速比与其齿数成反比。设主动齿轮转速为n_1、齿数为z_1；从动齿轮转速为n_2、齿数为z_2；主动齿轮（即输入轴）转速与从动齿轮（即输出轴）转速之比值为传动比（i_{12}），则

$$i_{12}=n_1/n_2=z_2/z_1$$

如图2-52a所示，当小齿轮为主动齿轮，带动大齿轮转动时，输出转速降低，即$n_2<n_1$，称为减速传动，此时传动比$i>1$；如图2-52b所示，大齿轮驱动小齿轮时，输出转速升高，即$n_2>n_1$，称为增速传动，此时传动比$i<1$，这就是齿轮传动的变速原理。汽车变速器就是根据这一原理，利用若干大小不同的齿轮副传动而实现变速的。

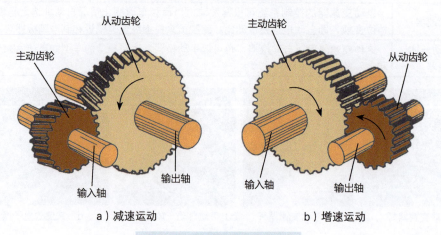

a）减速运动　　　　b）增速运动

图2-52 齿轮传动的基本原理

一对齿轮传动只能得到一个固定的传动比，从而得到一种输出转速，并构成一个档位。为了扩大变速器输出转速的变化范围，普通齿轮式变速器通常都采用多组大小不同的齿轮啮合传动，这样就构成了多个不同的档位。不同的档位对应于不同的传动比值，从而得到各种不同的输出转速。

2. 多级齿轮传动的变速原理

图 2-53 所示为两级齿轮传动示意图，主动齿轮 1 驱动从动齿轮 1 转动，主动齿轮 2 与从动齿轮 1 固连在一起，再驱动从动齿轮 2 转动，并输出动力，此时由主动齿轮 1 传到从动齿轮 2 的传动比为

$$i_{14}=n_1/n_4=(z_2z_4)/(z_1z_3)=i_{12}i_{34}$$

因此，多级齿轮传动的传动比可以总结如下：

$i=$ 所有从动齿轮齿数的乘积／所有主动齿轮齿数的乘积 = 各级齿轮传动比的乘积

对于变速器，各档的传动比 i 就是变速器输入轴转速与输出轴转速之比。即，

当 $i>1$ 时，$n_{输出}<n_{输入}$，$T_{输出}>T_{输入}$，此时实现降速增矩，为变速器的低档位，且 i 越大，档位越低；当 $i=1$ 时，$n_{输出}=n_{输入}$，$T_{输出}=T_{输入}$，为变速器的直接档；当 $i<1$ 时，$n_{输出}>n_{输入}$，$T_{输出}<T_{输入}$，此时实现升速降矩，为变速器的超速档。

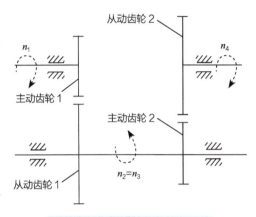

图 2-53　两级齿轮传动示意图

3. 变向传动

一对齿轮旋向相反，每经过一个传动副，其轴改变一次转向。

如图 2-54 所示，变速器前进档中的主动齿轮（第一轴上的齿轮）、从动齿轮（第二轴上的齿轮）旋转方向相反，倒档中的主、从动齿轮旋转方向相同，倒档轴上的齿轮（也称倒档齿轮或惰轮）仅改变旋转方向，不改变传动比的大小。

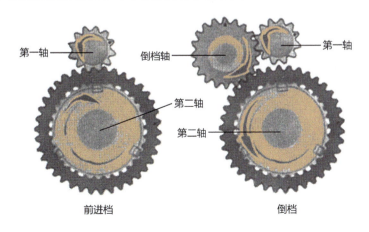

图 2-54　前进档与倒档的对比

三、手动变速器的结构

手动变速器主要由变速传动机构和操纵机构两大部分组成。

小提示：变速传动机构的主要作用是改变转矩的大小和方向。
操纵机构的作用是实现换档。

1. 变速传动机构

（1）两轴式变速器的变速传动机构　变速传动机构是变速器的主体，两轴式变速器用于发动机前置前轮驱动的汽车，一般与驱动桥（前桥）合称为手动变速驱动桥。常见的轿车均采用这种变速器。

前置发动机有纵向布置和横向布置两种形式，与其配用的两轴式变速器也有两种不同的结构形式。

1）发动机纵向布置的两轴式变速器。发动机纵置时，主减速器为一对锥齿轮，传动示意图如图 2-55 所示。

2）发动机横向布置的两轴式变速器。发动机横置时，主减速器采用一对圆柱齿轮，所有前进档齿轮和倒档齿轮都采用常啮合斜齿轮，并采用同步器换档。该变速器的传动示意图及结构图如图 2-56 所示。

两轴式手动变速器变速传动机构零件安装关系（不包括五档）如图 2-57 所示。

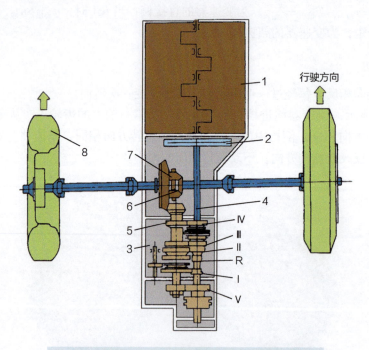

图 2-55　发动机纵向布置的两轴式变速器传动示意图

1—纵置发动机　2—离合器　3—变速器　4—变速器输入轴
5—变速器输出轴（主减速器主动锥齿轮）　6—差速器
7—主减速器从动锥齿轮　8—前轮
Ⅰ、Ⅱ、Ⅲ、Ⅳ、Ⅴ—一、二、三、四、五档齿轮　R—倒档齿轮

项目二 传动系统

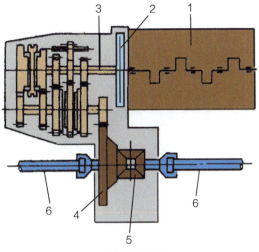

a）传动示意图

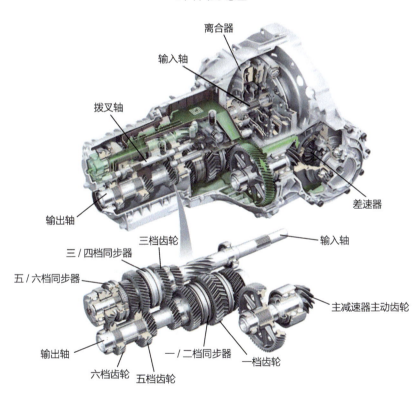

b）结构图

图 2-56 发动机横向布置的两轴式变速器传动示意图及结构图

1—发动机 2—离合器 3—变速器 4—主减速器 5—差速器 6—带等角速万向节的半轴

发动机纵向布置、两轴式五档手动变速器的变速传动机构如图 2-58 和图 2-59 所示。该变速器具有 5 个前进档和 1 个倒档，变速器各档的传动比见表 2-8。其中一档至三档为降速档，四档为直接档，五档为超速档。该变速器的变速传动机构有输入轴和输出轴，两轴平行布置，输入轴同时是离合器的从动轴，输出轴是主减速器的主动锥齿轮轴。

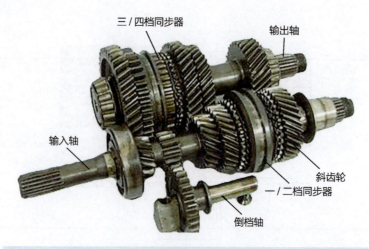

图2-57 两轴式手动变速器变速传动机构零件安装关系（不包括五档）

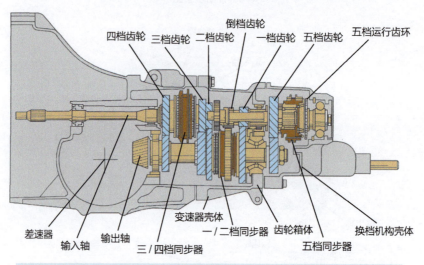

图2-58 发动机纵向布置、两轴式五档手动变速器的变速传动机构的结构图

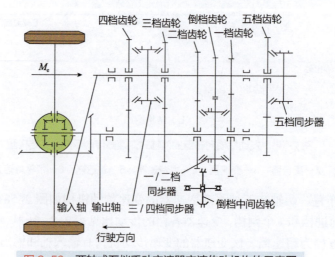

图2-59 两轴式五档手动变速器变速传动机构的示意图

表 2-8 五档手动变速器各档的传动比

档 位	传动比
Ⅰ	3.455（38∶11）
Ⅱ	1.944（35∶18）
Ⅲ	1.286（36∶28）
Ⅳ	0.969（31∶32）
Ⅴ	0.800（28∶35）
R	3.176（38∶12）

变速器的输入轴前端通过轴承支撑在发动机曲轴后端的中心孔内。输入轴上有一档至五档主动齿轮和倒档齿轮以及三、四档和五档同步器。各机件的安装位置从前往后依次为四档主动齿轮、三/四档同步器、三档主动齿轮、二档主动齿轮、倒档主动齿轮、一档主动齿轮、五档主动齿轮、五档同步器等。其中，二档主动齿轮、倒档主动齿轮、一档主动齿轮与轴制成一体，三档至五档主动齿轮及五档同步器都通过轴承支撑在输入轴上，三/四档同步器和五档齿圈都通过花键固定在输入轴上。

输出轴与主减速器的主动锥齿轮制成一体，其上相应地有主减速器主动锥齿轮、一档至五档从动齿轮和一/二档同步器。各机件的安装位置从前往后依次为主减速器主动锥齿轮、四档从动齿轮、三档从动齿轮、二档从动齿轮、一/二档同步器、一档从动齿轮、五档从动齿轮等。其中，三档至五档从动齿轮及一/二档同步器与输出轴制成一体，一/二档从动齿轮通过轴承支撑在输出轴上。

在变速器壳体的右端还装有倒档轴，上面通过滚针轴承套装有倒档中间齿轮（即倒档轴倒档齿轮）。

五档手动变速器各档动力传递路线见表 2-9。

表 2-9 五档手动变速器各档动力传递路线

档位	动力传递路线
一档	变速杆从空档向左、向前移动，实现： 动力→输入轴→输入轴一档齿轮→输出轴一档齿轮→输出轴上一/二档同步器→输出轴→动力输出
二档	变速杆从空档向左、向后移动，实现： 动力→输入轴→输入轴二档齿轮→输出轴二档齿轮→输出轴上一/二档同步器→输出轴→动力输出
三档	变速杆从空档向前移动，实现： 动力→输入轴→输入轴上三/四档同步器→输入轴三档齿轮→输出轴三档齿轮→输出轴→动力输出
四档	变速杆从空档向后移动，实现： 动力→输入轴→输入轴上三/四档同步器→输入轴四档齿轮→输出轴四档齿轮→输出轴→动力输出
五档	变速杆从空档向右、向前移动，实现： 动力→输入轴→输入轴上五档同步器→输入轴五档齿轮→输出轴五档齿轮→输出轴→动力输出
倒档	变速杆从空档向右、向后移动，实现： 动力→输入轴→输入轴倒档齿轮→倒档轴倒档齿轮→输出轴倒档齿轮→输出轴→动力反向输出

① 一档的动力传递路线如图 2-60 所示。

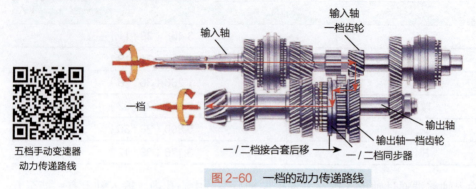

图 2-60　一档的动力传递路线

② 三档的动力传递路线如图 2-61 所示。

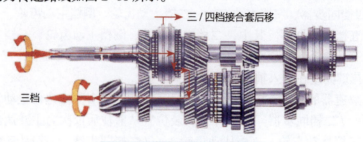

图 2-61　三档的动力传递路线

③ 五档的动力传递路线如图 2-62 所示。

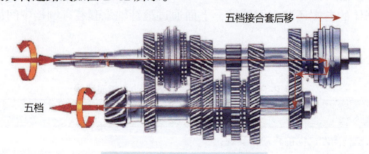

图 2-62　五档的动力传递路线

④ 空档。如图 2-63 所示，变速杆位于空档时，输出轴上的一/二档同步器、输入轴上的三/四档同步器及五档同步器均处于中间位置，输出轴上各档齿轮输出轴空转，没有动力输出，变速器处于空档工作。

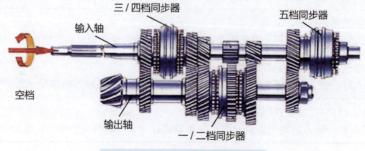

图 2-63　空档时同步器的位置

想一想：二档和四档动力传递路线应该怎样画呢？

（2）三轴式变速器的变速传动机构 三轴式变速器用于发动机前置后轮驱动的汽车。下面以东风 EQ1092 中型货车的变速器为例进行介绍，其结构简图如图 2-64 所示。该变速器有 3 根主要的传动轴：一轴（即输入轴）、二轴（即输出轴）和中间轴，因此称为三轴式变速器，另外还有倒档轴。

该变速器为五档变速器，各档动力传递路线见表 2-10。

表 2-10 三轴式变速器各档动力传递路线

档位	动力传递路线
空档	二轴上的各接合套、传动齿轮均处于中间空转的位置，动力不传给第二轴
一档	前移一 / 倒档直齿滑动齿轮与中间轴一档齿轮啮合。动力经一轴齿轮、中间轴常啮合齿轮、中间轴一 / 倒档齿轮、二轴一 / 倒档齿轮，传到第二轴，使其顺时针旋转（与第一轴同向）
二档	后移接合套 9 与二轴二档齿轮的接合齿圈啮合。动力经一轴齿轮、中间轴常啮合齿轮、中间轴二档齿轮、二轴二档齿轮、二轴齿轮接合齿圈、接合套 9、花键毂 24，传到第二轴，使其顺时针旋转
三档	前移接合套 9 与二轴三档齿轮的接合齿圈啮合。动力经一轴齿轮、中间轴常啮合齿轮、中间轴三档齿轮、二轴三档齿轮、三档齿轮接合齿圈、接合套 9、花键毂 24，传到二轴使其顺时针旋转
四档	后移接合套 4 与二轴四档齿轮的接合齿圈啮合。动力经一轴齿轮、中间轴常啮合齿轮、中间轴四档齿轮、二轴四档齿轮、四档齿轮接合齿圈、接合套 4、花键毂 25，传到二轴使其顺时针旋转
五档	前移接合套 4 与一轴常啮合齿轮的接合齿圈啮合。动力直接由一轴、一轴常啮合齿轮、一轴常啮合齿轮接合齿圈、接合套 4、花键毂 25，传到二轴，传动比为 1。由于二轴的转速与一轴相同，此档称为直接档
倒档	后移二轴上的一 / 倒档直齿滑动齿轮与倒档中间齿轮 17 啮合。动力经一轴常啮合齿轮、中间轴常啮合齿轮、中间轴一 / 倒档齿轮、倒档中间齿轮 19 和 17、二轴一 / 倒档直齿滑动齿轮，传给二轴使其逆时针旋转，汽车倒向行驶。倒档传动路线与其他档位相比较，由于多了倒档中间齿轮的传动，改变了二轴的旋转方向

a）实物图

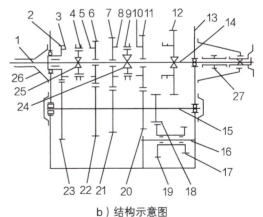

b）结构示意图

图 2-64 东风 EQ1092 中型货车三轴式变速器结构图

1—一轴 2—一轴常啮合齿轮 3—一轴常啮合齿轮接合齿圈 4、9—接合套 5—四档齿轮接合齿圈
6—二轴四档齿轮 7—二轴三档齿轮 8—三档齿轮接合齿圈 10—二档齿轮接合齿圈 11—二轴二档齿轮
12—二轴一 / 倒档直齿滑动齿轮 13—变速器壳体 14—二轴 15—中间轴 16—倒档轴
17、19—倒档中间齿轮 18—中间轴一 / 倒档齿轮 20—中间轴二档齿轮 21—中间轴三档齿轮
22—中间轴四档齿轮 23—中间轴常啮合齿轮 24、25—花键毂 26—一轴轴承盖 27—回油螺纹

2. 操纵机构

（1）操纵机构的功用　保证驾驶员能准确可靠地将变速器挂入所需要的档位，并可随时退至空档。

（2）操纵机构的分类　操纵机构按照变速操纵杆（变速杆）位置的不同，可分为直接操纵式和远距离操纵式两种类型。

1）直接操纵式。这种形式的变速器布置在驾驶员座椅附近，变速杆由驾驶室底板伸出，驾驶员可以直接操纵。如图 2-65 所示为中型货车六档变速器直接操纵式操纵机构，多用于发动机前置后轮驱动的车辆。

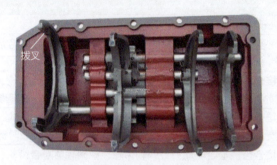

a）带操纵机构的变速器上盖

b）拨叉

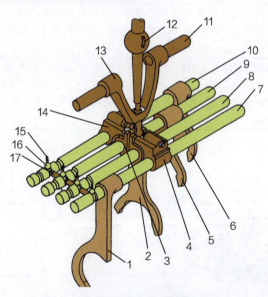

c）操纵机构结构示意图

图 2-65　中型货车六档变速器直接操纵式操纵机构（解放 CA1091 货车）

1—五/六档拨叉　2—三/四档拨叉　3——/二档拨块　4—五/六档拨块　5——/二档拨块　6—倒档拨叉　7—五/六档拨叉轴　8—三/四档拨叉轴　9——/二档拨叉轴　10—倒档拨叉轴　11—换档轴　12—变速杆　13—叉形拨杆　14—倒档拨块　15—自锁弹簧　16—自锁钢球　17—互锁销

2）远距离操纵式。在有些汽车上，由于变速器离驾驶员座位较远，则需要在变速杆与拨叉之间加装一些辅助杠杆或一套传动机构，构成远距离操纵机构。这种操纵机构多用于发动机前置前轮驱动的轿车，如新宝来轿车的五档手动变速器，由于其变速器安装在前驱动桥处，远离驾驶员座椅，需要采用这种操纵方式，如图2-66所示。

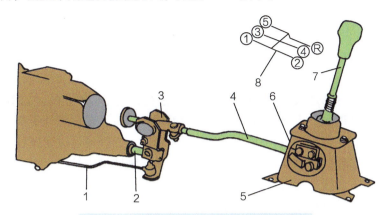

图2-66　五档手动变速器的远距离操纵机构

1—支撑杆　2—内换档杆　3—换档杆接合器　4—外换档杆
5—变速杆座　6—倒档保险档块　7—变速杆　8—变速标记

而在变速器壳体上具有类似于直接操纵式的内换档机构，如图2-67所示。

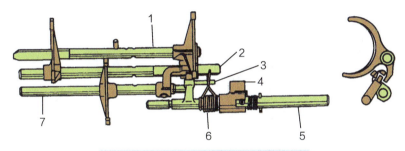

图2-67　五档手动变速器的内换档机构

1—五/倒档拨叉轴　2—三/四档拨叉轴　3—定位拨销　4—倒档保险档块
5—内换档杆　6—定位弹簧　7—一/二档拨叉轴

另外，有些轿车和轻型货车的变速器，将变速杆安装在转向柱管上，如图2-68所示，因此，

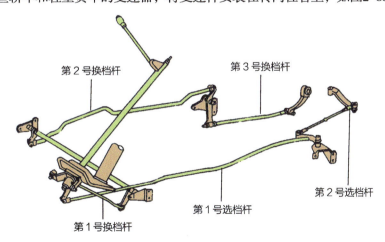

图2-68　柱式换档操纵机构

在变速杆与变速器之间也是通过一系列的传动件进行传动,这也是远距离操纵方式。它具有变速杆占据驾驶室空间小,乘坐方便等优点。

(3)操纵机构的换档锁装置 为了保证变速器在任何情况下都能准确、安全、可靠地工作,变速器操纵机构一般都具有换档锁装置,包括自锁装置、互锁装置和倒档锁装置。

1)自锁装置。自锁装置用于防止变速器自动脱档或挂档,并保证齿轮以全齿长啮合。大多数变速器的自锁装置都是采用自锁钢球对拨叉轴进行轴向定位锁止的。如图2-69所示,换档拨叉轴上方有3个凹坑,上面有被弹簧压紧的钢球,当拨叉轴位置处于空档或某一档位置时,钢球压在凹坑中,起到了自锁作用。当需要换档时,驾驶员通过变速杆对拨叉轴施加一定的轴向力,克服自锁弹簧的压力而将自锁钢球从拨叉轴凹槽中挤出,拨叉轴便可滑过钢球进行轴向移动,并带动拨叉及相应的接合套或滑动齿轮轴向移动。当拨叉轴移至其另一凹槽,与钢球相对正时,钢球又被压入凹槽,驾驶员具有很强的手感,此时拨叉所带动的接合套或滑动齿轮便被拨入空档或被拨入另一工作档位。

2)互锁装置。互锁装置用于防止同时挂上两个档位。如图2-70所示,互锁装置由互锁钢球和互锁销组成。当中间拨叉轴移动挂档时,另外两个拨叉轴被钢球锁住,防止同时挂上两个档而使变速器卡死或损坏,起到了互锁作用。

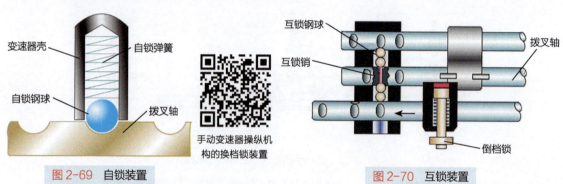

图2-69 自锁装置　　　　图2-70 互锁装置

3)倒档锁装置。倒档锁装置的作用是防止误挂入倒档,其结构原理见图2-70中的倒档锁。当变速杆下端向倒档拨叉轴移动时,必须压缩弹簧才能进入倒档拨叉轴上的拨块槽中。这样防止了在汽车前进时因误挂倒档而导致零件损坏,起到了倒档锁的作用。当倒档拨叉轴移动挂档时,另外两个拨叉轴被钢球锁住。

四、同步器的结构与工作原理

目前汽车中手动普通齿轮变速器换档的方式有两种:一是采用直齿滑动齿轮,如东风EQ1092型汽车的一/倒档的换档方式;二是采用同步器换档,这种方式应用最广泛,几乎所有的变速器都是采用同步器进行换档。

1. 同步器的功用

变速器在换档过程中,必须使即将啮合的那一对齿轮的圆周速度达到相同,即达到同步状态,才能顺利地啮合而挂上档。如果不同步而强行挂档,其齿端将会发生冲击和噪声,影响齿轮的工作寿命,甚至折断。同步器的作用就是使接合套与准备套入的齿圈之间迅速同步,并阻止它们在同步之前啮合。

2. 同步器的类型

目前所采用的同步器几乎都是摩擦式惯性同步器，按锁止装置的不同，可分为锁环式惯性同步器和锁销式惯性同步器。

3. 锁环式惯性同步器

（1）构造　如图2-71所示，锁环式同步器由接合齿圈（图中未画出）、滑块、锁环（同步环）、弹簧圈、花键毂、接合套等组成。

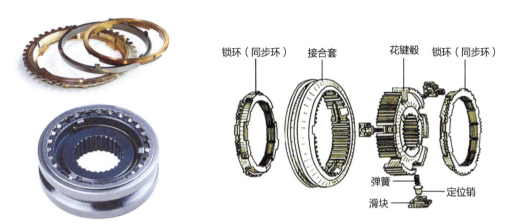

a）实物图　　　　　　　　　　b）分解图

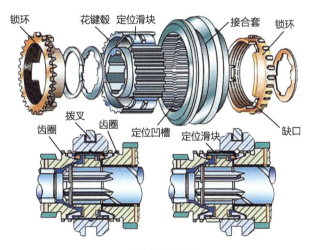

c）安装位置图

图2-71　锁环式惯性同步器

花键毂用内花键套装在轴的外花键上，并用垫圈、卡环轴向定位。花键毂两端与接合齿圈之间各有一个青铜制成的锁环（即同步环）。锁环上短花键的尺寸和齿数与花键毂和接合齿圈相同。接合齿圈和锁环上的花键齿在靠近接合套的一端都有倒角（锁止角），且与接合套齿端的倒角相同。锁环的内锥面与接合齿圈的外锥面锥角相同，在环锁内锥面上制有细密的螺纹（或直槽），当锥面接触后，它能及时破坏油膜，增加锥面间的摩擦力。通过这对锥面摩擦副的摩擦，可使转速不等的两齿轮在接合之前迅速达到同步。锁环上还有三个均布的缺口。三个滑块分别装在花键毂上三个均布的轴向槽内，沿槽可以轴向移动。滑块被两个弹簧圈的径向力压向接合套，滑块中部的凸起部位压嵌在接合套中部的环槽内。滑块两端伸入锁环的缺口中，滑块窄缺口宽，两者之差等于锁环的花键齿宽。锁环相对滑块顺转和逆转都只能转动半个齿宽，且只有当滑块位于锁环缺口的中央时，接合套与锁环才能接合。

（2）工作原理 下面以二档换三档为例，说明同步器的工作原理，如图 2-72 所示。

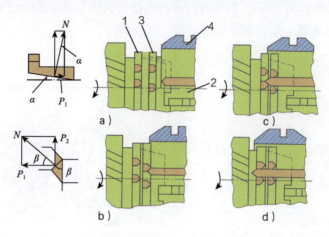

图 2-72 锁环式惯性同步器工作原理

1—待啮合齿轮的接合齿轮 2—滑块 3—接合套 4—锁环（同步环）

1）空档位置。接合套刚从二档退入空档时，如图 2-72a 所示，三档齿轮、接合套、锁环以及与其有关联的运动件，因惯性作用而沿原方向继续旋转（图示箭头方向）。因为齿轮 1 是高档齿轮（相对于二档齿轮来说），所以接合套、锁环的转速低于齿轮 1 的转速。

2）挂档。欲换入三档时，驾驶员通过变速杆使拨叉推动接合套连同滑块一起向左移动，如图 2-72b 所示，滑块又推动锁环移向齿轮 1，使锥面接触。驾驶员作用在接合套上的轴向推力，使两锥面有正压力 N，又因两者有转速差，所以产生摩擦力矩。通过摩擦作用，齿轮带动锁环相对于接合套向前转动一个角度，使锁环缺口靠在滑块的另一侧（上侧）为止，此时接合套的内齿与锁环上的花键齿错开了约半个齿宽，接合套的齿端倒角面与锁环的齿端倒角面互相抵住。

3）锁止。驾驶员的轴向推力使接合套的齿端倒角面与锁环的齿端倒角面之间产生正压力，形成一个企图拨动锁环相对于接合套反转的力矩，称为拨环力矩。这样在锁环上同时作用着方向相反的摩擦力矩和拨环力矩，同步器的结构参数可以保证在同步前（存在摩擦力矩）拨环力矩始终小于摩擦力矩，所以在同步之前无论驾驶员施加多大的操纵力，都不会挂上档，即产生锁止作用，如图 2-72b 所示。

4）同步啮合。随着驾驶员施加于接合套上的推力加大，摩擦力矩不断增加，使齿轮 1 的转速迅速降低。当齿轮 1、接合套和锁环达到同步时，作用在锁环上的摩擦力矩消失。此时在拨环力矩的作用下，锁环、齿轮 1 以及与之相连的各零件相对于接合套反转一角度，滑块处于锁环缺口的中央，如图 2-72c 所示，键齿不再抵触，锁环的锁止作用消除。接合套压下弹簧圈继续左移（滑块脱离接合套的内环槽而不能左移），与锁环的花键齿圈进入啮合。进而再与齿轮1进入啮合，如图2-72d所示，换入三档。

锁环式同步器尺寸小、结构紧凑、摩擦力矩也小，多用于轿车和轻型车辆。

4. 锁销式惯性同步器

大、中型货车普遍采用锁销式惯性同步器，东风EQ1092型汽车五档变速器的四/五档同步器为锁销式惯性同步器，结构如图2-73所示，它由摩擦锥盘、摩擦锥环、定位销、接合套、锁销、花键毂、钢球和弹簧组成。

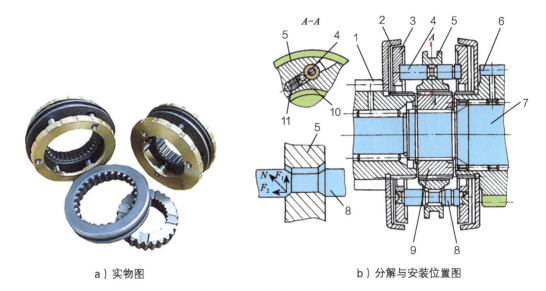

a）实物图　　　　　　　　　　　b）分解与安装位置图

图2-73　锁销式惯性同步器

1——轴齿轮　2—摩擦锥盘　3—摩擦锥环　4—定位销　5—接合套　6—二轴四档齿轮
7—二轴　8—锁销　9—花键毂　10—钢球　11—弹簧

两个带有内锥面的摩擦锥盘，通过其内花键分别固装在带有接合齿圈的一轴齿轮和二轴四档齿轮上，随齿轮一起转动。两个有外锥面的摩擦锥环，其上圆周均布的三个锁销、三个定位销与接合套装在一起。定位销与接合套的相应孔是滑动配合，定位销中部切有一小段环槽，接合套钻有斜孔，内装弹簧，把钢球顶向定位销中部的环槽，使接合套处于空档位置，定位销随接合套能轴向移动。定位销两端伸入两锥环内侧面的弧线形浅坑中，定位销与浅坑有周向间隙，锥环相对接合套在一定范围内做周向摆动。锁销中部环槽的两端和接合套相应孔两端切有相同的倒角；锁销与孔对中时，接合套才能沿锁销轴向移动；锁销两端铆接在锥环相应的孔中。两个锥环、三个锁销、三个定位销和接合套构成一个部件，套在花键毂的齿圈上。

锁销式惯性同步器的工作原理与锁环式惯性同步器类似。

换档时接合套受到拨叉的轴向推力作用，通过钢球、定位销推动摩擦锥环向前移动。因摩擦锥环与锥盘有转速差，故接触后的摩擦作用使锥环和锁销相对于接合套转过一个角度，锁销与接合套上相应孔的中心线不再同心，锁销中部倒角与接合套孔端的锥面相抵触，在同步前，作用在摩擦面的摩擦力矩总大于拨销力矩，接合套被锁止不能前移，防止在同步前接合套与齿圈进入啮合。同步后摩擦力矩消失，拨销力矩使锁销、摩擦锥盘和相应的齿轮相对于接合套转过一个角度，锁销与接合套的相应孔对中，接合套克服弹簧的张力，压下钢球并沿锁销向前移动，完成换档。

五、四轮驱动系统简介

为了提高汽车在雨天、雪地和越野行驶时的附着力和操纵性能，有些车辆常做成四轮驱动。

传统四轮驱动汽车的基本组成如图 2-74 所示，发动机的动力经过离合器传给变速器，然后利用分动器把动力分配给前后传动轴，再通过传动轴将动力传递给前后差速器以及四个半轴，使四轮车轮转动。

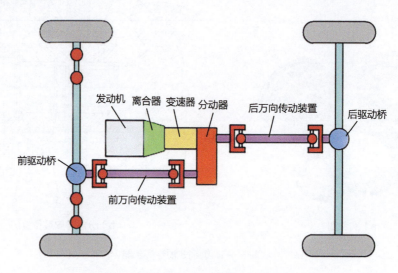

图 2-74 传统四轮驱动汽车的基本组成

四轮驱动一般分为三种形式：全时驱动、兼时驱动和适时驱动。

1. 全时驱动（Full-time）

全时驱动车辆永远保持四轮驱动模式，正常行驶时将发动机输出转矩按 50%：50% 设定在前后轮上。当轮胎打滑时自动分配前后转矩以确保在不同路面上极佳的车辆性能和驾驶条件，分配比例在 30%：70% 至 70%：30% 之间（前后驱动转矩在 30%~70% 之间连续无级可调），采用这种驱动模式的车辆具有极佳驾驶操控性和行驶循迹性。全时四驱科技含量高，车辆的行驶操控性能和舒适性也强，因此主要运用在奥迪 A6L 轿车、宝马 X5 汽车等车型上。

奥迪 A6L 轿车全时四轮驱动系统的基本组成如图 2-75 所示。

2. 兼时驱动（Part-time）

兼时驱动模式一般用于越野车或四驱 SUV 上。驾驶员可根据路面情况，通过接通或断开分动器来变化两轮驱动或四轮驱动模式，其优点是可根据实际情况来选取驱动模式，比较经济，缺点是其机械结构比较复杂，需要驾驶者有很强的驾驶经验。

项目二 传动系统

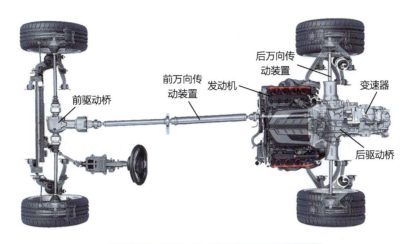

图 2-75 奥迪 A6L 轿车全时四轮驱动系统

3. 适时驱动（Real-time）

采用适时驱动的车辆，选择何种驱动模式由电脑控制，正常路面一般采用两轮驱动，如果路面不良或驱动轮打滑，电脑会自动侦测出并立即将发动机输出转矩分配给其他两轮，切换到四轮驱动状态，免除了驾驶员的判断和手动操作，应用更加简单。选用这种驱动模式代表车型有上汽通用别克昂克威、东风本田 CR-V 和北京现代途胜等。

如图 2-76 所示，与常见的传统适时四驱系统不同，昂科威搭载的适时四驱系统采用的是后桥锁止离合器侧向布置的方式，通过离合器分别控制左右后轮的转矩分配，左右后轮可以实现 0~100% 的连续分配。

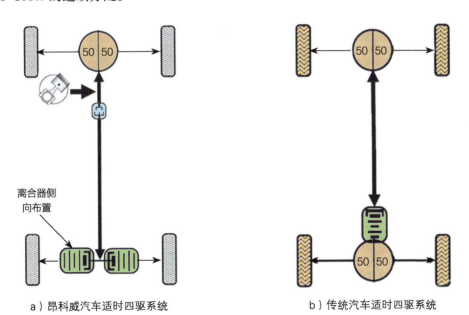

图 2-76 昂科威适时四驱系统

051

相关技能

一、手动变速器的分解

1）如图2-77所示，旋下变速器后端盖固定螺栓，取下变速器后端盖及密封圈。

2）拆卸五档同步器及五档齿轮。

①如图2-78所示，用直径为4mm的圆柱冲子冲出五档拨叉的锁止销。

图2-77 取下变速器后端盖　　　　　图2-78 拉出五档同步器总成

②如图2-79所示，用卡环钳取下输出轴上的卡环。

③如图2-80所示，向上取出五档拨叉及五档同步器，然后取下五档从动齿轮。

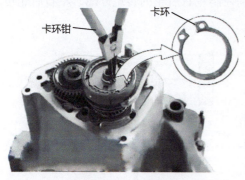

图2-79 取下卡环　　　　　图2-80 取出五档同步器和五档从动齿轮

④使用卡环钳取下五档主动齿轮上的卡环，取下碟形弹性垫圈，再用拉器取下五档主动齿轮（图2-80）。

3）拆卸轴承锁止片。如图2-81所示，拧下变速器壳体上轴承的锁止片螺栓。然后用一大小合适的圆柱冲子插入锁止卡片的螺栓孔中，用另一圆柱冲子向外顶另一端，取下锁止片。

4）拆卸变速器壳体。如图2-82所示，先拆下变速器倒档开关。然后用套筒拆卸变速器壳体上的紧固螺栓。再用撬棒小心地撬开变速器壳体，把变速器壳体取下。

图 2-81　拧下轴承锁止片螺栓及锁止片

图 2-82　拆卸变速器壳体

5）拆卸变速器倒档轴及倒档齿轮。

①如图 2-83 所示，先直接取下倒档轴，取下倒档齿轮。

②如图 2-84 所示，先向下按住倒档拨叉再向外取下倒档拨叉销，取下倒档拨叉。

图 2-83　拆卸倒档轴及倒档齿轮

图 2-84　拆下倒档拨叉

6）拆卸变速器齿轮组。

①如图 2-85 所示，先挂入一档，然后用 4mm 圆柱冲子冲出槽销。

②如图 2-86 所示，向外取出选档杆轴总成。

图 2-85　冲出槽销

图 2-86　取出杆轴总成及支座油封

③取出一 / 二档选档复位弹簧。向外取出联锁装置锁止开关，如图 2-87 所示。

④如图 2-88 所示，先托住输入轴和输出轴，然后连同拨叉一起，向上垂直取出变速器齿轮组。

图2-87 取出锁止开关

图2-88 取出变速器齿轮组

7）拆卸主减速器。
①如图2-89所示，拧下轴承座上的紧固螺栓，用两根撬棒向外撬下轴承座。
②如图2-90所示，取出差速器。

图2-89 拧下轴承座上的紧固螺栓

图2-90 取出差速器

手动变速器的分解到此结束。

二、手动变速器的检修

1. 齿轮与花键的检修

1）检查齿面，如图2-91所示。若有明显的疲劳斑点、划痕或阶梯形磨损时，应更换齿轮。

2）如图2-92所示，检查斜齿轮齿面的磨损程度，磨损量若超过原齿面的15%，应更换齿轮。

图2-91 检查齿面

图2-92 检查斜齿轮齿面

3）检查齿轮与齿轮（图2-93）、齿轮与轴及花键（图2-94）之间各啮合间隙是否符合规定值，如果不符合，应更换。

图2-93 检查齿轮与齿轮之间啮合间隙

图2-94 检查齿轮与轴及花键啮合间隙

2. 变速器轴的检修

1）目视检查，若变速器轴上有裂纹或破损处时，应更换。

2）检查变速器轴的弯曲变形情况，不符合标准时，应校正或更换。

3）如图2-95所示，用游标卡尺测量变速器轴颈（或定位凹槽）的磨损情况，若超出规定值，应更换。

图2-95 测量轴颈

3. 同步器的检修

1）如图2-96所示，用塞尺测量锁环和换档齿轮端面之间的间隙，若超过标准值应更换同步器。

2）如图2-97所示，检查同步器滑块和滑块槽，出现磨损应更换。

图2-96 用塞尺测量锁环和换档齿轮端面之间的间隙

图2-97 检查同步器滑块和滑块槽

三、手动变速器的安装

1）清洁并安装差速器总成。

2）清洁输出轴和轴承盖，在轴承及座孔上涂抹凡士林油。安装输出轴和输出轴轴承盖。

小提示：轴承盖的安装方向应符合规定，按规定力矩拧紧轴承盖固定螺栓。

3）在输出轴上装入一档齿轮和一/二档同步器，安装倒档拨叉。安装倒档轴及倒档齿轮，然后检查倒档拨叉的工作情况。

小提示：注意倒档轴上的螺栓孔应朝外，以便正确安装壳体。

4）在输出轴上安装其他齿轮及相关卡簧。

5）如图 2-98 所示，安装带相应齿轮及同步器的输入轴。

6）如图 2-99 所示，安装所有的拨叉和拨叉轴。

图 2-98　安装输入轴

图 2-99　安装拨叉和拨叉轴

7）安装变速器外壳和固定螺栓。

8）清洁换档轴零件，在轴颈等相关位置涂抹凡士林油。调整换档拨叉处于空档位置，然后装入换档轴、压力弹簧、卡簧，装入换档轴端盖并拧紧。拧紧换档轴止动螺栓。

9）安装五档主动齿轮和同步器。

10）安装变速器后端盖，安装并按规定力矩紧固变速器后端盖固定螺栓。

手动变速器的安装到此结束。

四、手动变速器齿轮油的更换

1. 放油

1）将车辆举升到一定高度，将废油回收桶放置在变速器放油孔位置，方便接油。

2）如图 2-100 所示，拆卸变速器放油螺栓。先拆卸变速器加油螺栓，再拆卸变速器放油螺栓，对变速器进行放油，如图 2-101 所示。

手动变速器齿轮油的更换

图 2-100　拆卸变速器放油螺栓

图 2-101　变速器放油

小提示： 若放油螺栓脏污，可用化油器清洗剂清洗放油螺栓。

3）待旧的齿轮油放干净后，按规定力矩拧紧放油螺栓。

2. 加油

1）如图2-102所示，将符合维修车辆要求、牌号正确的新齿轮油加入手动变速器加油机中。

2）如图2-103所示，用手动变速器加油机从变速器加油螺栓口压入新的齿轮油，油面加到与加油螺栓口平面平齐为止。若有齿轮油溢出，应及时清理干净。

图2-102　新齿轮油加入手动变速器加油机中

图2-103　变速器加油

3）安装并拧紧加油螺栓。

4）降下车辆，起动发动机，变换几次变速器的不同档位，然后再升起车辆，检查变速器是否渗漏。若有渗漏，应及时进行处理。若无渗漏，最后降下车辆，手动变速器齿轮油更换完毕。

五、手动变速器常见故障诊断

手动变速器的常见故障主要有跳档、乱档、挂档困难、异响等。

（1）手动变速器跳档故障　故障诊断与排除见表2-11。

表2-11　手动变速器跳档故障诊断与排除

项　目	内　容
故障现象	汽车在加速、减速、爬坡或汽车剧烈振动时，变速杆自动跳回空档位置
故障原因	①自锁装置的钢球未进入凹槽内或挂档后齿轮未达到全齿长啮合 ②自锁装置的钢球或凹槽磨损严重，自锁弹簧疲劳过软或折断 ③齿轮沿齿长方向磨损成锥形 ④一轴、二轴轴承过于松旷，使一轴、二轴和曲轴三者轴线不同心或变速器壳与离合器壳接合平面相对曲轴轴线的垂直变动 ⑤二轴上的常啮合齿轮轴向或径向间隙过大 ⑥各轴轴向或径向间隙过大

（续）

项目	内容
故障诊断与排除	先确定跳档档位：走热全车后，采用连续加、减速的方法逐档进行路试便可确定 将变速杆挂入跳档档位，发动机熄火，小心拆下变速器盖，观察跳档齿轮的啮合情况 ①未达到全长啮合，则故障由此引起 ②达到全长啮合，应继续检查 ③检查啮合部位磨损情况：磨损成锥形，则故障可能由此引起 ④检查二轴上该档齿轮和各轴的轴向和径向间隙，间隙过大，则故障可能由此引起 ⑤检查自锁装置，若自锁装置的止动阻力很小，甚至手感钢球未插入凹槽（把变速器盖夹在台虎钳上，用手摇动变速杆），则故障为自锁效能不良；否则，故障为离合器壳与变速器接合平面与曲轴轴线垂直变动等引起

（2）手动变速器乱档故障　故障诊断与排除见表2-12。

表2-12　手动变速器乱档故障诊断与排除

项目	内容
故障现象	在离合器技术状况正常的情况下，变速器同时挂上两个档或挂需要档位时，结果挂入别的档位
故障原因	①互锁装置失效：如拨叉轴、互锁销或互锁钢球磨损过甚等 ②变速杆下端弧形工作面磨损过大或拨叉轴上拨块的凹槽磨损过大 ③变速杆球头定位销折断或球孔、球头磨损过于松旷 总之乱档的主要原因是变速器操纵机构失效
故障诊断与排除	①挂需要档位时，结果挂入了别的档位：摇动变速杆，检查其摆转角度，若超出正常范围，则故障由变速杆下端球头定位销与定位槽配合松旷或球头、球孔磨损过大引起。变速杆摆转360°，则为定位销折断 ②若摆转角度正常，仍挂不上或摘不下档，则故障由变速杆下端从凹槽中脱出引起（脱出的原因是下端弧形工作面磨损或导槽磨损） ③同时挂入两个档：则故障由互锁装置失效引起

（3）手动变速器挂档困难故障　故障诊断与排除见表2-13。

表2-13　手动变速器挂档困难故障诊断与排除

项目	内容
故障现象	离合器技术状况良好，但挂档时不能顺利挂入档位，常发生齿轮撞击声
故障原因	①同步器故障 ②拨叉轴弯曲、锁紧弹簧过硬、钢球损伤等 ③一轴花键损伤或一轴弯曲 ④齿轮油不足或过量、齿轮油不符合规格
故障诊断与排除	①检查同步器是否散架、锥环内锥面螺旋槽是否磨损、滑块是否磨损、弹簧弹力是否过软等 ②如果同步器正常，检查一轴是否弯曲、花键是否磨损严重 ③检查拨叉轴是否移动正常

（4）手动变速器异响故障　故障诊断与排除见表2-14。

表2-14　手动变速器异响故障诊断与排除

项　目	内　容
故障现象	变速器异响是指变速器工作时发出的不正常的响声
故障原因	①齿轮异响。齿轮磨损过甚变薄，间隙过大，运转中有冲击；齿面啮合不良，如修理时没有成对更换齿轮。新、旧齿轮搭配，齿轮不能正确啮合；齿面有金属疲劳剥落或个别齿损坏折断；齿轮与轴上的花键配合松旷，或齿轮的轴向间隙过大；轴弯曲或轴承松旷引起齿轮啮合间隙改变 ②轴承响。轴承磨损严重；轴承内（外）座圈与轴颈（孔）配合松动；轴承滚珠碎裂或有烧蚀麻点 ③其他原因发响。如变速器内缺油，齿轮油过稀、过稠或质量变坏；变速器内掉入异物；某些紧固螺栓松动；里程表软轴或里程表齿轮发响等
故障诊断与排除	①变速器发出金属干摩擦声，应为缺油或油的质量不好。应加油和检查油的质量，必要时更换 ②行驶时换入某档若响声明显，应为该档齿轮轮齿磨损；若发生周期性的响声，则为个别齿损坏 ③空档时响，而踏下离合器踏板后响声消失，一般为一轴前、后轴承或常啮合齿轮响；若换入任何档都响，为二轴后轴承响 ④变速器工作时发生突然撞击声，多为轮齿断裂，应及时拆下变速器盖检查，以防机件损坏 ⑤行驶时，变速器只有在换入某档时齿轮发响，在上述完好的前提下，应检查啮合齿轮是否搭配不当，必要时应重新装配一对新齿轮。此外，也可能是同步器齿轮磨损或损坏，应视情况修复或更换 ⑥换档时齿轮相撞击而发响，则可能是离合器不能分离或离合器踏板行程不正确、同步器损坏、怠速过大、变速杆调整不当或导向衬套紧等。遇到这种情况，先检查离合器能否分离，再分别调整怠速或变速杆位置，检查导向衬套与分离轴承配合的松紧度 若经上述检查排除后，变速器仍发响，应检查各轴轴承与轴孔配合情况、轴承本身的技术状态等；若完好，再查看里程表软轴及齿轮是否发响，必要时予以修理或更换

（5）手动变速器漏油故障　故障诊断与排除见表2-15。

表2-15　手动变速器漏油故障诊断与排除

项　目	内　容
故障现象	变速器周围出现齿轮油，变速器齿轮箱的油量减少，则可判断为齿轮油泄漏
故障原因	①齿轮油选用不当，产生过多泡沫，或齿轮油量太多 ②侧盖太松，密封垫损坏，油封损坏 ③放油塞和变速器箱体及盖的固定螺栓松动 ④变速器壳体破裂或延伸壳油封磨损而引起的漏油 ⑤里程表齿轮限位器松脱破损 ⑥变速杆油封漏油
故障诊断与排除	①更换齿轮油或调节齿轮油 ②密封和油封损坏应更换新件 ③按规定力矩拧紧固定螺栓 ④更换变速器破裂的壳体 ⑤锁紧或更换里程表齿轮限位器 ⑥更换变速杆油封

维修实例

手动变速器在四档跳档

1）故障现象：一汽大众速腾 2014 款 1.6L 手动舒适型轿车，行驶里程为 12.65 万 km。驾驶员说，车辆在行驶过程中挂入四档，变速器很快跳档，即，能挂得上档，却挂不住档。

2）故障原因：同步环和同步齿轮之间的轴向间隙过大。

3）故障诊断与排除：造成该车四档跳档的原因如下。

①同步器与同步齿轮锥齿磨损严重，或磨损成锥形，自动滑出。

②拨叉变形，端部磨损，固定螺钉松动。

③变速杆钢球槽磨损或弹簧折断。

④输入轴、输出轴轴承孔磨损或轴承损坏。

⑤发动机振动。

⑥同步环锥体或同步齿轮轴向间隙大，齿轮轴向窜动。

经挂档检查，手感挂档间隙不大，而且发动机运转正常，变速器处也无振感，初步可排除②、③、④、⑤方面的原因。

为进一步查找故障部位，对变速器进行解体检查。目测换档拨叉及换档定位杆部件均良好，无故障迹象。分解四档从动齿轮及四档同步器检查，四档从动齿轮及四档同步齿轮锥齿磨损并不严重，锥齿与同步环能够啮合，但同步环和同步齿轮之间的轴向间隙已达 0.8mm，已经超过了极限值（0.5mm）。仔细观察，轴向间隙过大是由固定卡环及环槽磨损造成的，这便是四档跳档的故障原因。

更换加厚固定卡环（也可更换同步齿轮），使同步器的轴向间隙为零。

重新装配手动变速器后试车，车辆在行驶过程中挂入四档，变速器不再跳档，故障排除。

进一步分析故障原因得知，由于卡环和环槽的磨损造成同步环与齿轮接触面处出现间隙，使同步环轴向窜动，处于接合状况中的同步环从同步器中滑脱，导致跳档。

复习题

一、选择题

1. 三轴式变速器包括（　　）。
   A. 输入轴　　B. 输出轴　　C. 中间轴　　D. 倒档轴

2. 两轴式变速器的特点是输入轴与输出轴（　　），且无中间轴。
   A. 重合　　B. 垂直　　C. 平行　　D. 斜交

3. 对于五档变速器而言，传动比最大的前进档是（　　）。
   A. 一档　　B. 二档　　C. 四档　　D. 五档

4. 两轴式变速器适用于（　　）的布置形式。
   A. 发动机前置前驱　　　　B. 发动机前置全轮驱动
   C. 发动机后置后驱　　　　D. 发动机前置后驱

5. 保证变速器工作齿轮在全齿宽上啮合的是（　　）。

A. 自锁装置　　　B. 互锁装置　　　C. 倒档锁　　　D. 差速锁

6. 下面各档变速器传动比，最有可能是倒档传动比的是（　　）。

A. i=2.4　　　B. i=1　　　C. i=1.8　　　D. i=3.6

二、判断题

1. 换档时，一般用两根拨叉轴同时工作。（　　）
2. 变速器在换档时，为避免同时挂入两档，必须装设自锁装置。（　　）
3. 变速器的档位越低，传动比越小，汽车的行驶速度越低。（　　）
4. 互锁装置的作用是当驾驶员用变速杆推动某一拨叉轴时，自动锁上其他所有拨叉轴。（　　）
5. 采用移动齿轮或接合套换档时，待啮合的一对齿轮的圆周速度必须相等。（　　）
6. 同步器能够保证：变速器换档时，待啮合齿轮的圆周速度迅速达到一致，以减少冲击和磨损。（　　）
7. 超速档主要用于汽车在良好路面上轻载或空载运行，以提高汽车的燃料经济性。（　　）

三、简答题

1. 两轴式变速器和三轴式变速器在结构上有何区别？
2. 简述同步器的作用与类型。
3. 变速器操纵机构一般都有哪些换档锁装置？试说明它们的作用。
4. 拆装变速器时应注意哪些事项？

任务三　万向传动装置的检修

岗位核心能力

◎ 知识目标

1）熟悉万向传动装置的功用、组成和应用。
2）熟悉十字轴刚性万向节的结构与工作原理。
3）熟悉等速万向节的结构与工作原理。

◎ 技能目标

1）能够对万向传动装置零部件进行检修。
2）能够正确地对万向节进行拆卸与安装。

案例导入

奔驰A级（进口）2016款A 200动感型轿车，行驶里程为6.3万km。驾驶员说，汽车底部发出异响，行驶中有振动感。

相关知识

一、万向传动装置的功用与结构

1. 功用

万向传动装置的功用是在轴线相交且相互位置经常发生变化的两转轴之间传递动力。

2. 安装位置

万向传动装置一般位于变速器与驱动桥之间,如图 2-104 所示。变速器输出轴和驱动桥的输入轴由于汽车布置、设计等原因不可能在同一轴向上,并且变速器虽然是安装在车架(车身)上,可以认为位置是不动,但驱动桥会因为悬架的变形而引起其位置经常发生变化,所以在变速器和驱动桥之间装有万向传动装置正好可以满足这些使用、设计的要求。

万向传动装置的功用与结构

图 2-104 万向传动装置

3. 结构

万向传动装置主要包括万向节和传动轴,对于传动距离较远的分段式传动轴,为了提高传动轴的刚度,还设置有中间支撑,如图 2-105 所示。

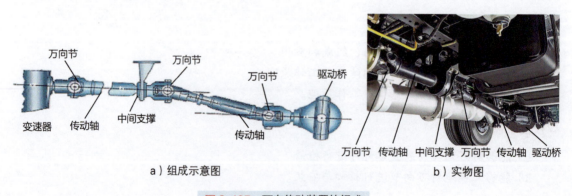

a)组成示意图 b)实物图

图 2-105 万向传动装置的组成

4. 万向传动装置的应用

万向传动装置在汽车上的应用见表 2-16。

表 2-16 万向传动装置在汽车上的应用

应用	说 明	图 示
变速器与驱动桥之间（4×2汽车）	一般情况下，汽车的变速器、离合器与发动机三者装合为一体，装在车架上，驱动桥通过悬架与车架相连。在负荷变化及汽车在不平路面行驶时引起的跳动，会使驱动桥输入轴与变速器输出轴之间的夹角和距离发生变化，因此需安装万向传动装置	
越野汽车变速器与分动器、分动器与驱动桥之间	为消除车架变形及制造、装配误差等引起的其轴线同轴度误差对动力传递的影响，需装有万向传动装置	
汽车转向驱动桥的内、外半轴之间	转向时两段半轴轴线相交且交角变化，因此要用万向节	
断开式驱动桥的半轴之间	主减速器壳在车架上是固定的，桥壳上下摆动，半轴是分段的，因此需用万向节	
转向机构的转向轴和转向器之间	在它们之间安装万向传动装置有利于转向机构的总体布置	

二、万向节的类型与结构

万向节是一种用来连接两根具有一定夹角的转轴并传递动力的元件。万向节按传递动力过程中输入、输出转速特性的不同，可分为不等速万向节（常用的为十字轴式万向节）、准等速万向节（常用的有双联式万向节和三销轴式万向节）和等速万向节（包括球叉式万向节和球笼式万向节等）三类；按受力时零件的变形不同，可分为刚性万向节和柔性万向节两类。

目前在汽车上应用较多的是十字轴式刚性万向节和等速万向节。十字轴式刚性万向节主要用于发动机前置后轮驱动的变速器与驱动桥之间；等速万向节主要用于发动机前置前轮驱动的内、外半轴之间。

1. 十字轴式刚性万向节

目前，常用的不等速万向节为十字轴式刚性万向节如图2-106所示，它应用广泛，允许相邻两轴的最大交角为15°~20°。

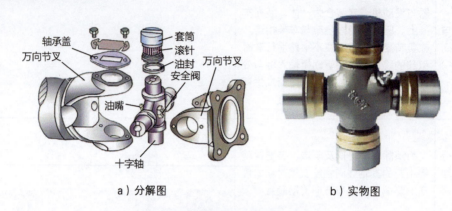

a）分解图　　　　b）实物图

图2-106　十字轴式刚性万向节

（1）结构　十字轴式刚性万向节主要由十字轴、万向节叉等组成。万向节叉上的孔分别套在十字轴的四个轴颈上。在十字轴轴颈与万向节叉孔之间装有滚针和套筒，用带有锁片的螺钉和轴承盖使之轴向定位（也可用弹性卡环定位）。为了润滑轴承，十字轴内钻有油道，且与油嘴、安全阀相通。为避免润滑油流出及尘垢进入轴承，十字轴轴颈的内端套装着油封。安全阀的作用是当十字轴内腔润滑脂压力超过允许值时，使润滑脂外溢，因而使油封不会因油压过高而损坏。

小提示：现代汽车多采用橡胶油封，多余的润滑油从油封内圆表面与十字轴轴颈接触处溢出，故无须安装安全阀。

（2）特点

1）单个十字轴式刚性万向节。单个十字轴式刚性万向节在主动轴和从动轴之间有夹角的情况下，当主动叉等角速转动时，从动叉是不等角速的，这称为十字轴式刚性万向节的不等速特性。两转轴之间的夹角α越大，不等速性就越大。

小提示：单个十字轴式刚性万向节的不等速特性能够使从动轴及其相连的传动部件产生扭转振动，从而产生附加的交变载荷，影响部件寿命。

2）双十字轴式刚性万向节。为消除上述影响，可以采用图2-107所示的双十字轴式刚性万向节的传动方式。该传动方式的第一万向节的不等速特性可以被第二万向节的不等速特性所抵消，从而实现两轴间的等角速传动。两者相互抵消的具体条件是：第一万向节两轴间夹角$α_1$，与第二万向节两轴间夹角$α_2$相等；第一万向节的从动叉与第二万向节的主动叉处于同一平面。

由于悬架的振动，该传动方式不可能在任何时候都保证$α_1=α_2$，只能近似地解决等速传动问题，且由于两轴夹角最大只能是20°，因此在使用上受到限制。

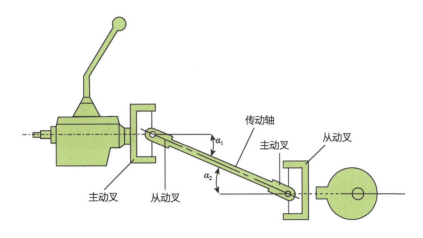

图 2-107 双十字轴式刚性万向节等速传动布置图

2. 等速万向节

等速万向节的工作原理是传力点永远位于两轴交点的平分面上,如图 2-108 所示。一对大小相同的锥齿轮的接触点 P 位于两齿轮轴线交角的平分面上,由 P 点到两轴的垂直距离都等于 r。P 点处两齿轮的圆周速度相等,两齿轮的角速度也相等。可见,万向节的传力点在其交角变化时,始终位于两轴夹角的平分面上,因而能保证等速传动。

(1)球叉式等速万向节 球叉式等速万向节的结构如图 2-109 所示,由主动叉、从动叉、四个传动钢球、中心钢球、定位销、锁止销组成。主动叉与从动叉分别与内、外半轴制成一体。在主、从动叉上,分别有四个曲面凹槽,装配后,则形成两个相交的环形槽,作为钢球滚道。四个传动钢球放在槽中,中心钢球放在两叉中心的凹槽内,以定中心。

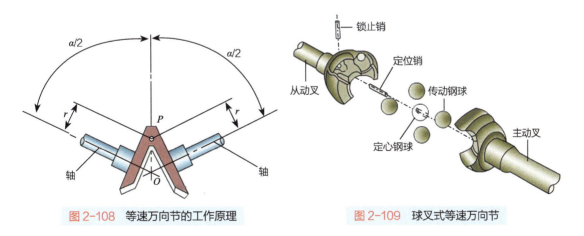

图 2-108 等速万向节的工作原理　　图 2-109 球叉式等速万向节

小提示:球叉式等速万向节在工作时只有两个钢球传力,磨损快,影响使用寿命,应用越来越少。

(2)球笼式等速万向节　常见的球笼式万向节按其内、外滚道结构不同,可分为固定型球笼式(外球笼)等速万向节(RF 节)和伸缩型球笼式(内球笼)等速万向节(VL 节)等,实物如图 2-110 所示。

a）外球笼实物　　　　　　　b）内球笼实物

图 2-110　球笼式等速万向节

1）固定型球笼式等速万向节（RF 节）。固定型球笼式等速万向节由六个钢球、星形套（内滚道）、球形壳（外滚道）和球笼（保持架）等组成，如图 2-111 所示。万向节星形套与主动轴用花键固接在一起，星形套外表面有六条弧形凹槽滚道，球形壳的内表面有相应的六条凹槽，六个钢球分别装在各条凹槽中，由球笼使其保持在同一平面内。动力由主动轴、钢球、球形壳输出。

RF 节在工作时，六个钢球都参与传力，故承载能力强、磨损小、寿命长。它被广泛应用于各种型号的转向驱动桥和独立悬架的驱动桥。

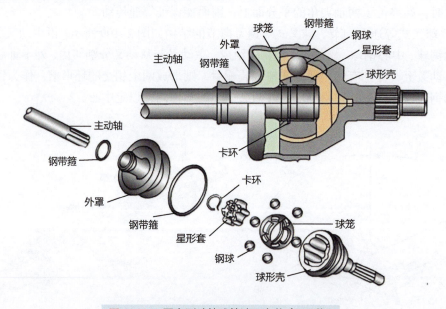

图 2-111　固定型球笼式等速万向节（RF 节）

2）伸缩型球笼式等速万向节（VL 节）。伸缩型球笼式等速万向节的结构如图 2-112 和图 2-113 所示，其内、外滚道为圆筒形，且内、外滚道不与轴线平行，而是以相同的角度相对于轴线倾斜着。装合后，同一周向位置内、外滚道的倾斜方向刚好相反，即对称交叉，而钢球则处于内外滚道的交叉部位。当内半轴与中半轴以任意夹角相交时，所有传动钢球都位于轴间交角的平分面上，从而实现等角速传动。在动力传递过程中，内、外球座可以沿轴向相对移动。因此，采用这种万向节可以省去万向传动装置中的滑动花键。

伸缩型球笼式万向节允许两轴最大交角为15°~21°，且具有轴向滑动的特性，寿命长、刚度高，不但满足了车轮转向性能的要求，还具有结构简单、尺寸小、质量轻等优点。

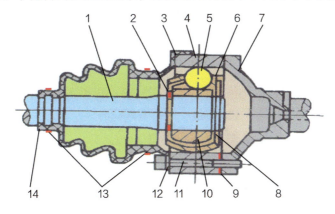

图2-112 伸缩型球笼式等角速万向节（VL节）结构

1—中半轴 2—挡圈 3—护盖 4—外球座 5—钢球 6—球笼 7—内半轴 8—卡环 9—密封圈
10—内球座 11—圆头内六角螺栓 12—锁片 13—钢带箍 14—外罩（防尘罩）

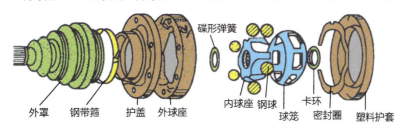

图2-113 伸缩型球笼式等角速万向节（VL节）零件分解图

RF节和VL节广泛应用于采用独立悬架的轿车转向驱动桥，如新宝来、奥迪等轿车的前桥。其中RF节用于靠近车轮处（即外球笼），VL节用于靠近驱动桥处（即内球笼）。图2-114所示为一汽大众新宝来轿车RF节和VL节分解图。

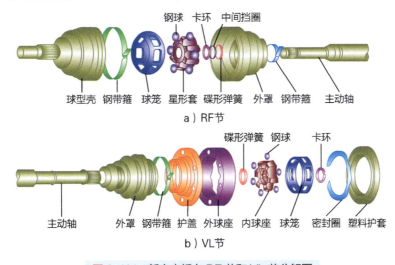

图2-114 新宝来轿车RF节和VL节分解图

（3）三枢轴球面滚轮式等速万向节　三枢轴球面滚轮式等速万向节又称为自由三枢轴万向节，其结构如图 2-115 所示。其由三个位于同一平面内互成 120° 的枢轴构成，它们的轴线交于输入轴上一点，并且垂直于驱动轴。三个外表面为球面的滚子轴承分别活套在各枢轴上，在一个漏斗形轴的筒形部分加工出三个槽形轨道。三个槽形轨道在筒形圆周上是均匀分布的，轨道配合面为部分同柱面，三个滚子轴承分别装入各槽形轨道，可沿轨道滑动。

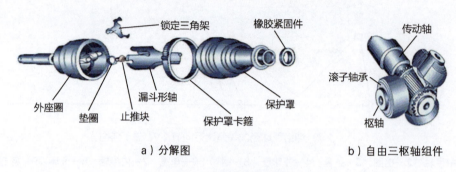

a）分解图　　　　　　　　　　b）自由三枢轴组件

图 2-115　自由三枢轴万向节

三、传动轴的功用与结构

1. 功用

传动轴是万向传动装置中的主要传力部件，通常用来连接变速器（或分动器）和驱动桥；在转向驱动桥和断开式驱动桥中，则用来连接变速器和驱动车轮。

2. 结构

图 2-116 所示为传动轴的构造。传动轴有实心轴和空心轴之分。为了减轻传动轴的质量，节省材料，提高轴的强度、刚度，传动轴多为空心轴，一般用厚度为 1.5~3.0mm 的薄钢板卷焊而成，超重型货车则直接采用无缝钢管。

转向驱动桥、断开式驱动桥或微型汽车的传动轴通常制成实心轴。

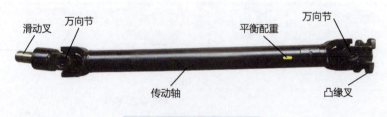

图 2-116　传动轴的构造

传动轴两端的连接件装好后，应进行动平衡试验。在质量轻的一侧补焊平衡片，使其不平衡量不超过规定值。为防止装错位置和破坏平衡，滑动叉、轴管上都应刻有带箭头的记号。为保持平衡，油封上两个带箍的开口销应装在间隔 180° 的位置上，万向节的螺钉、垫片等零件不应随意改换规格。

小提示：为方便加注润滑脂，万向传动装置的滑脂嘴应在一条直线上，且万向节上的滑脂嘴应朝向传动轴。

汽车行驶过程中，变速器与驱动桥的相对位置会发生变化，随着传动轴角度的改变，其长度也会改变，因此采用滑动叉和花键组成的滑套连接，以实现传动轴长度的变化，如图2-117所示。

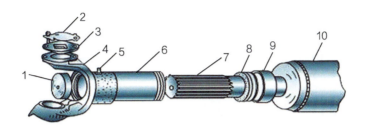

图2-117 滑动叉的构造

1—盖子 2—盖板 3—盖垫 4—万向节叉 5—滑脂嘴 6—伸缩套
7—滑动花键轴 8—油封 9—油封盖 10—传动轴管

四、中间支撑的功用与结构

1. 功用

传动轴分段时需加中间支撑。中间支撑通常装在车架横梁上，能补偿传动轴轴向和角度方向的安装误差，以及汽车行驶过程中因发动机窜动或车架变形等引起的位移。

2. 结构

图2-118所示的中间支撑是由支架和轴承等组成，轴承固定在中间传动轴后部的轴颈上。带油封的支撑盖之间装有弹性元件橡胶垫环，用螺栓紧固。紧固时，橡胶垫环会径向扩张，其外圆被挤紧于支架的内孔。

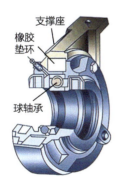 

a）结构图　　　　　　　　b）安装位置图

图2-118 中间支撑

相关技能

一、球笼式等速万向节拆装与检查

以下内容以新宝来轿车为例。

1. 万向节的分解

1）拆下防尘罩卡箍，拆下防尘罩，如图2-119所示。

2）万向节内、外圈解体。先拆弹簧卡环，如图2-120所示。用木锤敲打外万向节使之从传动轴上卸下，然后用专用工具压出内万向节，如图2-121所示。

图2-119 拆卸卡箍和防尘罩

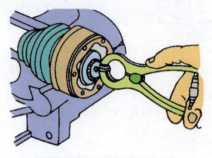

图2-120 拆卸弹簧卡环

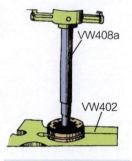

图2-121 用专用工具压出内万向节

3）外等速万向节解体。分解前，先在钢球球笼和球形壳上标出星形套位置，然后转动星形套与球笼，依次取出钢球，如图2-122所示。用力转动球笼使两个方孔与球形壳对上（如图2-123箭头所示），将星形套、球笼一起拆下。将星形套上扇形齿旋入球笼的方孔，然后从球笼中取出星形套，如图2-124所示。

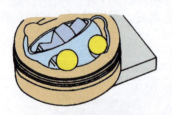

图2-122 取出钢球

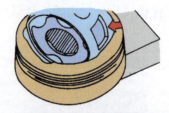

图2-123 拆下球笼

图2-124 取出星形套（外）

4）内等速万向节解体。转动球笼和星形套，按垂直向前的方向压出球笼里的钢球，如图2-125箭头所示。从球槽上面取出球笼里的星形套。

注意：因星形套与球形壳体是选配的，拆卸时注意将星形套与壳体成对放置，不允许互换。

2. 万向节的装配

1）外等速万向节的装配。用汽油清洗各部件，将G6润滑脂总量的一半（45g）注入万向节内，将球笼连同星形套一起装入球形壳体。对角交替地压入钢球，必须保持星形套在球笼及球形壳的原先位置。将弹簧挡圈装入星形套，并将剩余的润滑脂压入万向节。

2）内等速万向节的装配。对准凹槽，将星形套嵌入球笼，再将钢球压入球笼，并注入G6润滑脂90g。将带钢球的球笼垂直装入球形壳，如图2-126所示。

小提示：装配时，注意球形壳上的宽间隙 a 应对准星形套上的窄间隙 b，转动球笼以便嵌入到位。

转动星形套，星形套就能转出球笼，如图2-127所示。

安装时应保证球形壳体中的球槽有足够间隙。

用力掀压球笼，如图2-128箭头所示，使装有钢球的球笼完全转入球形壳。最后检查如果用手能将星形套在轴向范围内来回灵活推动，则表明装配正确。

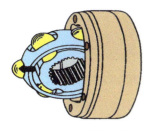
图2-125 取出星形套（内）

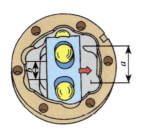
图2-126 将球笼垂直装入球形壳

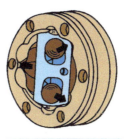
图2-127 将星形套转出球笼

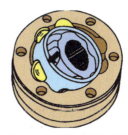
图2-128 使球笼完全转入球形壳

3）碟形座圈的安装。将碟形座圈装在传动轴带齿端配合位置上，如图2-129所示。

4）压入内万向节。安装弹簧卡环。装上外万向节。

5）安装防尘罩。万向节防尘罩受到挤压后内部将产生真空，因此安装防尘罩小口径后，要稍微充点气，使其压力平衡，不产生皱折。

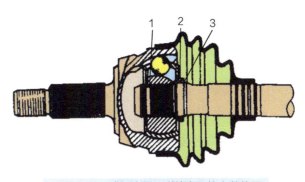
图2-129 碟形座圈和弹簧卡环的安装位置
1—弹簧卡环　2—中间挡圈　3—碟形座圈

3. 万向节的检修

1）万向节的检修主要是检查内、外等速万向节中各部件的磨损情况和装配间隙。一般外等速万向节酌情单件更换。内等速万向节，若某部件磨损严重，则应整体更换。

2）外等速万向节的六颗钢球要求有一定的配合公差，并与星形套一起组成配合件。检查轴、球笼、星形套与钢球有无凹陷与磨损，若万向节间隙过大，需更换万向节。

3）内等速万向节的检修要检查球形壳、星形套、球笼及钢球有无凹陷与磨损，若磨损严重则应更换。内等速万向节只能整体调换，不可单个更换。

4）防尘罩及卡箍、弹簧挡圈等损坏时，应予以更换。

二、传动轴的检修

（1）传动轴弯曲检查　如图 2-130 所示，用专用工具百分表和百分表固定座检查传动轴弯曲，弯曲限度在 0.5mm 以下。若超过该值，应当进行校正，并需经动平衡校正，也可直接更换。

（2）传动轴轴颈轴向侧隙检查　如图 2-131 所示，用塞尺检查传动轴轴颈轴向侧隙，应符合标准值。若超过极限，应当进行校正或更换。

图 2-130　传动轴弯曲的检查

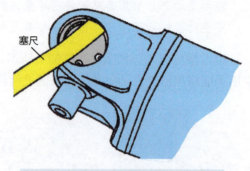

图 2-131　传动轴轴颈轴向侧隙的检查

（3）传动轴噪声检查

1）在高速时出现的噪声。整车有抖动感觉，一般是传动轴总成动平衡超过规定或已弯曲变形引起。应当进行校正，并需经动平衡校正，或是更换。

2）在低速或变速时出现的噪声一般是零件磨损松动引起。若滑动叉花键、十字轴和滚针轴承磨损严重，则应更换整根传动轴。

小提示：在安装十字轴轴承前，要对十字轴轴承座圈涂润滑脂。

三、中间支撑的检修

（1）基本检查　检查中间支撑的橡胶垫环是否开裂、油封磨损是否过甚而失效、轴承松旷或内孔磨损是否严重，如图 2-132 所示，如果是，均应更换新的中间支撑。

（2）中间支撑轴承的检查和调整　中间支撑轴承经使用磨损后，需及时检查和调整，以恢复其良好的技术状况。以解放 CA1092 型汽车为例，其传动系统中间支撑为双列圆锥滚子轴承，有两个内圈和一个外圈，两内圈中间有一个隔套，供调整轴向间隙用。

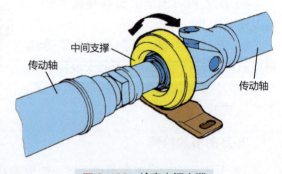

图 2-132　检查中间支撑

磨损使中间支撑轴向间隙超过 0.30mm 时，将引起中间支撑发响和传动轴严重振动，导致各传力部件早期损坏。按以下方法进行调整：

1）拆下凸缘和中间轴承。

2）将调整隔板适当磨薄。

3）传动轴承在不受轴向力的自由状态下，轴向间隙在 0.15~0.25mm 之间，装配好后用 195~245N·m 的力矩拧紧凸缘螺母，保证轴承轴向间隙在 0.05mm 左右，即转动轴承外圈而无明显的轴向游隙为宜。

4）最后从滑脂嘴注入足够的润滑脂，以减小磨损。

四、万向传动装置常见故障诊断与排除

万向传动装置由于经常受汽车在复杂道路上行驶的影响，使传动轴在其角度和长度不断变化情况下传递转矩，因此常出现传动轴动不平衡、万向节与中间支撑松旷、发响等故障。

（1）传动轴动不平衡　故障诊断与排除见表2-17。

表 2-17　传动轴动不平衡故障诊断与排除

项　目	内　容
故障现象	在万向节和伸缩叉技术状况良好时，汽车行驶中发出周期性的响声；速度越高响声越大，甚至伴随有车身振动，握转向盘的手感觉麻木
故障原因	①传动轴上的平衡块脱落 ②传动轴弯曲或传动轴管凹陷 ③传动轴管与万向节叉焊接不正或传动轴未进行过动平衡试验和校准 ④伸缩叉安装错位，造成传动轴两端的万向节叉不在同一平面内，不满足等速传动条件
故障诊断与排除	①检查传动轴管是否凹陷：有凹陷，则故障由此引起；无凹陷，则继续检查 ②检查传动轴管上的平衡片是否脱落，若脱落，则故障由此引起；否则继续检查 ③检查伸缩叉安装是否正确，不正确，则故障由此引起；否则继续检查 ④拆下传动轴进行动平衡试验，动不平衡，则应校准以消除故障。弯曲应校直

（2）万向节松旷　故障诊断与排除见表2-18。

表 2-18　万向节松旷故障诊断与排除

项　目	内　容
故障现象	在汽车起步或突然改变车速时，传动轴发出"抗"的响声；在汽车缓行时，发出"咣当、咣当"的响声
故障原因	①凸缘盘连接螺栓松动 ②万向节主、从动部分游动角度太大 ③万向节十字轴磨损严重
故障诊断与排除	①用榔头轻轻敲击各万向节凸缘盘连接处，检查其松紧度。太松旷则故障由连接螺栓松动引起，否则继续检查 ②用双手分别握住万向节主、从动部分转动，检查游动角度。游动角度太大，则故障由此引起

(3) 中间支撑松旷　故障诊断与排除见表2-19。

表2-19　中间支撑松旷故障诊断与排除

项　目	内　容
故障现象	汽车运行中出现一种连续的"呜呜"响声，车速越高响声越大
故障原因	①滚动轴承缺油烧蚀或磨损严重 ②中间支撑安装方法不当，造成附加载荷而产生异常磨损 ③橡胶垫环损坏 ④车架变形，造成前后连接部分的轴线在水平面内的投影不同线而产生异常磨损
故障诊断与排除	①给中间支撑轴承加注润滑脂，响声消失，则故障由缺油引起；否则继续检查 ②松开夹紧橡胶垫环的所有螺钉，待传动轴转动数圈后再拧紧，若响声消失，则故障由中间支撑安装方法不当引起。否则故障可能是：橡胶垫环损坏；或滚动轴承技术状况不佳；或车架变形等引起

(4) 传动轴异响　故障诊断与排除见表2-20。

表2-20　传动轴异响故障诊断与排除

项　目	内　容
故障现象	汽车行驶中传动装置发出周期性的响声；车速越高响声越大，严重时伴随有车身振抖
故障原因	主要原因是传动轴动不平衡，由于变形或平衡块脱落等；其次是中间支撑吊架固定螺栓松动或万向节凸缘盘连接螺栓松动，使传动轴偏斜
故障诊断与排除	除"传动轴动不平衡"诊断方法外，再检查中间支撑吊架固定螺栓和万向节凸缘盘连接螺栓是否松动，若有松动，则异响由此引起

维修实例

汽车底部发出异响，行驶中有振动感

(1) 故障现象　奔驰A级（进口）2016款A 200动感型轿车，行驶里程为6.3万km。驾驶员说，汽车底部发出异响，行驶中有振动感。

(2) 故障原因　右万向节球笼总成、橡胶护套损坏。

(3) 故障诊断　试车中，反复踏动离合器踏板，异响无变化，初步判断异响不是发自离合器处。该车异响特征是起步无异响，行驶中有"克啦、克啦"金属撞击声，而且响声杂乱无规律，时而出现金属撞击声，因此怀疑为传动轴处异响。

将车停放在举升架上检查，用手摇动前桥两根传动轴，与差速器左右半轴连接的内球笼（VL型）等速万向节没有异常现象；而靠近车轮外的外球笼（RF型）等速万向节前右端有明显晃动感，同时观察到该万向节橡胶护套已破损。拆下球笼式万向节后检查，万向节球笼已变形，孔和钢球均已磨损，而且球笼与钢球十分脏。

更换前右端外球笼等速万向节总成和橡胶护套。

更换零件后试车，故障现象消失，故障排除。

球笼式万向节是易损部件。故障成因往往不在于球笼式万向节本身，多数是橡胶护套或因老化或因摩擦破损，使泥污混入球笼内，致使钢球与球笼异常磨损，所以应防范此类故障。

复习题

一、选择题

1. 十字轴式刚性万向节的十字轴轴颈一般都是（　　）。
   A. 中空的　　　　B. 实心的　　　　C. 无所谓　　　　D. 以上都不正确
2. 下面万向节中属于等速万向节的是（　　）。
   A. 球笼式　　　　B. 双联式　　　　C. 球叉式　　　　D. 三销式
3. 为了提高传动轴的强度和刚度，传动轴一般都做成（　　）。
   A. 空心的　　　　B. 实心的　　　　C. 半空、半实的　　D. 无所谓
4. 主、从动轴具有最大交角的万向节是（　　）。
   A. 球笼式　　　　B. 球叉式　　　　C. 双联式　　　　D. 三销轴式

二、判断题

1. 汽车行驶过程中，传动轴的长度可以自由变化。（　　）
2. 单个十字轴万向节在有夹角时传动的不等速性是指主、从动轴的平均转速不相等。（　　）
3. 传动轴两端的万向节叉，安装时应在同一平面内。（　　）
4. 挠性万向节一般用于主、从动轴间夹角较大的万向传动的场合。（　　）
5. 球叉式万向节的传力钢球数比球笼式万向节多，因此承载能力强、耐磨、使用寿命长。（　　）
6. 只有驱动轮采用独立悬架时，才有实现第一万向节两轴间的夹角等于第二万向节两轴间的夹角的可能。（　　）

三、简答题

1. 简述万向传动装置的功用。
2. 简述万向传动装置的组成。

任务四　驱动桥的检修

岗位核心能力

◎ 知识目标

　　1）熟悉驱动桥的功用与分类。
　　2）熟悉驱动桥的结构与工作原理。
　　3）熟悉差速器的结构与工作原理。

◎ 技能目标

　　1）能够对驱动桥零部件进行检修。
　　2）能够正确地对驱动桥总成进行拆卸与安装。

案例导入

一汽大众奥迪 A6L 2016 款 TFSI 技术型轿车，行驶里程为 8.3 万 km。驾驶员说，当车辆直行时，从底部有轻微"嗡、嗡"声传出，但车辆在弯路上行驶转弯时有"咔、咔"异响声，而且响声十分清晰。

相关知识

一、驱动桥的功用与组成

1. 驱动桥的功用

驱动桥的功用是将由万向传动装置传来的发动机转矩传给驱动车轮，并经降速增矩、改变动力传动方向，使汽车行驶，而且允许左右驱动车轮以不同的转速旋转。具体来说，主减速器的功用为降速增矩、改变动力传动方向；差速器的功用是允许左右驱动车轮以不同的转速旋转；半轴的功用是将动力由差速器传给驱动车轮。

2. 驱动桥的组成

驱动桥一般是由主减速器、差速器、半轴、桥壳等组成，如图 2-133 所示。

驱动桥是传动系统的最后一个总成，发动机的动力传到驱动桥后，首先传到主减速器，在这里将转矩放大并降低转速后，经差速器分配给左右半轴，最后通过半轴外端的凸缘传到驱动车轮的轮毂。驱动桥的主要零部件都装在驱动桥的桥壳中。桥壳由主减速器壳和半轴套管组成。

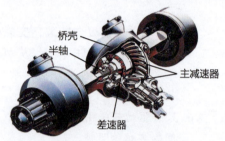

图 2-133 驱动桥的组成

3. 驱动桥的分类

按照悬架结构的不同，驱动桥可以分为整体式驱动桥和断开式驱动桥。整体式驱动桥又称为非断开式驱动桥。

（1）整体式驱动桥　整体式驱动桥如图 2-134 所示，它与非独立悬架配用。其驱动桥壳为一刚性的整体，驱动桥两端通过悬架与车架或车身连接，左右半轴始终在一条直线上，即左右驱动轮不能相互独立地跳动。当某一侧车轮通过地面的凸出物或凹坑升高或下降时，整个驱动桥及车身都要随之发生倾斜，车身波动大。

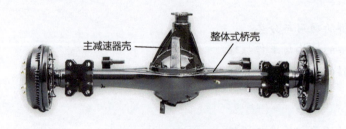

图 2-134 整体式驱动桥

（2）断开式驱动桥　断开式驱动桥如图2-135所示，它与独立悬架配用。其主减速器固定在车架或车身上，驱动桥壳制成分段并用铰链连接，半轴也分段并用万向节连接。驱动桥两端分别用悬架与车架或车身连接。这样，两侧驱动车轮及桥壳可以彼此独立地相对于车架或车身上下跳动。

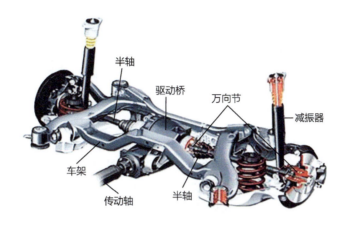

图 2-135　断开式驱动桥

二、主减速器的功用与结构

1. 主减速器的功用

1）将万向传动装置传来的发动机转矩传给差速器。
2）在动力的传动过程中将转矩增大并相应降低转速。
3）对于纵置发动机，还要将转矩的旋转轴向改变90°。

2. 主减速器的类型

1）按参加传动的齿轮副数目，可分为单级式主减速器和双级式主减速器。有些重型汽车又将双级式主减速器的第二级圆柱齿轮传动设置在两侧驱动车轮附近，称为轮边减速器。
2）按主减速器传动比的个数，可分为单速式和双速式主减速器。
3）按齿轮副的结构形式，可分为圆柱齿轮式(又可分为定轴轮系和行星轮系)主减速器和锥齿轮式(又可分为弧齿锥齿轮式和准双曲面齿轮式)主减速器。

3. 单级主减速器的结构

单级主减速器结构简单，质量小，体积小，传动效率高，主要用于轿车及中型以下客货车，单级主减速器的实物如图2-136所示。

图2-137所示为新宝来轿车单级主减速器结构图。由于发动机前置前轮驱动，整个传动系统都集中布置在汽车前部，其主减速器装于变速器壳体内，没有专门的主减速器壳体。

小提示： 由于省去了变速器到主减速器之间的万向传动装置，变速器输出轴即为主减速器主动轴。

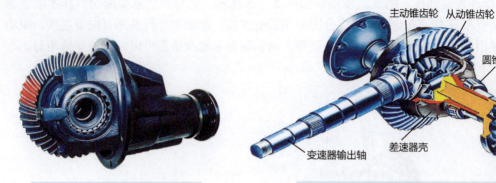

图 2-136　单级主减速器的实物　　　　图 2-137　新宝来轿车单级主减速器结构图

新宝来轿车主减速器由一对准双曲面齿轮组成，从动锥齿轮的齿数为40，主动锥齿轮的齿数为9，其传动比为4.444。主动锥齿轮与变速器输出轴制为一体，用双列圆锥滚子轴承和圆柱滚子轴承支撑在变速器壳体内，属于悬臂式支撑。环状的从动锥齿轮靠凸缘定位，并用螺栓与差速器壳连接。差速器壳由一对圆锥滚子轴承支撑在变速器壳体上。

小提示：对于发动机纵向布置的汽车，由于需要改变动力传递方向，单级主减速器都采用一对锥齿轮传动；对于发动机横向布置的汽车，单级主减速器采用一对圆柱齿轮即可。

三、差速器的功用与结构

1. 差速器的功用

差速器的功用是将主减速器传来的动力传给左右两半轴，并在必要时允许左右半轴以不同的转速旋转，使左、右驱动车轮相对于地面纯滚动而不是滑动。

小提示：汽车行驶过程中，车轮相对路面有两种运动状态：滚动和滑动，滑动又有滑转和滑移两种。设车轮中心相对路面的速度为v，车轮旋转角速度为ω，车轮滚动半径为r。如果$v=\omega r$，则车轮对路面的运动为滚动，这是最理想的运动状态；如果$\omega>0$，但$v=0$，则车轮的运动为滑转；如果$v>0$，但$\omega=0$，则车轮的运动为滑移。

当汽车转弯行驶时，内、外两侧车轮中心在同一时间内移过的曲线距离显然不同，外侧车轮移过的距离大于内侧车轮，如图2-138所示。若两侧车轮都固定在同一刚性转轴上，两轮角速度相等，则此时外轮必然是边滚动边滑移，内轮必然是边滚动边滑转。

同样，汽车在不平路面上直线行驶时，两侧车轮实际移过的曲线距离也不相等。因此在角速度相同的条件下，在波形较显著的路面上运动的一侧车轮是边滚动边滑移，另一侧车轮则是边滚动边滑转。即使路面非常平直，但由

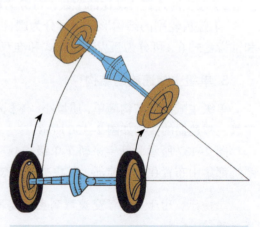

图 2-138　汽车转向时驱动车轮的运动示意图

于轮胎存在制造尺寸误差，磨损程度不同，承受的载荷不同或充气压力不等，各个轮胎的滚动半径实际上不可能相等。因此，只要各轮角速度相等，车轮对路面的滑动就必然存在。

车轮对路面的滑动不仅会加速轮胎磨损，增加汽车的动力消耗，而且可能导致转向和制动性能的恶化。因此，在正常行驶条件下，应使车轮尽可能不发生滑动，差速器的作用就在于此。

2. 差速器的类型

差速器按其工作特性可分为普通齿轮式差速器（图 2-139）和防滑差速器（图 2-140）两大类。

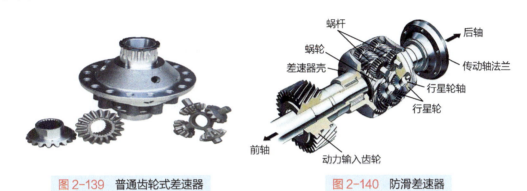

图 2-139　普通齿轮式差速器　　　图 2-140　防滑差速器

3. 差速器的结构

差速器主要由差速器壳、半轴齿轮、行星轮、十字轴（有的差速器省略十字轴）组成，结构如图 2-141 所示。

一般轿车及小货车采用一字轴支撑形式的普通齿轮式差速器，结构如图 2-142 所示。该差速器的行星轮有两个，差速器壳为一个整体，结构简单，重量较轻。从动锥齿轮通过螺栓连接在差速器壳上，一字轴穿在差速器壳上的孔中由销定位，两个行星轮装在一字轴上，两个半轴齿轮与行星轮相啮合，整个差速器壳通过两个圆锥轴承支撑在主减速器壳体上。

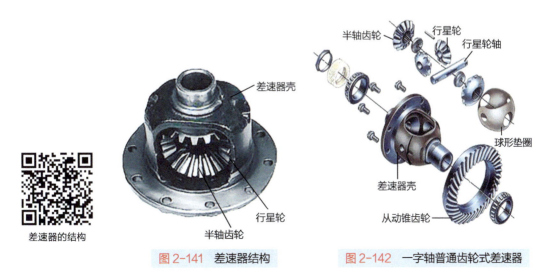

图 2-141　差速器结构　　　图 2-142　一字轴普通齿轮式差速器

中型或重型车上一般采用十字轴支撑形式的普通齿轮式差速器，结构如图2-143所示。该差速器的行星轮有四个，差速器壳分为两半，通过螺栓连接，因而体积较大。

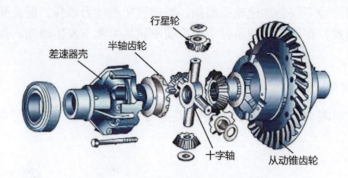

图2-143　十字轴普通齿轮式差速器

4. 差速器的工作原理

差速器的运动原理如图2-144所示，差速器转矩分配原理如图2-145所示。主减速器传来的动力带动差速器壳（转速为n_0）转动，经过行星轮轴、行星轮、半轴齿轮、半轴（转速分别为n_1和n_2），最后传给两侧驱动车轮。

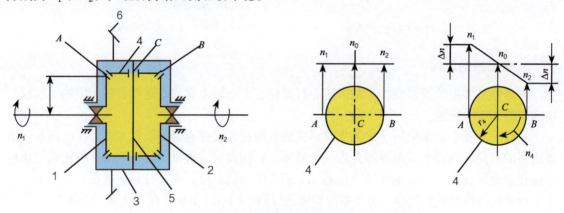

图2-144　差速器运动原理

1、2—半轴齿轮　3—差速器壳　4—行星轮　5—行星轮轴　6—主减速器从动齿轮

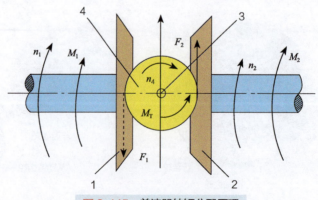

图2-145　差速器转矩分配原理

1、2—半轴齿轮　3—行星轮轴　4—行星轮

（1）汽车直线行驶时　此时两侧驱动车轮所受到的地面阻力相同，并经半轴、半轴齿轮反作用于行星轮两啮合点A和B（图2-144）。这时行星轮相当于等臂杠杆，即行星轮不自转，只随差速器壳和行星轮轴一起公转，两半轴无转速差，即，$n_1=n_2=n_0$，$n_1+n_2=2n_0$。

同样，由于行星轮相当于等臂杠杆，因此主减速器传到差速器壳体上的转矩（M_0）将等分给两半轴齿轮（半轴），即 $M_1=M_2=M_0/2$。

（2）汽车转向行驶时　此时两侧驱动车轮所受到的地面阻力不同。如果车辆右转，右侧（内侧）驱动车轮所受的阻力大，左侧（外侧）驱动车轮所受的阻力小。这两个阻力经半轴、半轴齿轮反作用于行星轮两啮合点A和B（图2-144），使行星轮除了随差速器壳公转外还顺时针自转。设自转转速为n_4，则左半轴齿轮的转速增加，右半轴齿轮的转速降低，且左半轴齿轮增加的转速等于右半轴齿轮降低的转速。设半轴齿轮的转速变化为Δn，则$n_1=n_0+\Delta n$，$n_2=n_0-\Delta n$，即汽车右转时，左侧（外侧）车轮转得快，右侧（内侧）车轮转得慢，实现纯滚动。此时依然有$n_1+n_2=2n_0$。

由于行星轮的自转，行星轮孔与行星轮轴轴径间以及齿轮背部与差速器壳体之间都产生摩擦。如图2-145所示，行星轮所受的摩擦力矩（M_T）方向与其自转方向相反，并传到左、右半轴齿轮，使转得快的左半轴的转矩减小，转得慢的右半轴的转矩增加。当左、右驱动车轮存在转速差时，$M_1=(M_0-M_T)/2$，$M_2=(M_0+M_T)/2$。但由于有推力垫片的存在，实际中的M_T很小，可以忽略不计，则 $M_1=M_2=M_0/2$。

根据上述分析，可以得到以下结论：

1）普通齿轮式差速器的运动特性：$n_1+n_2=2n_0$。

2）普通齿轮式差速器的转矩分配特性：$M_1=M_2=M_0/2$，即转矩等量分配特性。

普通齿轮式差速器转矩等量分配的特性对于汽车在好路面上行驶是有利的，但汽车在坏路面上行驶时却会严重影响其通过能力。例如，当汽车的一个驱动轮处于泥泞路面因附着力小而原地打滑时，即使另一驱动轮处于附着力大的路面上未滑转，汽车仍不能行驶。这是因为附着力小的路面只能对驱动车轮产生一个很小的反作用力矩，而驱动转矩也只能等于这一很小的反作用力矩。由于差速器等量分配转矩的特性，附着力好的驱动车轮也只能分配到同样小的转矩，以至总的牵引力不足以克服行驶阻力，导致汽车不能前进。

四、半轴的功用与结构

1. 半轴的功用

半轴的功用是将差速器传来的动力传给驱动轮。

2. 半轴的结构

半轴传递的转矩较大，因此常制成实心轴。半轴的结构因驱动桥结构形式的不同而异。整体式驱动桥中的半轴为一刚性整轴，如货车半轴（图2-146a）；而转向驱动桥和断开式驱动桥中的半轴则是分段的，并用万向节连接，如轿车半轴（图2-146b）。半轴内端一般制有外花键，与半轴齿轮连接。半轴外端有的直接在轴端锻造出凸缘盘；也有的制成花键，与单独制成的凸缘盘滑动配合；还有的制成锥形，并通过键和螺母与轮毂固定连接。

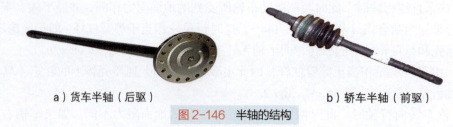

a）货车半轴（后驱）　　　　　　b）轿车半轴（前驱）

图 2-146　半轴的结构

3. 支撑形式

现代汽车常采用全浮式和半浮式两种半轴支撑形式。

（1）全浮式半轴支撑　全浮式半轴支撑广泛应用于各种类型的货车上。图 2-147 所示为全浮式半轴支撑的示意图。半轴外端锻造有半轴凸缘，用螺栓紧固在轮毂上，轮毂用一对圆锥滚子轴承支撑在半轴套管上，半轴套管与空心梁压配成一体，组成驱动桥壳。半轴内端用花键与半轴齿轮套合，并通过差速器壳支撑在主减速器壳的座孔中。

这种支撑形式的半轴与桥壳没有直接联系，半轴只在两端承受转矩，不承受其他任何反力和弯矩，因此称为全浮式半轴支撑。所谓"浮"，是对卸除半轴的弯曲载荷而言。

小提示： 全浮式半轴支撑便于拆装，只需拧下半轴凸缘上的轮毂螺栓，即可将半轴抽出，而车轮和桥壳照样能支持住汽车。

（2）半浮式半轴支撑　图 2-148 所示为半浮式半轴支撑的示意图。其半轴外端制成锥形，锥面上铣有键槽，最外端制有螺纹。轮毂以相应的锥孔与半轴上锥面配合，并用键连接，用锁紧螺母紧固。半轴用一个圆锥滚子轴承直接支撑在桥壳凸缘的座孔内。车轮与桥壳之间无直接联系，而支撑于悬伸出的半轴外端。因此，地面作用于车轮的各种反力都必须经半轴外端的悬伸部分传给桥壳，使半轴外端不仅要承受转矩，而且还要承受各种反力及其形成的弯矩。半轴内端通过花键与半轴齿轮连接，不承受弯矩，故称这种支撑形式为半浮式半轴支撑。

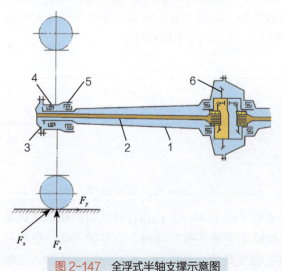

图 2-147　全浮式半轴支撑示意图

1—桥壳　2—半轴　3—半轴凸缘　4—轮毂
5—轮毂轴承　6—主减速器从动锥齿轮

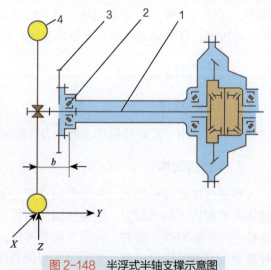

图 2-148　半浮式半轴支撑示意图

1—半轴　2—圆锥滚子轴承　3—轴承盖　4—车轮

半浮式半轴支撑结构简单，但半轴受力情况复杂且拆装不便，因此多用于反力、弯矩较小的各类轿车上。

五、桥壳的功用与类型

1. 桥壳的功用

桥壳既是传动系统的组成部分，同时也是行驶系统的组成部分。作为传动系统的组成部分，其功用是安装并保护主减速器、差速器和半轴。作为行驶系统的组成部分，其功用是安装悬架或轮毂，和从动桥一起支撑汽车悬架以上各部分质量，承受驱动轮传来的反力和力矩，并在驱动轮与悬架之间传力。

由于桥壳承受较复杂的载荷，要求桥壳应具有足够的强度和刚度，质量小，还要便于主减速器的拆装和调整。

2. 桥壳的类型

桥壳可分为整体式桥壳和分段式桥壳两种类型，如图2-149所示。

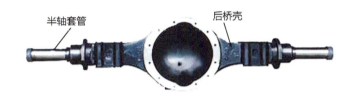

a）整体式桥壳

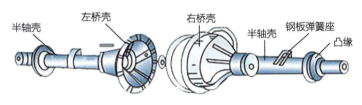

b）分段式桥壳

图2-149 桥壳的类型

整体式桥壳一般是铸造而成的，具有较大的强度和刚度，且便于主减速器的拆装和调整；缺点是质量大，铸造质量不易保证，因此，适用于中型以上货车。

分段式桥壳一般分为两段，由螺栓将两段连成一体。分段式桥壳最大的缺点是拆装、维修主减速器、差速器十分不便，必须把整个驱动桥从车上拆下来，现已很少应用。

相关技能

一、主减速器的拆装

主减速器和差速器的零件分解图如图2-150所示（以新宝来轿车为例）。

（1）主、从动锥齿轮总成的拆卸　拆卸变速器，将其固定在支架上。拆下轴承支座和后盖。取下车速里程表的传感器。锁住传动轴(半轴)，拆下紧固螺栓。取下传动轴。取下车速里程表的主动齿轮导向器和齿轮。拆下主减速器盖。

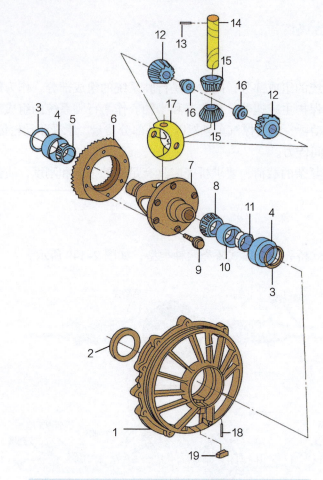

图2-150 新宝来轿车主减速器和差速器的零件分解图

1—主减速器盖 2—密封圈 3—从动锥齿轮的调整垫片 4—轴承外座圈 5、8—差速器轴承 6—从动锥齿轮 7—差速器壳 9—螺栓（拧紧力矩70N·m） 10—车速表主动齿轮 11—锁紧套筒 12—半轴齿轮 13—夹紧销 14—行星轮轴 15—行星轮 16—螺纹套 17—复合式止推垫片 18—磁铁固定销 19—磁铁

从变速器壳体上取下差速器。用铝质的夹具将差速器壳固定在台虎钳上，拆下从动锥齿轮的紧固螺栓。取下从动锥齿轮。

注意：从动锥齿轮的紧固螺栓是自动锁紧的，一经拆卸就必须更换。

（2）主、从动锥齿轮总成的安装 在变速器输出轴上装上所有齿轮、轴承及同步器，计算输出轴调整垫片的厚度。

将从动锥齿轮加热至80℃，并将其装在差速器壳上。安装时用两个螺纹销做导向。装上新的从动锥齿轮螺栓，并用70N·m的力矩交替旋紧。计算从动齿轮的调整垫片的厚度，把垫片装在适当的位置上。

将轴承支座装在变速器壳体上，并换用新的衬垫。装上变速器后盖。

将差速器装在变速器壳体上。将主减速器盖装在壳体上，用25N·m的力矩旋紧螺栓。

装上车速里程表的主动齿轮和导向器。装上车速里程表的传感器。装上半轴凸缘中的一个，用錾子将它锁住，装上螺栓，用20N·m的力矩把它旋紧。装另一个半轴凸缘。

二、差速器的拆装

图2-151所示为新宝来轿车锥齿轮差速器。差速器由差速器壳、行星轮轴、两个行星轮、两个半轴齿轮、复合式推力垫片等组成。

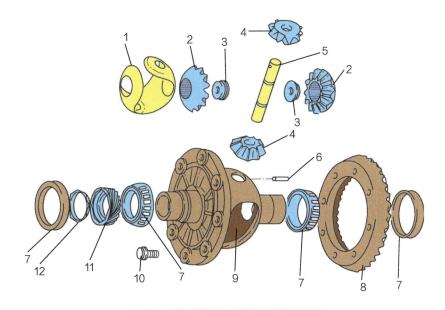

图2-151 新宝来轿车锥齿轮差速器

1—复合式推力垫片 2—半轴齿轮 3—螺纹套 4—行星轮 5—行星轮轴 6—止动销 7—圆锥滚子轴承 8—主减速器从动锥齿轮 9—差速器壳 10—螺栓 11—车速表齿轮 12—车速表齿轮锁紧套筒

（1）半轴齿轮和行星轮的拆装

1）拆卸。拆卸变速器，拆下差速器，拆下从动锥齿轮。拆下行星轮轴的止动销。取下行星轮轴，再取下行星轮和半轴齿轮。

2）安装。在安装之前，检查复合式止推垫片是否损坏，若需要应进行更换。通过半轴凸缘将半轴齿轮固定在差速器壳上。将行星轮放在适当的位置上，接着转动半轴凸缘使行星轮进入差速器壳。装上行星轮轴。在行星轮轴上装上止动销。

取下差速器半轴凸缘。用120℃的温度加热，将从动锥齿轮装在差速器壳上。将差速器装在变速器壳体内。装上半轴凸缘。安装变速器。

（2）差速器壳的拆装

1）拆卸。拆卸变速器，拆下差速器。用专用工具拆下差速器一侧的轴承（与从动锥齿轮相对的一边），如图2-152所示。

用专用工具拆下差速器另一侧轴承，同时取下车速表主动齿轮和锁紧套筒。拆下变速器侧面的密封圈。从主减速器盖上拆下差速器轴承的外座圈和调整垫片。从变速器壳体上拆下差速器轴承的外座圈和调整垫片。

注意：当更换差速器轴承时，轴承外座圈需一起更换，同时必须计算出从动齿轮的调整垫片的厚度。

2）安装。计算从动锥齿轮调整垫片的厚度。装上调整垫片和差速器轴承外座圈。装上调整垫片和轴承外座圈。

装上变速器的侧面密封圈。将差速器轴承加热至80℃（与从动齿轮相对的一面）并装在差速器壳上。将差速器轴承压到位。

将差速器另一轴承加热至80℃，并装在差速器壳上。将轴承压到位。装上车速里程表主动齿轮和锁紧套筒，使二者之间的间隙为1.8mm（VW433a只能支撑在锁紧套筒上，以免齿轮受损）。

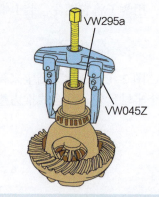

图2-152　拆下差速器一侧轴承

用适当的齿轮油润滑差速器轴承。将差速器装入变速器壳体内，装上主减速器盖。拆下变速器后盖和轴承支座。将专用工具VW521/4、VW521/8和扭力扳手一起装在差速器上。通过扭力扳手，转动差速器，检查摩擦力矩，对新的轴承来说最小应为2.5N·m。

注意：检查摩擦力矩必须将差速器轴承用适当的齿轮油润滑。

调整从动锥齿轮。装上变速器后盖和轴承支座。装上半轴凸缘并给变速器加油。安装变速器。

三、主减速器的调整

下面以单级主减速器为例，介绍主减速器的调整方法。

（1）轴承预紧度的调整　主动锥齿轮轴承预紧度由调整垫片来调整。增加垫片的厚度，轴承预紧度减小；反之，轴承预紧度增加。从动锥齿轮（差速器壳）轴承预紧度则是通过拧动两侧的轴承调整螺母来调整的。拧入调整螺母，轴承预紧度增加；反之，轴承预紧度减小。

（2）锥齿轮啮合的调整　锥齿轮啮合的调整是指齿面啮合印痕和齿侧啮合间隙的调整。

1）齿面啮合印痕的调整。先检查齿面啮合印痕：在主动锥齿轮上相隔120°的三处用红丹油在齿的正反面各涂2~3个齿，再用手对从动锥齿轮稍施加阻力并正、反向各转动主动锥齿轮数圈。观察从动锥齿轮上的啮合印痕。正确的啮合印痕如图2-153所示，应位于齿高的中间偏小端，并占齿宽60%以上。

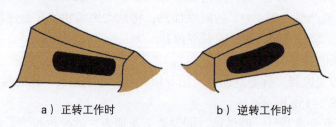

a）正转工作时　　　　b）逆转工作时

图2-153　正确的啮合印痕

如果啮合印痕位置不正确，应进行调整，方法是移动主动锥齿轮。增加调整垫片的厚度，使主动锥齿轮前移；反之则后移。

2）齿侧啮合间隙的调整。调整啮合印痕移动主动锥齿轮后，主、从动锥齿轮的啮合间隙会发生变化。

啮合间隙的检查：将百分表抵在从动锥齿轮正面的大端处，用手把住主动锥齿轮，然后轻轻地往复摆转从动锥齿轮即可显示间隙值。中、重型汽车应为 0.15~0.50mm，轻型车约为 0.10~0.18mm，使用极限 1.00mm。

如果啮合间隙不符合要求，需要进行调整，方法是移动从动锥齿轮，从动锥齿轮远离主动锥齿轮时间隙变大，反之则变小。移动从动锥齿轮的方法是将一侧的轴承调整螺母 2 旋入几圈，另一侧就旋出几圈。

注意：调整前应先将从动锥齿轮的轴承预紧度调整好。

四、半轴与桥壳的检修

1. 半轴的检修

1）半轴应进行隐伤检查，不得有任何形式的裂纹存在。

2）半轴花键应无明显的扭转变形。

3）以半轴轴线为基准，半轴中段未加工圆柱体的径向圆跳动误差不得大于 1.3mm；花键外圆柱面的径向圆跳动误差不得大于 0.25mm；半轴凸缘内侧的端面圆跳动误差不得大于 0.15mm。径向圆跳动超限，应进行冷压校正；端面圆跳动超限，可车削端面进行修正。

4）半轴花键的侧隙增大量较原厂规定不得大于 0.15mm。

5）对前轮驱动汽车的半轴总成(带两侧等角速万向节)还应进行以下作业内容。

①外端球笼万向节用手感检查应无径向间隙，否则应予更换。

②内侧三叉式万向节可沿轴向滑动，但应无明显的径向间隙感，否则换新。

③检查防尘套是否有老化破裂，卡箍是否有效可靠。若失效，应予换新。

2. 桥壳的检修

1）桥壳和半轴套管不允许有裂纹存在，半轴套管应进行探伤处理。各部螺纹损伤不得超过两个牙。

2）钢板弹簧座定位孔的磨损不得大于1.5mm，超限时先进行补焊，然后按原位置重新钻孔。

3）整体式桥壳以半轴套管的两内端轴颈的公共轴线为基准，两外轴颈的径向圆跳动误差超过 0.30 mm 时应进行校正，校正后的径向圆跳动误差不得大于 0.08mm。

4）分段式桥壳以桥壳的结合圆柱面、结合平面及另一端内锥面为基准，轮毂的内外轴颈的径向圆跳动误差超过 0.25mm 时应进行校正，校正后的径向圆跳动误差不得大于 0.08mm。

5）桥壳承孔与半轴套管的配合及伸出长度应符合原厂规定，若半轴套管承孔的磨损严重，可将座孔镗至修理尺寸，更换相应的修理尺寸的半轴套管。

6）滚动轴承与桥壳的配合应符合原厂规定。

五、驱动桥常见故障诊断与排除

驱动桥的常见故障主要包括驱动桥过热、驱动桥漏油、驱动桥异响等。

（1）驱动桥过热　故障诊断与排除见表2-21。

表2-21　驱动桥过热的故障诊断与排除

项　目	内　容
故障现象	汽车行驶一段里程后，用手探试驱动桥壳中部或主减速器壳，有无法忍受的烫手感觉
故障原因	①齿轮油变质、油量不足或牌号不符合要求 ②轴承调整过紧 ③齿轮啮合间隙和行星齿轮与半轴齿轮啮合间隙调整太小 ④推力垫片与主减速器从动齿轮背隙过小 ⑤油封过紧和各运动副、轴承润滑不良而产生干（或半干）摩擦
故障诊断与排除	1）局部过热。油封处过热，则故障由油封过紧引起；轴承处过热，则故障由轴承损坏或调整不当引起；油封和轴承处均不过热，则故障由推力垫片与主减速器从动齿轮背隙过小引起 2）普遍过热 ①检查齿轮油油面高度：油面太低，则故障由齿轮油油量不足引起；否则检查齿轮油的规格、黏度或润滑性能 ②检查结果不符合要求，则故障由齿轮油变质或规格不符引起；否则检查主减速器齿轮啮合间隙的大小 ③松开驻车制动器，变速器置于空档，轻轻转动主减速器的凸缘盘；若转动角度太小，则故障由主减速器齿轮啮合间隙太小引起；若转动角度正常，则故障由差速器行星齿轮与半轴齿轮啮合间隙太小引起

（2）驱动桥漏油　故障诊断与排除见表2-22。

表2-22　驱动桥漏油的故障诊断与排除

项　目	内　容
故障现象	从驱动桥加油口、放油口螺塞处或油封、各接合面处可见到明显的漏油痕迹
故障原因	①加油口、放油口螺塞松动或损坏 ②油封磨损、硬化，油封装反，油封与轴颈不同轴，油封轴颈磨成沟槽 ③接合平面变形、加工粗糙，密封衬垫太薄、硬化或损坏，紧固螺钉松动或损坏 ④通气孔堵塞 ⑤桥壳有铸造缺陷或裂纹 ⑥齿轮油加注过多，运转中壳体内压增高，使齿轮油渗出
故障诊断与排除	①紧固或更换加油口、放油口螺塞 ②更换或重新安装油封 ③修磨变形的接合平面，更换有问题的密封衬垫，紧固或更换螺钉 ④疏通堵塞的通气孔 ⑤更换有铸造缺陷或裂纹的桥壳 ⑥按规定量加注齿轮油

（3）驱动桥异响　故障诊断与排除见表2-23。

表2-23　驱动桥异响的故障诊断与排除

项　目	内　容
故障现象	①行驶时驱动桥有异响，脱档滑行时异响减弱或消失 ②行驶时驱动桥有异响，脱档滑行时亦有异响 ③汽车直线行驶时无异响，当汽车转弯时驱动桥处有异响 ④汽车上坡或下坡时后桥有异响，或上、下坡时驱动桥都有异响 ⑤车轮有运转噪声或沉重的异响
故障原因	①主、从动（锥/柱）齿轮、行星轮、半轴齿轮啮合间隙过大；半轴齿轮花键槽与半轴的配合松旷；主、从动锥齿轮啮合不良；主、从动（锥/柱）齿轮啮合间隙不均；齿轮齿面损伤或轮齿折断 ②主动锥齿轮轴承松旷；主动圆柱齿轮轴承松旷；差速器圆锥滚子轴承松旷；后桥中某个轴承由于预紧力过大，导致间隙过小；主、从动锥齿轮调整不当，间隙过小 ③差速器行星轮与半轴齿轮不匹配，使其啮合不良；行星轮、半轴齿轮磨损或折断；差速器十字轴轴颈磨损；行星轮支撑垫圈磨薄；行星轮与差速器十字轴卡滞或装配不当（如行星轮支撑垫圈过厚），使行星轮转动困难；减速器从动齿轮与差速器壳的紧固铆钉松动 ④驱动桥某一部位的齿轮啮合间隙过小，导致汽车上坡时发响；后桥某一部位的齿轮啮合间隙过大，导致汽车下坡时发响；后桥某一部位的齿轮啮合印痕不当或齿轮轴支撑轴承松旷，导致汽车上、下坡时都发响 ⑤车轮轮毂轴承损坏，轴承外圈松动；制动鼓内有异物；车轮轮辋破碎；车轮轮辋轮胎螺栓孔磨损过大，使轮辋固定不牢
故障诊断与排除	①重新调整驱动桥齿轮的啮合间隙 ②更换损坏的齿轮 ③更换损坏的差速器 ④调整车轮轮毂轴承的预紧度，更换损坏的相关零件

维修实例

车辆直行时，从底部传出轻微"嗡、嗡"声，弯路上行驶转弯时有清晰的"咔、咔"异响

（1）故障现象　一汽大众奥迪A6L 2016款TFSI技术型轿车，行驶里程为8.3万km。驾驶员说，当车辆直行时，从底部有轻微"嗡、嗡"声传出，但车辆在弯路上行驶转弯时有"咔、咔"异响声，而且响声十分清晰。

（2）故障原因　缺齿轮油造成差速器有故障。

（3）故障诊断　根据故障现象初步判断为差速器有故障。

查看变速器齿轮油油面，低于注油螺塞口许多，因此缺油是造成此故障的一个原因。重新更换齿轮油后架起前桥，听诊，底部"嗡、嗡"声小了许多，但差速器与变速器结合部仍有齿轮油渗出。

路试中转弯时"咔、咔"异响仍然发生，决定拆检差速器，检查行星轮和半轮齿轮技术状况。如果不拆检，故障恶化，轮齿折断，将会造成更大的损失。

拆检差速器的结果：行星轮和侧齿轮齿隙已达0.50mm（规定值为0.02~0.20mm），弹性圆柱销快脱落了，行星轮和半轴齿轮齿面已有脱落和沟槽现象，差速器齿圈已有麻点，T形油封唇口卷曲歪扭。

更换弹性圆柱销块、T形油封，装回原半轴齿轮垫，并使之达到规定间隙值（0.02~0.20mm），用油尺磨去齿轮毛刺和飞边。鉴于该减速器主、从动齿轮隙不能调整，从动齿轮面未严重磨损，可暂时延用一段时间。

彻底清除差速器和变速器壳接合平面密封胶，用砂布打磨干净，均匀涂抹密封胶。

检修和更换差速器，工作量大，因此驾驶员和修理单位往往对异响之类的小故障采取保守的态度，让车辆勉强行驶，但这样往往会造成大的损失。

另外，检修差速器需按规范进行，例如：厂家规定弹性圆柱销和T形密封橡胶圈在拆检后需更换，显然上次检修差速器未遵照此规定，为这次故障的产生埋下了隐患。

复习题

一、选择题

1. 单级主减速器中，从动锥齿轮两侧的圆锥滚子轴承预紧度的调整应在齿轮啮合调整（　　）。

　　A. 之前进行　　B. 之后进行　　C. 同时进行　　D. 之前、之后进行都可

2. 全浮式半轴承受（　　）的作用。

　　A. 转矩　　　B. 弯矩　　　C. 反力　　　D. 以上都是

二、判断题

1. 当汽车在一般条件下行驶时，应选用双速主减速器中的高速档，而在行驶条件较差时，则采用低速档。　　　　　　　　　　　　　　　　　　　　　　　　（　　）

2. 对于对称式锥齿轮差速器来说，当两侧驱动轮的转速不等时，行星轮仅自转不公转。　　　　　　　　　　　　　　　　　　　　　　　　　　　　　　　（　　）

3. 对称式锥齿轮差速器当行星轮没有自转时，总是将转矩平均分配给左、右两半轴齿轮。　　　　　　　　　　　　　　　　　　　　　　　　　　　　　　（　　）

4. 当采用半浮式支撑时，半轴与桥壳没有直接联系。　　　　　　　　（　　）

5. 采用半浮式支撑的半轴易于拆装，不需拆卸车轮就可将半轴抽下。　（　　）

6. 双速主减速器就是具有两对齿轮传动副的主减速器。　　　　　　　（　　）

三、简答题

1. 简述驱动桥的功用与组成。
2. 简述差速器的结构与工作原理。
3. 如何分解、装配与调整主减速器与差速器？

项目三 行驶系统

→ 项目描述

  行驶系统是保证汽车安全行驶的一个重要系统，包括使汽车滚动行驶的车轮、连接车轮的车桥、支撑车身的悬架、承受各种载荷的车架等组成。汽车行驶系统接受汽车传动系统输出的转矩，通过驱动车轮与路面的接触，转化为路面对汽车的驱动力，以保证汽车正常行驶。在汽车行驶过程中承受并传递路面对汽车产生的各种反力及由此形成的力矩。
  本项目主要介绍汽车行驶系统的结构、工作原理与检修方法。本项目包括以下3个任务：
  任务一 车桥的检修
  任务二 车架与悬架的检修
  任务三 车轮与轮胎的检修
  通过以上三个任务的学习，你将能够描述汽车行驶系统的基本组成、总体构造和工作原理，熟悉汽车行驶系统的检修方法，学会车轮定位的检查与调整、独立悬架的调整、轮胎的检查等知识。

任务一 车桥的检修

岗位核心能力

◎知识目标

1）熟悉车桥的功用和类型。
2）熟悉转向桥、转向驱动桥及支持桥的基本结构及工作原理。
3）熟悉车轮定位四个参数的功用。

◎技能目标

1）进行车轮定位的检查调整。
2）能够正确地对前轴和转向节进行检修。
3）能够正确地对车桥的故障进行分析诊断。

案例导入

一辆一汽大众迈腾 2016 款 1.8L TSI 智享豪华型轿车，行驶里程为 5.2 万 km。驾驶员说，车辆在行驶过程中，转向盘上有一个向一面扭动的力，需用力把住转向盘，轿车才不致跑偏，若松开转向盘，轿车会自动向左跑偏。

相关知识

一、车桥的功用与类型

1. 车桥的功用

车桥位于悬架与车轮之间，其两端安装车轮，通过悬架与车架（或车身）相连，其功用是传递车架（或车身）与车轮之间各种载荷。

2. 车桥的分类

1）按悬架结构不同，车桥分为整体式和断开式两种。整体式车桥的中部是刚性实心或空心梁，与非独立悬架配用；断开式车桥为活动关节式结构，与独立悬架配用。

2）根据在车上位置的不同，车桥可分为前桥、中桥（半挂车）和后桥。

3）按车桥上车轮的作用不同，车桥分为转向桥、驱动桥、转向驱动桥和支持桥四种类型，如图 3-1 所示。

在后轮驱动的汽车中，前桥不仅用于承载，而且兼起转向作用，称为转向桥；后桥不仅用于承载，而且兼起驱动的作用，称为驱动桥；越野汽车和前轮驱动汽车的前桥，除了承载和转向的作用外，还兼起驱动作用，因此称为转向驱动桥。只起支撑作用的车桥称为支持桥。有些 6×2 的三轴汽车的中桥或后桥为支持桥，如挂车的车桥。支持桥除不能转向外，其他功能和结构与转向桥基本相同。

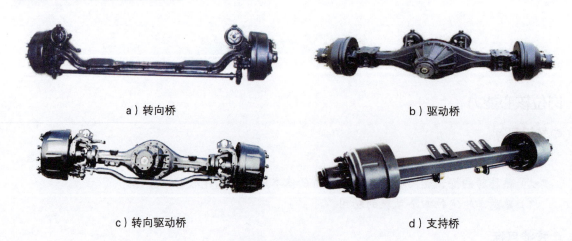

a）转向桥　　b）驱动桥　　c）转向驱动桥　　d）支持桥

图 3-1　车桥的类型

小提示： 支持桥除不能转向外，其他功能和结构与转向桥相同。

二、车桥的结构

1. 转向桥

转向桥结构基本相同,汽车整体式转向桥结构如图3-2所示,主要由前轴、转向节、主销、轮毂等四部分组成。转向桥通常位于汽车前部,故也称作前桥。转向桥的作用是支撑部分重量,安装前轮及制动器(前),连接车架,承受车架与车轮之间的作用力及其产生的弯矩和转矩,同时还要使前轮偏转以实现转向。

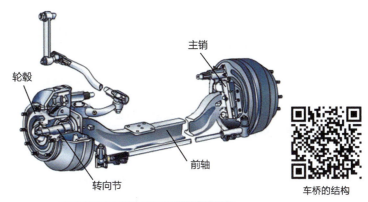

图3-2 汽车整体式转向桥结构

转向桥主要零件的特点见表3-1。

表3-1 转向桥主要零件的特点

零件	特点	图示
前轴	前轴是转向桥的主体,根据断面形状分工字梁式和管式两种,一般由中碳钢模锻而成 ①工字梁式前轴为工字形断面,提高了抗弯强度,其两端向上翘起,以提高抗扭刚度,并有上下相通的圆孔,主销插入孔内,将前轴与转向节连接起来 ②在前轴凹形上平面的两端各有一块安装钢板弹簧用的底座,其上钻有安装U形螺栓用的通孔和位于中心的钢板弹簧定位孔 ③中部向下弯曲,使发动机位置得以降低,从而降低汽车重心,扩展了驾驶员视野,并减小了传动轴与变速器输出轴之间的夹角	
转向节	转向节与前轴通过主销采用铰接方式连接,因形似羊角,故又称为羊角 ①转向节是一个叉形件,由上、下两耳和支撑轮毂轴承的轴颈构成。上、下两耳各制有安装主销的同轴孔,通过主销与前轴相连 ②转向节轴上有两道轴颈,内大外小,用来安装内外轮毂轴承 ③为使转向灵活轻便,在转向节下耳轴孔的上平面装有滚子推力轴承 ④在转向节上耳与前轴拳部之间装有调整垫片,用以调整两者之间的轴向间隙。在左、右转向节下耳的下端各装有与左、右梯形臂制成一体的端盖,两梯形臂与横拉杆左、右两端相连。在左转向节上耳的上端装有与转向节臂制成一体的端盖,这样就可以通过转向直拉杆前后推拉转向节臂,使左、右转向节同时绕主销摆动,实现转向 ⑤为了防止转向时轮胎与转向直拉杆或翼子板相碰擦,转向轮的最大转角不能超过规定值,为此在转向节上装有限位螺栓	

(续)

零件	特点	图示
主销	主销的作用是铰接前轴与转向节，使转向节能绕着主销摆动，使车轮偏转实现转向 主销的中部切有凹槽，安装时与锥形锁销配合，固定在前轴的销孔中，以防止它相对前轴转动	
轮毂	轮毂的作用是将车身或半轴传来的各种作用力或转矩传递到整个车轮，以及在车辆行驶过程中随车轮一起旋转的旋转件（如制动鼓或制动盘、轮速传感器的齿圈等） ①前轮轮毂通过内、外两轮毂轴承装在转向节轴颈上。轴承的预紧度可以用调整螺母调整，调好后，套上锁环和锁紧垫圈，再拧紧锁紧螺母，并用锁紧垫圈弯曲片包住锁紧螺母，以防松动 ②在轮毂外端装有端盖，以防泥水和尘土侵入。轮毂内侧装有油封和挡油盘，以防润滑脂进入车轮制动器内	

2. 转向驱动桥

越野汽车、前轮驱动汽车和全轮驱动(4WD)汽车的前桥，既起转向桥的作用，又兼起驱动桥的作用，故称为转向驱动桥。

转向驱动桥如图3-3所示。它同一般驱动桥一样，由主减速器、差速器、半轴和桥壳组成。但由于转向时转向车轮需要绕主销偏转一个角度，故与转向轮相连的半轴必须分成内外两段（内半轴和外半轴），其间用万向节（一般多用等角速万向节）连接，同时主销也因此而分制成两段（或用球头销代替）。转向节轴颈部分做成中空的，以便外半轴穿过其中。

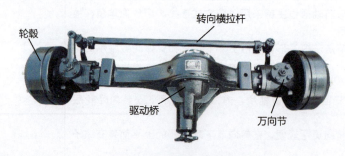

图3-3 转向驱动桥示意图

图3-4所示为轿车常用的转向驱动桥（前桥）总成，它采用的是断开式、独立悬架转向驱动桥。车桥上端通过左、右悬架与承载式车身相连接，下端通过左、右下摆臂与固定在车身上的副车架相连接。悬架车轮轴承壳与下摆臂之间通过可移动的球形接头连接，从而使前轮固定，并通过下摆臂上的长孔调整车轮外倾角。为了减小车辆转向时的车身倾斜，在副车架与下摆臂之间还装有横向稳定杆。

3. 支持桥

支持桥的结构如图3-5所示。轿车的支持桥一般都是后桥，是纵向摆臂式非驱动桥，后悬架为非独立悬架。

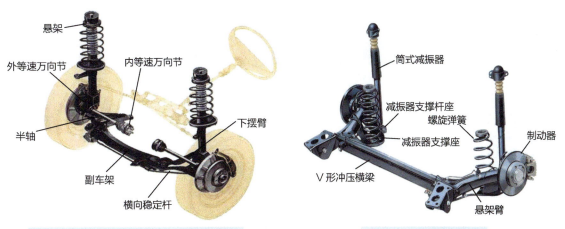

图3-4 轿车的转向驱动桥（前桥）总成　　　　图3-5 支持桥的结构

后桥（支持桥）桥架由一根V形冲压横梁和两根悬架臂以及内加强筋和外加强覆板焊接组成，并通过安装在悬架臂前的金属橡胶支撑的支撑座和后减振器支撑杆座与车身相连接。后桥制动器的轮毂内侧轴承压在轮毂短轴上，其上带有密封圈，防止润滑脂泄漏；外侧轴承靠自锁螺母锁紧，轮毂短轴凸缘用螺栓固定在悬架臂总成上的轴端支撑面上。轮毂和车轮由轮胎螺栓紧固在一起。

该车桥轮毂、制动器以及车轮与车桥的连接方式与转向桥一样，通过轴承支撑，轴向定位。车桥只向其传递横、纵向推力或拉力，不传递转矩，这一点是驱动桥和非驱动桥上车轮与车桥连接方式所不同的地方。

三、车轮定位

为了保证汽车直线行驶的稳定性和操纵的轻便性，减少轮胎和其他机件的磨损，转向轮、转向节和前轴三者与车架的安装应保持一定的相对位置关系，这种安装位置关系称为转向车轮定位，也称前轮定位、车轮定位。

转向车轮定位包括车轮外倾、主销后倾、主销内倾及前束四个参数。

小提示：对于两端装有主销的转向桥，汽车转向时，转向车轮会围绕主销轴线偏转，如图3-6a所示。但在大多数断开式转向桥中没有主销，而采用上、下球头销代替主销，上、下球头销球头中心的连心线相当于主销轴线，如图3-6b所示。

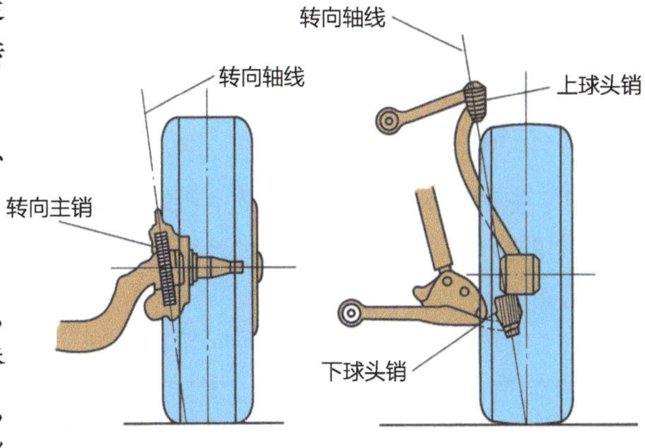

a）有主销的转向桥　　　　b）无主销的转向桥

图3-6 主销的不同形式

1. 主销后倾

主销安装在前轴上,其上端略向后倾斜,这种现象称为主销后倾。在垂直于汽车支撑平面的纵向平面内,主销轴线与汽车支撑平面垂线之间的夹角 γ 叫主销后倾角,如图3-7所示。

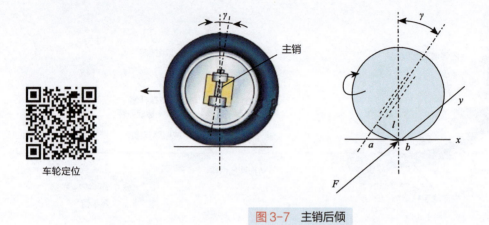

图3-7 主销后倾

1)主销后倾的作用是形成回正力矩,保证汽车直线行驶的稳定性,并使汽车转向后回正操纵轻便。

2)主销后倾角一般是在将前轴连同悬架安装在车架上时,前轴向后倾斜而形成的。

3)主销后倾使主销轴线的延长线与地面的交点位于车轮与路面的接触点 b 之前,a、b 两点之间的距离称为主销后倾移距。设 b 点到主销轴线延长线之间的距离为 l,汽车直线行驶时,若转向轮偶然受到外力作用而偏转(图3-7所示为向右偏转),汽车将偏离行驶方向而右转弯。由于汽车本身离心力的作用,在轮胎与路面接触点 b 处将产生一个路面对车轮的侧向反作用力 F,由于反作用力 F 没有通过主销轴线,因而形成了一个使车轮绕主销轴线旋转的力矩 Fl,其方向正好与车轮偏转方向相反。在此力矩作用下,车轮具有了回复到原来中间位置的能力,从而保证了汽车直线行驶的稳定性。同理,在汽车转向后的回正过程中,此力矩具有帮助驾驶员使转向车轮回正的作用,使汽车转向后回正操纵轻便。

4)主销后倾角越大、车速越高,回正力矩越大,转向轮偏转后自动回正的能力也愈强。但主销后倾角也不宜过大,一般不超过 2°~3°,否则在转向时为了克服此力矩,驾驶员需在转向盘上施加较大的力,使转向沉重。

2. 主销内倾

1)主销安装在前轴上,其上端略向内侧倾斜,这种现象称为主销内倾。在垂直于汽车支撑平面的横向平面内,主销轴线与汽车支撑平面垂线之间的夹角 β 称为主销内倾角,如图3-8所示。

2)主销内倾的功用是使转向轮自动回正,并使转向操纵轻便。整体式转向桥的主销内倾角是在制造前轴时将销孔轴线上端向内倾斜而获得的。

3)主销内倾具有使转向轮自动回正的作用,如图3-9所示。当转向轮在外力作用下绕主销旋转(为了解释方便,假设旋转180°,即由图3-9中左边位置转到右边位置)而偏离中间位置时,由于主销内倾,车轮的最低点将陷入路面以下 h 处,即车轮必将将路面压低距离

h 后才能旋转过来，但实际上路面不可能被压低，车轮下边缘不可能陷入路面之下，而是车轮连同整个汽车前部被向上抬起相应的高度 h。一旦外力消失，转向轮就会在汽车前部重力作用下自动回正到旋转前的中间位置。主销内倾角越大、转向轮偏转角越大，汽车前部就抬起得越高，转向轮自动回正的作用就越大。

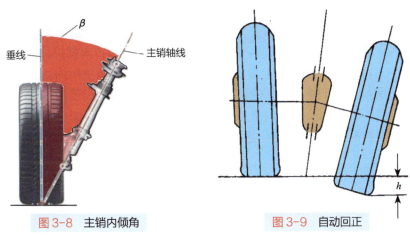

图3-8　主销内倾角

图3-9　自动回正

h—车轮陷入路面的距离（假设）

4）主销内倾角既不宜过大，也不宜太小。主销内倾角过大（偏置减小），转向时车轮在滚动的同时将与路面产生较大的滑动，增加轮胎与路面的摩擦阻力，这不仅使转向沉重，而且加速了轮胎的磨损。主销内倾角过小（偏置增大），汽车行驶的稳定性和制动稳定性将变差。主销内倾角一般不大于8°，偏置一般为40~60mm。在一些发动机前置前轮驱动的轿车上，为了使汽车具有良好的行驶稳定性，特别是制动稳定性，其主销内倾角均较大。

3. 车轮外倾

转向轮安装在转向节上时，其旋转平面上端向外倾斜，这种现象称为转向车轮外倾。车轮旋转平面与垂直于车辆支撑面的纵向平面之间的夹角 α 称为车轮外倾角，如图3-10所示。车轮外倾角的功用是提高车轮工作的安全性和转向操纵的轻便性。

由于主销与衬套之间、轮毂与轴承等处都存在装配间隙，若空车时车轮的安装正好垂直于路面，则满载时上述间隙将发生变化，车桥也因承载而变形，从而引起车轮向内倾斜。车轮内倾将使路面对车轮的垂直反作用力的轴向分力压向轮毂外端的小轴承，使该轴承及其锁紧螺母等部件承受的载荷增大，降低了它们的使用寿命，严重时会损坏锁紧螺母而使车轮脱落。为此，安装车轮时应预先留有一定的外倾角，以防止上述不良影响。车轮外倾与主销内倾相配合可进一步缩短距离，使汽车转向轻便。此外，车轮有一定的外倾角也可以与拱形路面相适应。但车轮外倾角不宜过大，否则会使轮胎产生偏磨损。一般前轮外倾角为1°左右。

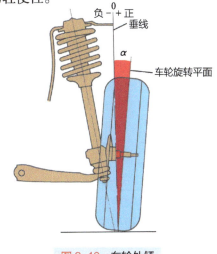

图3-10　车轮外倾

4. 前轮前束

车轮安装在车桥上，两前车轮的中心平面不平行，其前端略向内收，这种现象称为前轮前束。两前轮后端距离 A 大于前端距离 B，其差值 A-B 称为前轮前束值，如图 3-11 所示。

前轮前束的功用是消除因车轮外倾所造成的不良后果，保证车轮不向外滚动，防止车轮侧滑，减轻轮胎的磨损。

由于车轮外倾，汽车行驶时，两个车轮的滚动类似于两个锥体的滚动，其轨迹不再是直线而是逐渐向各自的外侧滚开，如图 3-12 所示。但因受车桥和转向横拉杆的约束，两侧车轮不可能向外滚开，这样，车轮在路面上滚动行驶的同时又被强制地拉向内侧，产生向内的侧滑，从而加剧轮胎的磨损。有了前束，车轮滚动的轨迹向内侧偏斜，只要前束值与车轮外倾角配合适当，车轮向内、外侧滚动的偏斜量就会相互抵消，使车轮每一瞬间的滚动方向都朝着正前方，从而消除了侧滑，减轻了轮胎的磨损。

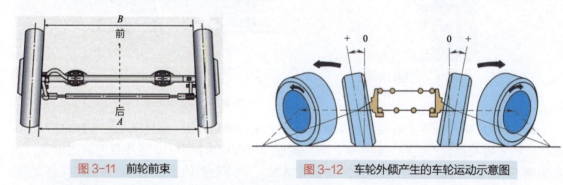

图 3-11　前轮前束　　　　图 3-12　车轮外倾产生的车轮运动示意图

前轮前束值可以通过改变转向横拉杆的长度来调整，一般前束值为 0~12mm。

5. 非转向轮定位

后轮与后轴之间的相对安装位置关系称为后轮定位。随着车速的不断提高，为了提高汽车高速行驶的稳定性，在结构设计上应确保汽车具有不足转向特性。为此，转向轮定位的内容已扩展到非转向轮(后轮)。后轮定位内容主要包括后轮外倾角和后轮前束。

（1）后轮外倾角　为了对载荷进行补偿，采用独立后悬架的大多数车辆常带有一个较小的正后轮外倾角。

（2）后轮前束　后轮前束的作用与前轮前束基本相同。一般前驱汽车，前驱动轮宜采用正前束，后从动轮宜采用负前束；对于后驱汽车，前从动轮宜采用负前束，后驱动轮宜采用正前束。

相关技能

一、前轴的检修

（1）前轴磨损的检修（图 3-13）

1）若钢板弹簧座平面磨损大于 2mm，定位孔磨损大于 1mm，应堆焊后加工修复或更换新件。

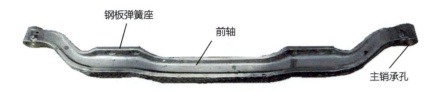

图 3-13　前轴磨损的检查

2）主销承孔磨损的检修。承孔与主销的配合间隙标准值：轿车不大于 0.10mm，载货汽车不大于 0.20mm。磨损超过标准，可采用镶套法修复。

（2）前轴变形的检修

1）前轴变形的检验。可通过角尺测量出的数值判断前轴是否有弯曲和扭转变形。

2）前轴校正方法。前轴变形校正必须在钢板弹簧座和定位孔、主销孔磨损修复后进行，以便减少检验、校正的积累误差，提高生产率。一般采用冷压校正法。

二、转向节的检修

（1）隐伤的检验　应重点对转向节的油封轴颈处进行隐伤检验，一旦发现疲劳裂纹，只能更换，不许焊修。

（2）磨损的检修　转向节的结构如图 3-14 所示。

1）转向节轴磨损的检修。轴颈与轴承的配合间隙：轴颈直径不大于 40mm 时，配合间隙为 0.040mm；轴颈直径大于 40mm 时，配合间隙为 0.055mm。转向节轴轴颈磨损超标后应更换新件。

图 3-14　转向节的结构

1—转向节锥孔　2—转向节轴
3—转向节锁上螺纹

2）转向节轴锁止螺纹的检验。损伤不多于两个牙。锁止螺母只能用扳手拧入，若能用手拧入，说明螺纹中径磨损松旷，应予以修复或更换转向节。

3）转向节上面的锥孔的检验。与转向节臂等杆件配合的锥孔的磨损，应用塞尺检验，其接触面积不得小于 70%，与锥孔配合的锥颈的推力端面沉入锥孔的沉入量不得小于 2mm。否则，更换转向节。

三、车轮定位的检查和调整

1. 工作准备

1）在车内安装好座椅套、转向盘套，垫上脚垫，然后将车辆开上四轮定位仪专用举升机。

2）检查轮胎，测量轮胎气压是否在标准值范围内，如图 3-15 所示，保证四个轮胎的气压完全一致。查看四个轮胎胎面的磨损情况，应符合规定。

3）如图 3-16 所示，检查车身悬架、减振器、车轮及轮胎是否有松旷或变形等情况；检查底盘各个活动连接部件的球头、橡胶套、防尘套是否有老化或脱落的现象。

图 3-15 测量轮胎气压

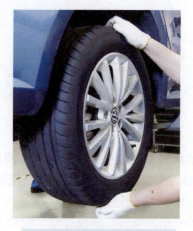
图 3-16 检查车轮是否松旷

2. 车轮定位的检测

1)打开四轮定位检测设备,按照检测设备上的提示,将四个传感器安装到相应的车轮上,如图 3-17 所示,注意不可安装错误。

2)升起车辆,操作四轮定位仪,启动四轮定位系统,进入设备使用界面,按照设备的提示,进入四轮定位界面,如图 3-18 所示。

图 3-17 安装传感器

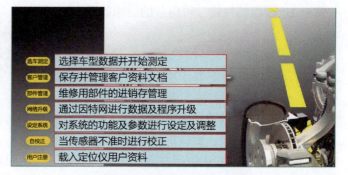
图 3-18 进入四轮定位界面

3)之后填写车辆相关的信息,选择车型。

4)选择车轮偏心补偿界面的操作,先使转向盘摆正,然后使用专用工具固定制动踏板,如图 3-19 所示。

5)根据设备界面的提示,少量移动车辆位置,进行车轮偏心补偿调整。

6)调整车轮偏心补偿后,如图 3-20 所示,设备会自动出现检测结果。

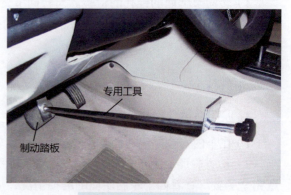
图 3-19 固定制动踏板

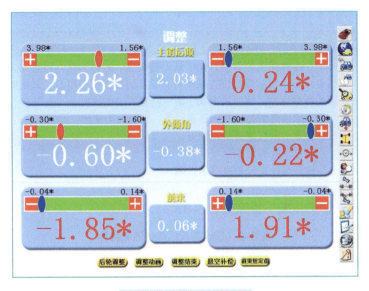

图 3-20　显示检测结果

3. 车轮调整

如果显示的检测结果不符合标准值，应进行车轮的调整。

1）点击"车轮调整"界面，选择"前轮调整"，进入调整界面。

2）调整前，将四轮定位仪移动圆盘上的锁销拔下，如图 3-21 所示。

3）按照标准数值，在车辆上调整前轮、后轮相关部位，直到符合各参数的规定值。

4）降下车辆，拆下四个传感器和夹具，放回到原来的指定位置。

5）最后对车辆进行路试检查。

图 3-21　拔下移动圆盘上的锁销

四、车桥的故障诊断

车桥的常见故障有转向沉重、低速摆头、高速摆振、行驶跑偏等。

（1）转向沉重　故障诊断与排除见表 3-2。

表 3-2　转向沉重故障诊断与排除

项　目	内　容
故障现象	车桥转向沉重的故障现象为汽车转向时，转动转向盘感到沉重费力，并且没有回正感
故障原因	①转向节臂变形 ②转向节推力轴承缺油或损坏 ③转向节主销与衬套间隙过小或缺油 ④前轴或车架变形引起前轮定位失准 ⑤轮胎气压不足

（续）

项目	内容
故障诊断与排除	①诊断时先支起前桥，用手转动转向盘，若感到转向很容易，不再有转动困难的感觉，则说明故障部位在前桥与车轮。因为支起前桥后，转向时已不存在车轮与路面的摩擦阻力，转动只取决于转向器等的工作状况 ②仔细检查前轮胎气压是否过低，前轴有无变形 ③检查前钢板弹簧是否良好 ④检查车架有无变形 ⑤检查车轮定位角度是否正确

（2）低速摆头　故障诊断与排除见表3-3。

表3-3　低速摆头故障诊断与排除

项目	内容
故障现象	车桥低速摆头的故障现象为汽车低速直线行驶时前轮摇摆，驾驶员会感到方向不稳，转弯时需大幅度转动方向盘才能控制汽车的行驶方向
故障原因	①转向节臂装置松动 ②转向节主销与衬套磨损松旷 ③轮毂轴承间隙过大 ④前束过大 ⑤轮毂螺栓松动或数量不全 ⑥主销后倾角过大 ⑦前减振器失效
故障诊断与排除	若前轮低速摆头和转向盘自由行程大，一般是各部分间隙过大或有连接松动现象，诊断时应采用分段区分的方法进行检查。可支起前桥，并用手沿转向节轴轴向推拉前轮，凭感觉判断是否松旷。若松旷，说明转向节主销与衬套的配合间隙过大或前轴主销孔与主销配合间隙过大。若此处不松旷，说明前轮毂轴承松旷，应重新调整轴承的预紧度。若非上述原因，应检查前轮定位是否正确，检查前轴是否变形。如果前轮轮胎异常磨损，则应检查前束是否正确

（3）高速摆振　故障诊断与排除见表3-4。

表3-4　高速摆振故障诊断与排除

项目	内容
故障现象	车桥高速摆振的故障现象为随着车速的提高，摆振逐渐增大；在某一较高车速范围内出现摆振，行驶不稳，甚至还会有转向盘抖动
故障原因	①轮毂轴承松旷，使车轮歪斜，在运行时摇摆 ②轮盘不正或制动鼓磨损过度失圆，歪斜失正 ③使用翻新轮胎 ④转向节主销或推力轴承磨损松旷 ⑤横、直拉杆弯曲 ⑥前轮定位值调整不当；前束失调，两前轮主销后倾角或内倾角不一致等，汽车向前行驶时，前轮摇摆晃动 ⑦车轮不平衡 ⑧转向节弯曲 ⑨前钢板弹簧刚度不一致

（续）

项 目	内 容
故障诊断与排除	①在进行高速摆振故障的诊断时，应先检查前桥、转向器以及转向传动机构连接是否松动，悬架弹簧是否固定可靠 ②支起驱动桥，用楔块固定非驱动轮，起动发动机并逐步换入高速档，使驱动轮达到产生摆振的转速。若这时转向盘出现抖动，则说明故障是传动轴不平衡引起的，应拆下传动轴进行检查；若此时不出现明显抖动，则说明摆振原因在汽车转向桥部分 ③怀疑摆振的原因在前桥部分时，应架起前桥试转车轮，检查车轮是否晃动，车轮静平衡是否良好，以及车轮轮辋是否偏摆过大 ④检查车架是否变形，铆钉有无松动以及前轴是否变形。另外还需检查前钢板弹簧的刚度 ⑤检查前轮定位是否正确 ⑥检查高速摆振故障，有时还需借助一定的测试仪具。当缺少必要的测试仪具时，也可以采用替换法。例如在怀疑某车轮有动不平衡时，可以另换一车轮试验，或者将可能引起高速摆振的车轮拆装到不发生摆振的车辆上进行对比试验

（4）行驶跑偏　故障诊断与排除见表3-5。

表3-5　行驶跑偏故障诊断与排除

项 目	内 容
故障现象	车桥跑偏的故障现象为汽车在直线行驶时驾驶员必须紧握转向盘才能保持直线行驶，若稍放松转向盘，汽车会自动偏向一边行驶
故障原因	①前轮定位值不正确，前束调整不当（过大或过小） ②左、右前轮主销后倾角或车轮外倾角不相等 ③制动鼓与制动蹄摩擦片间隙调整不均匀，一边过紧，一边过松 ④钢板弹簧一边折断，造成两边弹力不等 ⑤转向节或转向节臂弯曲变形 ⑥前轴或车架弯曲或扭转 ⑦左、右两边轮胎气压不相等 ⑧前轮毂轴承调整不当，左、右轮毂轴承松紧度不一致 ⑨两侧车轮线速度不等
故障诊断与排除	①检查左、右前轮轮胎气压是否一致；如果是在换上新轮胎后出现跑偏现象，则应检查左、右轮胎规格以及轮胎花纹是否一致 ②用手触摸一下跑偏一侧的制动鼓和轮毂轴承部位是否发热。若发热，说明制动拖滞或是车轮毂轴承调整过紧，造成一边紧一边松的现象 ③测量左、右轴距是否相等 ④检查前钢板弹簧有无折断，前轴是否变形 ⑤若以上均属正常，应对前轮定位进行检查调整

维修实例

一汽大众迈腾轿车松开转向盘，轿车会自动向左跑偏

（1）故障现象　一辆一汽大众迈腾2016款1.8L TSI智享豪华型轿车，行驶里程为5.2万km。驾驶员说，车辆在行驶过程中，转向盘上有一个向一面扭动的力，需用力把住转向盘，

轿车才不致跑偏，若松开转向盘，轿车会自动向左跑偏。

（2）故障原因　横向稳定杆橡胶圈老化破损，衬套破损，下横臂衬套破损。

（3）故障诊断

1）故障原因分析。轿车方向自动跑偏既有设计制造因素，又有使用维修因素，仅从使用维修角度分析，有以下原因：

①轮胎方面：两侧轮胎充气气压不一致，一侧轮胎偏磨，新旧轮胎规格不一，轮胎混装。

②制动系统：两侧制动器制动力矩差值超标。

③悬架系统有故障。

④车身方面：因事故原因造成两侧轴距或两侧前轮下摆臂球销中心到后轴距离相差超过5mm，主销后倾角、内倾角、轮胎外倾角不一致，前束调整不正确等。

⑤转向系统：转向器卡滞或损坏，连接球销磨损松动。

2）故障诊断。该车未发生过碰撞事故，车身平整，无歪斜和左右高低不一的现象，可暂免检查车身。

①试车，制动时无跑偏，用手触摸各制动器，无明显发烫感觉，据此，排除制动系统因素。

②转动转向盘，无卡滞感。检查连接万向节，无松旷，据此排除转向器故障。

③将轿车在举升架上升起，检查悬架系统。悬架系统造成行驶跑偏的原因有横向稳定杆衬套损坏、下摆臂衬套损坏、下摆臂球节损坏、螺栓弹簧发软及左右减振器性能不一等。目测后用撬棒检查各连接销及连接螺栓部位，发现横向稳定杆左侧连接螺栓松动，稳定支架锈蚀裂损，左下横臂连接处松动。

④拆卸横向稳定杆、左下横臂，经检查发现稳定杆橡胶圈老化破损，衬套破损，下横臂衬套破损。这些零件损坏，破坏了轿车横向稳定性，也造成左前定位角的变化，在路面有变化时，轿车即向悬架已松动的左侧偏转，造成跑偏。

⑤更换损坏件，焊修稳定杆支架，装复后试车，该车自动跑偏故障排除。

该车故障是驾驶员长期忽视前悬架维护造成的。

复习题

一、选择题

1. 采用非独立悬架的汽车，其车桥一般是（　　）。
   A. 断开式　　　　B. 整体式　　　　C. A、B均可　　　　D. 与A、B无关
2. 车轮前束是为了调整（　　）所带来的不良后果而设置的。
   A. 主销后倾角　　B. 主销内倾角　　C. 车轮外倾角　　D. 车轮内倾角
3. （　　）具有保证车辆自动回正的作用。
   A. 主销后倾角　　B. 主销内倾角　　C. 车轮外倾角　　D. 前轮前束
4. 前轮前束的调整，由调整转向节臂来保证的（　　）。
   A. 断开式　　　　B. 整体式　　　　C. A、B均可　　　　D. 与A、B无关
5. 采用非独立悬架的汽车，其车桥一般是（　　）。
   A. 断开式　　　　B. 整体式　　　　C. A、B均可　　　　D. 与A、B无关

6．采用非独立悬架的汽车，其车桥一般是（　　　）。
　　A．断开式　　　　B．整体式　　　　C．A、B均可　　　　D．与A、B无关
7．在汽车行驶时，桥壳承受由（　　　）传来的路面反作用力。
　　A．车架　　　　　B．车身　　　　　C．车轮　　　　　　D．离合器
8．主销内倾角的作用除了使车轮自动回正外，另一作用是（　　　）。
　　A．转向操纵轻便　　　　　　　　　B．减少轮胎磨损
　　C．形成车轮回正的稳定力矩　　　　D．提高车轮工作的安全性
9．转向驱动桥的转向节轴颈制成中空的，以便（　　　）从中穿过。
　　A．内半轴　　　　B．外半轴　　　　C．主销上段　　　　D．主销下段
10．越野汽车的前桥属于（　　　）。
　　A．转向桥　　　　B．驱动桥　　　　C．转向驱动桥　　　D．支持桥

二、判断题

1．一般载货车汽车的前桥是转向桥，后桥是驱动桥。　　　　　　　　　　（　　）
2．无论何种车型，一般主销后倾角均是不可调的。　　　　　　　　　　　（　　）
3．主销后倾角一定都是正值。　　　　　　　　　　　　　　　　　　　　（　　）
4．车轮外倾角一定大于零。　　　　　　　　　　　　　　　　　　　　　（　　）
5．前轮前束的调整，由调整转向节臂来保证的。　　　　　　　　　　　　（　　）
6．兼起转向和驱动作用的前桥称为转向驱动桥。　　　　　　　　　　　　（　　）
7．主销内倾角的车轮自动回正作用与车速密切相关。　　　　　　　　　　（　　）
8．整体式转向桥主要由前轴、转向节、车轮组成。　　　　　　　　　　　（　　）
9．主销内倾角的车轮自动回正作用与车速密切相关。　　　　　　　　　　（　　）
10．车轮外倾的作用在于增强前轮工作安全性和转向轻便，使前轮自动回正。（　　）

三、简答题

1．简述车桥的作用及类型。
2．转向驱动桥与转向桥在结构上有什么区别？
3．什么是转向轮定位？
4．转向轮定位的内容及作用有哪些？

任务二　车架与悬架的检修

岗位核心能力

◎知识目标

　　1）熟悉车架的功用、结构和类型。
　　2）熟悉悬架的组成、功用及分类。
　　3）正确描述常见悬架的结构及工作原理。

◎ 技能目标

1）能够正确检修悬架主要零部件。
2）能够正确描述弹性元件、减振器的结构及工作原理。
3）能够正确描述常见独立悬架与非独立悬架的种类及结构。
4）能够对减振器进行拆卸与安装。
5）能够正确分析并排除常见悬架的常见故障。

案例导入

一辆奥迪 A6L 2016 款 TFSI 运动型轿车，行驶里程为 7.6 万 km。驾驶员说，行驶中轻踩制动踏板，转向盘有轻微抖动现象，而紧急制动时则无此感觉。

相关知识

一、车架的功用与类型

1. 车架的功用

1）车架俗称"大梁"，它是跨接在前、后车轮上的桥梁式结构，构成整个汽车的骨架，是整个汽车的装配基体。汽车绝大多数的零部件、总成（如发动机、变速器、传动机构、操纵机构、车桥、车身等）都要安装在车架上。

2）车架除承受静载荷外，还要承受汽车行驶时来自路面各种复杂载荷的作用，如汽车加速、制动时的纵向力，汽车转弯、侧坡行驶时的侧向力，不良路面传来的冲击等。

2. 车架必须满足的要求

1）具有足够的强度、刚度。
2）结构上应使零件安装方便，受力均匀，不造成应力集中。
3）质量上在保证强度、刚度的条件下尽可能小。
4）满足汽车总布置的要求，各运动件不发生运动干涉，能获得较低的汽车重心（保证离地间隙）和较大的前轮转向角，保证汽车行驶稳定性和转向灵活性。

3. 车架的类型

汽车上采用的车架有四种类型：边梁式车架、无梁式车架、中梁式车架和综合式车架。目前，汽车上多采用边梁式车架和无梁式车架。

（1）边梁式车架　边梁式车架由两根位于两边的纵梁和若干横梁组成，并用铆接法或焊接法将纵梁与横梁连接成坚固的刚性构架。货车边梁式车架如图 3-22 所示。轿车边梁式车架如图 3-23 所示。

1）纵梁通常用低碳合金钢板冲压而成，断面形状一般为槽形，也有的做成 Z 形或箱形。根据汽车不同结构布置的要求及其受力情况，纵梁可以在水平面内或纵向平面内做成弯曲的，以及等断面或非等断面的。

图 3-22 货车边梁式车架

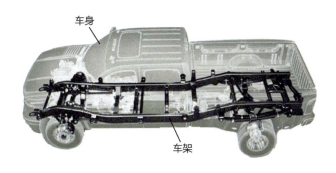

图 3-23 轿车边梁式车架

纵梁的结构具有以下特点。

①从宽度上看,有前窄后宽、前宽后窄和前后等宽三种形式。前窄使前轮具有足够的偏转角度,提高了车辆的机动性能;后窄用于重型车辆,便于布置双胎。

②从平面度上看,有水平的和弯曲的两种形式。水平的纵梁便于零部件、总成的安装和布置;弯曲的纵梁可以降低车辆重心。

③从断面形状上看,有槽形、Z字形、工字形和箱形几种,这些形状主要为了满足在质量小的前提下,车架具有足够的强度和刚度,以承受各种载荷。

2)横梁一般也用钢板冲压成槽形,不仅可以用来连接左、右两个纵梁,使之成为一个完整的框架构件,保证车架的扭转刚度和承受纵向载荷,而且还可以支撑发动机、散热器等主要部件。

边梁式车架结构简单、便于整车的布置,所以在各种类型的汽车上都广泛应用。

(2)无梁式车架 部分轿车和客车为减轻自身质量,以车身代替车架,这种车身又称为承载式车身或无梁式车架。图3-24所示为轿车的车身组成件。

(3)中梁式车架 中梁式车架又称脊梁式车架,由一根贯穿汽车纵向的中央纵梁和若干根横向悬伸托架所组成,如图3-25所示。中梁的断面一般是管形或箱形,其前端做成伸出支架,用以固定发动机。传动轴在中梁内穿过。主减速器壳通常固定在中梁的尾端,形成断开式后驱动桥,中梁上的悬伸托架用以支撑汽车车身和安装其他机件。

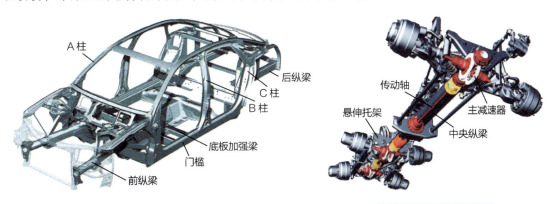

图 3-24 无梁式车架(承载式车身)　　　　图 3-25 中梁式车架

中梁式车架有较好的扭转刚度和较大的前轮转向角,便于装用独立悬架,整车质量小,重心低,行驶稳定性好,传动轴是被脊梁密封的,可防尘。但这种车架制造工艺复杂,精度要求高,总成安装比较困难,故目前应用不多。

(4)综合式车架 综合式车架是由边梁式和中梁式车架结合而成的,如图 3-26 所示。车架前段或后段近似边梁式结构,便于分别安装发动机或驱动桥。传动轴从中梁中间穿过。这种结构制造工艺复杂,目前应用也不多。

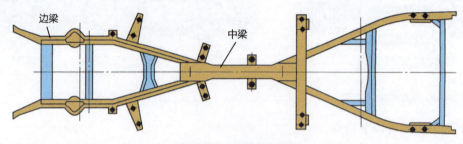

图 3-26 综合式车架

二、悬架的组成与类型

1. 悬架的组成

悬架是车架(或车身)与车桥(或车轮)之间一切传力连接装置的总称。现代汽车的悬架虽有不同的结构形式,但一般都由弹性元件、减振器、导向机构等组成,轿车一般还有横向稳定杆(器)等。悬架的组成如图 3-27 所示。

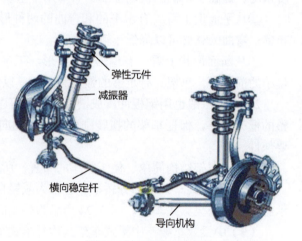

图 3-27 悬架的组成

2. 悬架的功用

1)连接车架(或车身)和车轮,把路面作用到车轮的各种力传给车架(或车身)。

2)缓和冲击、衰减振动,使乘坐舒适,具有良好的平顺性。

3)保证汽车具有良好的操纵稳定性。

3. 悬架的分类

如图 3-28 所示,汽车悬架有非独立悬架和独立悬架两种类型。

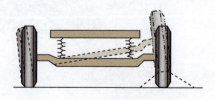

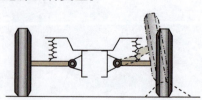

a)非独立悬架　　　　　　b)独立悬架

图 3-28 非独立悬架与独立悬架的示意图

4. 悬架的结构特点

1）非独立悬架的结构特点是两侧车轮安装在一根整体式车桥上，车轮和车桥一起通过弹性悬架悬挂在车架（或车身）下面，因此一侧车轮发生位置变化后会导致另一侧车轮的位置也发生变化。

2）独立悬架的结构特点是两侧车轮分别独立地与车架（或车身）弹性相连，与其配用的车桥为断开式车桥，因此两侧车轮的运动是相对独立、互不影响的。

5. 非独立悬架的类型

非独立悬架广泛应用于货车的前、后悬架和轿车的后悬架。按照采用弹性元件的不同，非独立悬架可以分为钢板弹簧式非独立悬架和螺旋弹簧式非独立悬架。

（1）钢板弹簧式　如图3-29所示，钢板弹簧式非独立悬架的钢板弹簧一般纵向布置，因此也称为纵置板簧式非独立悬架。

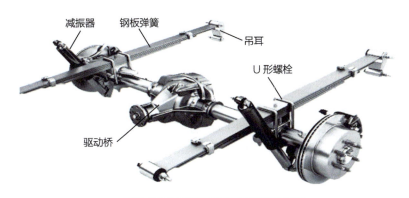

图3-29　钢板弹簧式非独立悬架

货车采用的钢板弹簧式非独立悬架结构如图3-30所示。钢板弹簧中部通过U形螺栓（骑马螺栓）固定在前桥上。钢板弹簧的前端卷耳用弹簧销与前支架相连，形成固定式铰链支点，起传力和导向作用；而后端卷耳则用吊耳销与可在车架上摆动的吊耳相连，形成摆动式铰链支点，从而保证了弹簧变形时两卷耳中心线间的距离有改变的可能。

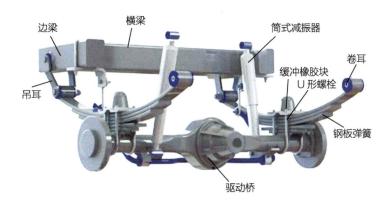

图3-30　货车采用的钢板弹簧式非独立悬架结构

减振器的上、下两个吊环通过橡胶衬套和连接销分别与车架上的上支架和车桥上的下支架相连接。盖板上装有橡胶缓冲块，以限制弹簧的最大变形，并防止弹簧直接碰撞车架。

（2）螺旋弹簧非独立悬架　螺旋弹簧非独立悬架一般只用于轿车的后悬架，常与减振器配合使用。如图 3-31 所示，螺旋弹簧的上端（弹簧上座）装在车身底部弹簧支座中，下端（弹簧下座）则支撑在车架弹簧支座上，它只承受垂直力。

6. 独立悬架

（1）独立悬架优点

1）由于左右车轮的运动相对独立、互不影响，可以减少行驶时车架或车身的振动，同时可以减弱转向轮的偏摆。

2）独立悬架的非簧载质量小，可以减小来自路面的冲击和振动。

3）独立悬架是与断开式车桥配用，可以降低汽车的重心，有很好的行驶平顺性。

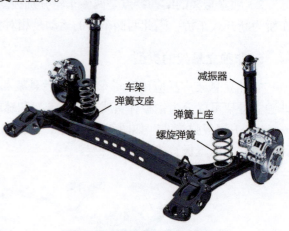

图 3-31　螺旋弹簧非独立悬架

（2）独立悬架的类型　现代汽车特别是轿车上广泛采用独立悬架。独立悬架的结构类型很多，按车轮的运动方式一般分为三类，如图 3-32 所示。

1）横臂式独立悬架：车轮在汽车横向平面内摆动的悬架，如图 3-32a 所示。

2）纵臂式独立悬架：车轮在汽车纵向平面内摆动的悬架，如图 3-32b 所示。

3）车轮沿主销移动的独立悬架，包括烛式悬架和麦弗逊式悬架，分别如图 3-32c、图 3-32d 所示。

另外，除了以上几种类型，现代轿车中越来越多地采用了多连杆式独立悬架。

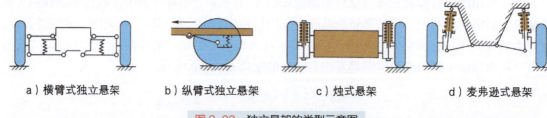

a）横臂式独立悬架　　b）纵臂式独立悬架　　c）烛式悬架　　d）麦弗逊式悬架

图 3-32　独立悬架的类型示意图

（3）横臂式独立悬架　横臂式独立悬架分为单横臂式和双横臂式两种。目前单横臂式独立悬架应用较少。

双横臂式独立悬架如图 3-33 所示，其两个横摆臂有等长的（图 3-33a）和不等长的（图 3-33b）两种。摆臂等长的独立悬架当车轮上下跳动时，虽然车轮平面不倾斜、主销轴线的方向也不发生变化，但轮距发生较大的变化，这将引起车轮的侧滑和轮胎的磨损。而摆臂不等长的独立悬架当车轮上下跳动时，虽然车轮平面、主销轴线、轮距都发生变化，但如果选择长度比例合适，车轮和主销的角度及轮距变化不大，这种独立悬架被广泛用在轿车前轮上，图 3-34 所示为典型不等长双横臂式螺旋弹簧独立悬架。

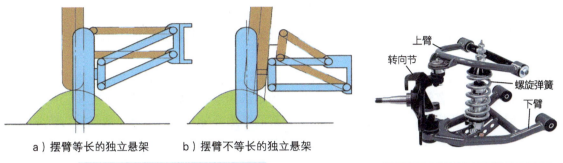

a）摆臂等长的独立悬架　　b）摆臂不等长的独立悬架

图 3-33　双横臂式独立悬架示意图

图 3-34　不等长双横臂式螺旋弹簧独立悬架

（4）纵臂式独立悬架　纵臂式独立悬架也分为单纵臂式和双纵臂式两种。

1）如图 3-35 所示，单纵臂式独立悬架都用于后轮（图 3-35b），如果用于前轮，车轮上下跳动时会使主销后倾角变化很大（图 3-35a）。纵摆臂是一片宽而薄的钢板，一端与半轴套管铰接，另一端带有套筒，套筒通过花键与扭杆弹簧的外端相连，扭杆的内端固定在车架上。

2）双纵臂式独立悬架的两纵摆臂一般长度相等，形成平行四连杆机构，如图 3-36 所示。这种悬架当车轮上下跳动时，车轮外倾角、轮距和主销后倾角都不发生变化，因此适用于前轮。

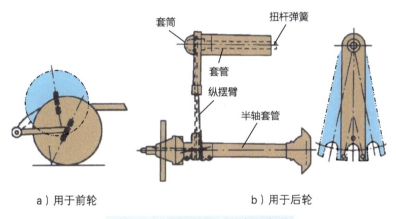

a）用于前轮　　b）用于后轮

图 3-35　单纵臂式独立悬架示意图

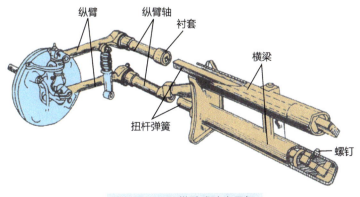

图 3-36　双纵臂式独立悬架

（5）车轮沿主销移动的独立悬架　车轮沿主销移动的独立悬架可以分为两种形式，一种是车轮沿固定不动的主销移动的烛式独立悬架，另一种是车轮沿摆动的主销轴线移动的麦弗逊式独立悬架。

1）烛式独立悬架。图3-37所示为烛式独立悬架，主销的上、下两端刚性地固定在车架上。套在主销上的套管固定在转向节上。套管的中部固定装着螺旋弹簧的下支座。筒式减振器的下端与转向节相连，上端与车架相连。悬架的摩擦部分套着防尘罩。通气管与防尘罩内腔相通，以免罩中空气被密封而影响悬架的弹性。

汽车在不平路面上行驶时，车轮、转向节一起沿主销的轴线移动。螺旋弹簧只承受垂直载荷，而车轮上所受的纵向力、侧向力及其力矩则由转向节、套筒经主销传给车架。当悬架变形时，仅轮距、轴距稍有改变，而主销和车轮的倾角都不会发生变化，因此有利于汽车的转向操纵和行驶稳定性。但是，由于主销和套筒起传力作用，当两者之间相对轴向移动时，摩擦阻力大，磨损严重，故应用较少。

2）麦弗逊式独立悬架。麦弗逊式独立悬架目前在轿车中应用很广泛，其结构如图3-38所示，由减振器、螺旋弹簧、横摆臂、横向稳定杆（图中未画出）等组成。减振器与套在它外面的螺旋弹簧合为一体，构成悬架的弹性支柱，支柱上端与车身挠性连接，支柱的下端与转向节刚性连接。横摆臂的外端通过球头销B与转向节的下部连接，内端与车身铰接。

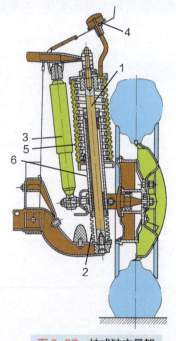

图3-37　烛式独立悬架

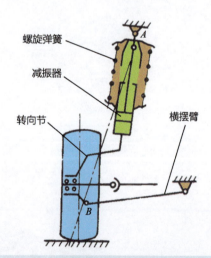

图3-38　麦弗逊式独立悬架的结构示意图

1—主销　2、5—防尘罩　3—减振器　4—通气管　6—套筒

麦弗逊式独立悬架没有传统的主销实体，转向轴线为上下铰接中心的连线AB（一般与弹性支柱的轴线重合）。当车轮上下跳动时，B点随横摆臂摆动，因而主销轴线AB随之摆动（弹性支柱也摆动），这说明车轮沿着摆动的主销轴线而运动。

麦弗逊式独立悬架结构较简单，布置紧凑，用于前悬架时能增大两前轮内侧的空间，故多用于发动机前置前轮驱动的轿车上，如图3-39所示。

（6）多连杆式独立悬架　独立悬架中多采用螺旋弹簧，因而对于侧向力、垂直力以及纵向力需增设导向装置，即采用杆件来承受和传递这些力，因而一些轿车为减轻车重和简化结构采用多连杆式悬架，如图3-40所示。

图3-39　麦弗逊式独立悬架

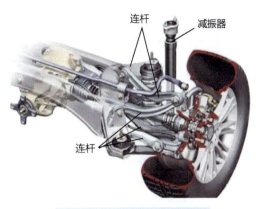

图3-40　多连杆式独立悬架

多连杆悬架系统通常可能有三连杆、四连杆、五连杆，它的特点是首先能实现双横臂式悬架的所有功能，然后在双横臂式的基础上通过连杆连接轴的约束作用使得轮胎在上下运动时前束角也能相应改变，这就意味着弯道适应性更好。如果用在前轮驱动车辆的前悬架，可以在一定程度上缓解转向不足，带来精确转向；如果用在后悬架上，能在转向侧倾的作用下改变后轮的前束角，这就意味着后轮一定程度上可以随前轮一同转向，达到舒适、操控两不误的目的。

图3-41所示为广州本田雅阁轿车的后悬架装置，它采用的是五连杆式独立悬架，五连杆分别指上横臂、下横臂、控制臂、前置定位臂和后置定位臂。五连杆布置空间需求大，活动范围广，韧性强，舒适性好。

7. 弹性元件

汽车上常用的弹性元件包括钢板弹簧、螺旋弹簧、扭杆弹簧和气体弹簧等。

（1）钢板弹簧　钢板弹簧广泛应用于汽车的非独立悬架中，其构造如图3-42所示，钢板弹簧安装位置如图3-43所示。

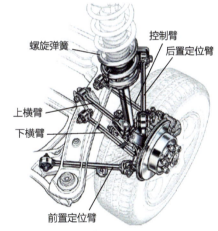

图3-41　本田雅阁轿车的后悬架装置

图3-42　钢板弹簧

钢板弹簧由若干片长度不等的合金弹簧钢片叠加而成，构成一根近似等强度的弹性梁。最长的一片称为主片，其两端卷成卷耳，内装衬套，以便用弹簧销与固定在车架上的支架或吊耳作铰链连接。钢板弹簧除了起到弹性元件的功用，它还起到了减振器和导向机构的功用。

（2）螺旋弹簧　螺旋弹簧广泛应用于独立悬架，有些轿车的后轮非独立悬架也采用螺旋弹簧做弹性元件，如图3-44所示。由于螺旋弹簧只能承受垂直载荷，且变形时不产生摩擦力，悬架中必须装有减振器和导向机构。

图3-43　钢板弹簧安装位置

图3-44　螺旋弹簧安装位置

（3）扭杆弹簧　扭杆弹簧是由弹簧钢制成的杆件。扭杆的断面通常为圆形，少数为矩形或管形，其两端制成花键、方形、六角形等形状，以便一端固定在车架上，另一端固定在悬架的摆臂上，如图3-45所示。摆臂与车轮相连，当车轮跳动时，摆臂绕扭杆轴线摆动，使扭杆产生扭转弹性变形，以保证车轮与车架的弹性联系。

（4）气体弹簧　气体弹簧分为空气弹簧和油气弹簧两种。空气弹簧又有囊式和膜式两种形式，空气弹簧的实物与安装位置如图3-46所示。油气弹簧具有变刚度的特性。

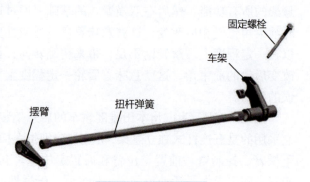

图3-45　扭杆弹簧

a）实物

b）安装位置

图3-46　空气弹簧

8. 减振器

目前汽车上应用最广泛的是双向作用筒式减振器，而在部分轿车上有的采用充气式减振器。

（1）双向作用筒式减振器的结构　双向作用筒式减振器的实物和结构如图 3-47 所示。

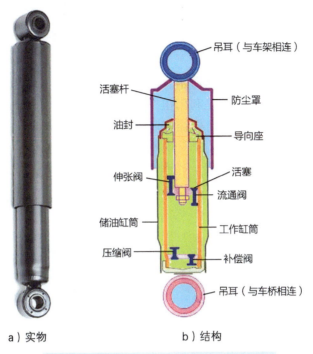

a) 实物　　b) 结构

图 3-47　双向作用筒式减振器的实物和结构

它有三个同心缸筒，外面的缸筒是防尘罩，其上部的吊耳与车架相连；中间是储油缸筒，内装有一定量的油液，其下端的吊耳与车桥相连；里面是工作缸筒，其内装满油液。它还有四个阀，即压缩阀、伸张阀、流通阀和补偿阀。流通阀和补偿阀是一般的单向阀，其弹簧很弱，当阀上的油压作用力与弹簧弹力同向时，阀处于关闭状态，完全不通油液；而当油压作用力与弹簧弹力反向时，只要很小的油压，阀便能开启。压缩阀和伸张阀是卸载阀，其弹簧刚度较大，预紧力较大，只有当油压增高到一定程度时，阀才能开启；而当油压降低到一定程度时，阀自行关闭。

（2）双向作用筒式减振器的工作原理　双向作用筒式减振器的工作原理可用压缩和伸张两个行程加以说明。

1）压缩行程。当车桥移近车架（或车身）时，减振器受压缩，活塞下移，使其下方腔室容积减小，油压升高。具有一定压力的油液顶开流通阀，进入活塞上方腔室。活塞杆占去上腔室的部分容积，使上腔室增加的容积小于下腔室减小的容积，因此还有一部分油液不能进入上腔室而只能压开压缩阀，流回储油缸筒。油液流经上述阀孔时，受到一定的节流阻力，为克服这种阻力而消耗了振动能量，使振动衰减。

2）伸张行程。当车桥远离车架（或车身）时，减振器受拉伸，活塞上移，使其上腔室油压升高。上腔室的油液便推开伸张阀流入下腔室。同样由于活塞杆的存在，上腔室减小的容积小于下腔室增加的容积，因而从上腔室流出来的油液不足以充满下腔室所增加的容积，使下腔室产生一定的真空度，这时储油缸筒中的油液在真空度作用下推开补偿阀，流进下腔室进行补充。

从上面的原理可以得知，这种减振器在压缩、伸张两个行程都能起减振作用，因此称为双向作用减振器。

9. 横向稳定杆（器）

横向稳定杆的安装位置如图 3-48 所示，工作原理如图 3-49 所示。横向稳定杆是利用扭杆弹簧原理，将左右车轮通过横向稳定杆连接起来。在车身倾斜时，稳定杆两边的纵向部分向不同方向偏转，于是横向稳定杆便被扭转。弹性的稳定杆产生扭转内力矩阻碍了悬架螺旋弹簧的变形，从而减少车身的横向倾斜。

图 3-48　横向稳定杆的安装位置

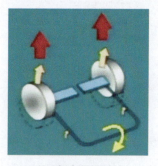
a）两侧变形相同时

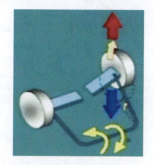
b）一侧变形大时

图 3-49　横向稳定杆的工作原理

相关技能

一、前悬架的检修

1. 前悬架的拆装

前悬架总成的零件分解图如图 3-50 所示。

（1）拆卸

1）拆下车轮。旋下制动钳紧固螺栓，取下制动盘。

2）取下制动软管支架，并用铁丝将制动钳固定在车身上。

3）拆下球头销紧固螺栓。压下转向横拉杆接头。拆下横向稳定杆的紧固螺栓。

4）拆下传动轴与轮毂的固定螺母。

5）向下撬压前悬架下摇臂，从车轮轴承壳内拉出传动轴；或利用两个固定车轮凸缘上的螺孔，将压力装置固定在轮毂上，用压力装置从轮毂中拉出传动轴，然后卸下压力装置。

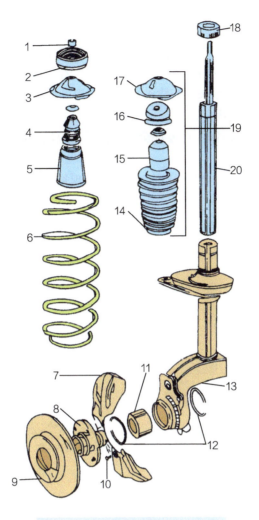

图 3-50 前悬架总成的零件分解图

1—开槽螺母 2—悬架支撑轴轴承 3、17—弹簧护圈 4、15—限位缓冲器 5—护套 6—螺旋弹簧
7—挡泥板 8—轮毂 9—制动盘 10—紧固螺栓 11—车轮轴承 12—卡簧 13—车轮轴承壳
14—辅助橡胶弹簧 16—波纹管盖 18—螺母盖 19—选装件 20—减振器

6) 取下前悬架支座上的防尘罩,沿反方向固定减振器,阻止活塞杆的转动。拆下前悬架支座与车身的固定螺母,旋下减振器活塞杆螺母,如图 3-51 所示。

7) 取下前悬架总成。

(2) 安装 安装顺序与拆卸顺序相反,但在安装时要注意以下事项:

◆ 不允许对前悬架总成进行焊接或整形处理,不合格的零部件应更换。
◆ 所有螺栓和螺母应按规定力矩拧紧。
◆ 所有自锁螺母必须更换新件。

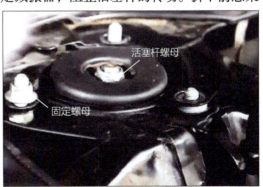

图 3-51 旋下减振器活塞杆螺母

2. 前悬架的检修

（1）减振器的检查和更换　在车辆行驶过程中，若减振器发出异常的响声，则说明该减振器已损坏，必须更换。一般减振器是不进行修理的，若有很小的渗油现象不必调换，若漏油较多可通过拉伸和压缩减振器来检查渗油现象。漏出的减振器油不能再加入减振器内重新使用，漏油的减振器不能再使用。

（2）前悬架支柱总成的检修　在零件全部解体后，应进行清洗、检查，必要时测量。若有下列情况，必须更换新件：

1）制动盘工作面严重磨损，超出规定，或表面出现裂纹。
2）挡泥板严重扭曲变形。
3）轮毂花键松旷，磨损严重。
4）弹簧挡圈失效。
5）车轮轴承损坏。

注意：需要更换整套轴承。

6）前悬架支柱件任何一条焊缝出现裂纹或严重变形。

二、独立悬架车轮外倾角的调整

1. 改变转向节与横摆臂外端的位置

如图3-52a所示，松开转向节球头销与横摆臂的连接螺栓，左右横向移动球头销及转向节，可以改变车轮外倾角。一汽大众速腾轿车即采用这种结构形式。

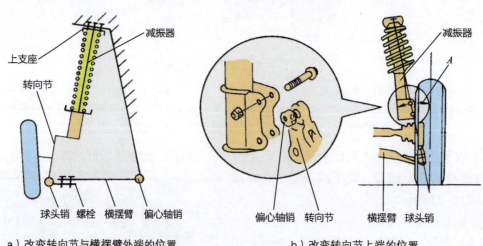

a）改变转向节与横摆臂外端的位置　　b）改变转向节上端的位置

图3-52　麦弗逊式独立悬架前轮定位调整示意图

2. 改变弹性支柱上支座的位置

如图3-52a所示，悬架的弹性支柱上支座用螺栓固定在车身上，松开螺栓，左右横向移动上支座，可以调整车轮外倾角。一汽大众奥迪轿车即采用这种结构形式。

3. 改变转向节上端的位置

如图 3-52b 所示，由减振器和螺旋弹簧组成的弹性支柱下端通过上、下两个螺栓与转向节上端固定，其中上螺栓经偏心凸轮将两者连接在一起。转动上螺栓可使偏心凸轮转动，从而带动转向节上端左右横向（A 向）移动，进而改变车轮外倾角。丰田卡罗拉轿车即采用这种结构形式。

三、车架与悬架的故障诊断

1. 非独立悬架的常见故障

1）钢板弹簧折断。钢板弹簧折断，会因弹力不足等原因，使车身歪斜。前钢板弹簧一侧主片折断时，车身在横向平面内倾斜；后钢板弹簧一侧主片折断时，车身在纵向平面内倾斜。

2）钢板弹簧弹力过小或刚度不一致。当某一侧的钢板弹簧由于疲劳导致弹力下降，或者更换的钢板弹簧与原弹簧刚度不一致时，会使车身倾斜。

3）钢板弹簧销、衬套和吊耳磨损过量。此时，会出现以下故障现象：车身倾斜（不严重）、行驶跑偏、汽车行驶摆振、异响等。

4）U 形螺栓松动或折断。此时，会由于车辆移位倾斜，导致汽车跑偏。

2. 独立悬架和减振器的常见故障

（1）独立悬架总成常见故障

1）异响，尤其在不平路面上转弯时。

2）车身倾斜，汽车在转弯时车身过度倾斜等。

3）前轮定位参数改变。

4）轮胎异常磨损。

5）车辆摆振及行驶不稳。

当汽车产生上述故障时，应对悬架系统进行仔细检查，即可发现故障部位及原因。产生故障的原因有①螺旋弹簧弹力不足；②稳定杆变形；③上、下摆臂变形；④各铰接点磨损、松旷。

（2）减振器的常见故障

1）减振器衬套磨损。

2）减振器油泄漏。

衬套磨损后，因松旷易产生响声。

减振器油有轻微的泄漏是允许的，但减振器油泄漏过多会使减振器失去减振作用，此时应更换新的减振器。

维修实例

一汽大众奥迪轿车行驶中轻踩制动踏板，转向盘轻微抖动

（1）故障现象　一辆奥迪 A6L 2016 款 TFSI 运动型轿车，行驶里程为 7.6 万 km。驾驶员说，行驶中轻踩制动踏板，转向盘有轻微抖动现象，而紧急制动时则无此感觉。

（2）故障原因　前悬架臂梁有裂纹。

（3）故障诊断　转向盘在制动时出现抖动现象，故障区域大致在悬架、转向器及轮胎部位。

1）外观检查轮胎，无异常磨损，左右轮胎花纹和规格均符合要求，可排除此因素。

2）将汽车停置在举升架上，检查转向盘自由间隙，基本符合要求。

3）左右转动转向盘，也符合要求。

4）再检查横拉杆球头销，不松旷，也无卡滞。但却发现前悬架固定螺栓有一个松脱，仔细观察前悬架臂梁，已产生裂纹。

5）更换前悬架臂梁，并固定好自锁螺栓，故障排除。

汽车轻微制动时，由于制动速度较慢，悬架臂梁裂纹在制动力下颤动能够传到转向盘上；而紧急制动时，车轮停止较快，悬架臂梁裂纹来不及出现颤动感，汽车已经停驶，因此转向盘感觉不到抖动。

悬架臂梁裂纹是由于自锁螺栓脱落造成的，估计是由于原拆装时未及时更换导致，按厂家规定自锁螺栓一经拆卸，必须更换。

复习题

一、选择题

1. （　　）本身的刚度是可变的。
   A. 钢板弹簧　　　B. 油气弹簧　　　C. 扭杆弹簧　　　D. 气体弹簧

2. 安装（　　）可使悬架的刚度成为可变的。
   A. 渐变刚度的钢板弹簧　　　B. 等螺距的螺旋弹簧
   C. 变螺距的螺旋弹簧　　　D. 扭杆弹簧

3. （　　）悬架是车轮沿主销移动的悬架。
   A. 双横臂式　　　B. 双纵臂式　　　C. 烛式　　　D. 麦弗逊式

4. （　　）悬架是车轮沿摆动的主销轴线上下移动的悬架。
   A. 双横臂式　　　B. 双纵臂式　　　C. 烛式　　　D. 麦弗逊式

5. 轿车通常采用（　　）悬架。
   A. 独立　　　B. 非独立　　　C. 平衡　　　D. 非平衡

6. 独立悬架与（　　）车桥配合。
   A. 渐变刚度的钢板弹簧　　　B. 等螺距的螺旋弹簧
   C. 变螺距的螺旋弹簧　　　D. 扭杆弹簧

7. 一般载货汽车的悬架未设（　　）。
   A. 弹性元件　　　B. 减振器　　　C. 导向机构　　　D. 扭杆弹簧

8. 非独立悬架两侧车轮由一根整体式车桥相连，车轮和车桥一起通过弹性元件连接在（　　）下面。
   A. 万向节　　　B. 传动系　　　C. 车架　　　D. 传动轴

9. 独立悬架车桥都做成断开式的，每边车轮均用（　　）单独地连接在车架下面。
   A. 钢板弹簧　　　B. 减振器　　　C. 螺旋弹簧　　　D. 离合器

10. 汽车使用的弹簧种类有（　　）。
    A. 钢板弹簧　　　　　　　　B. 扭杆弹簧
    C. 螺旋弹簧　　　　　　　　D. 以上各项都是
11. 悬架弹性元件起（　　）作用。
    A. 减振　　　　　　　　　　B. 导向
    C. 散热　　　　　　　　　　D. 缓冲

二、判断题

1. 当悬架刚度一定时，簧载质量越大，则悬架的垂直变形越大，固有频率越高。（　　）
2. 在悬架所受的垂直载荷一定时，悬架刚度越小，则悬架的垂直变速越小，汽车的固有频率越低。（　　）
3. 扭杆弹簧本身的扭转刚度是可变的，因此采用扭杆弹簧的悬架的刚度也是可变的。（　　）
4. 减振器与弹性元件是串联安装的。（　　）
5. 减振器在汽车行驶中变热是不正常的。（　　）
6. 减振器在伸张行程时，阻力应尽可能小，以充分发挥弹性元件的缓冲作用。（　　）
7. 一般载货车汽车的悬架未设导向装置。（　　）
8. 悬架的减振器仅起缓冲作用。（　　）
9. 非独立悬架的汽车当一侧车轮因路面不平而跳动时，另一侧车轮不会受影响。（　　）
10. 汽车悬架是弹性连接车桥和车架的传力装置。（　　）

三、简答题

1. 简述车架的功用及对车架的要求。
2. 简述车架的种类及其结构特点。
3. 说明悬架的组成及其功用。
4. 与非独立悬架相比，独立悬架有哪些优点？
5. 双向作用筒式减振器的结构及工作原理是怎样的？
6. 常见的非独立悬架有哪些类型，举例说明其典型应用。
7. 常见的独立悬架有哪些类型，举例说明其典型应用。

任务三　车轮与轮胎的检修

岗位核心能力

◎ 知识目标

1）熟悉车轮与轮胎的功用、组成和应用。
2）熟悉车轮与轮胎的结构与工作原理。

◎ **技能目标**

1）熟悉车轮与轮胎的检修内容和方法。
2）能够正确地对车轮与轮胎进行拆卸与安装。
3）能够对车轮动平衡进行检验。

案例导入

一汽大众 2016 款速腾 1.6L 轿车，行驶里程为 8.2 万 km。驾驶员说，该车车速超过 100km/h 时，整车抖振，难以驾驶。

相关知识

一、车轮总成的功用与结构

1. 车轮总成的功用

汽车车轮总成处于车轴和地面之间，具有以下的功用。
1）支撑整车质量。
2）缓和由路面传递来的冲击载荷。
3）通过轮胎和路面之间的附着作用为汽车提供驱动力和制动力。
4）产生平衡汽车转向离心力的侧向力，以便顺利转向，并通过轮胎产生的自动回正力矩，使车轮具有保持直线行驶的能力。
5）具有跨越障碍的能力，保证汽车的通过性。

此外，车轮和轮胎(特别是轿车轮胎)还是汽车重要的安全件。几乎所有的汽车行驶性能都与轮胎有关。车轮和轮胎的使用特点使得它们必须具有足够的强度和刚度，质量轻，散热能力强，轮胎具有良好的弹性特性和摩擦特性，足够的使用寿命。

2. 车轮总成的组成

汽车车轮总成如图 3-53 所示，是由车轮和轮胎两大部分组成，是汽车行驶系统的重要部件之一。

二、车轮的功用与类型

1. 车轮的功用

车轮是介于轮胎和车桥之间承受负荷的旋转组件，其功用是安装轮胎，承受轮胎与车桥之间的各种载荷的作用。

2. 车轮的组成

车轮一般是由轮毂、轮辋和轮辐等组成，如图 3-54 所示。轮毂通过圆锥滚子轴承装在车桥或转向节轴颈上，用于连接车轮与车桥。轮辋用于安装和固定轮胎。轮辐将轮毂和轮辋连接起来，并通过螺栓与轮毂连接起来。

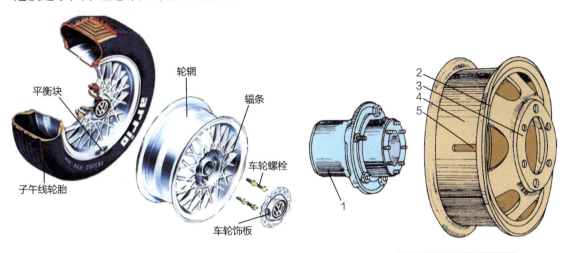

图3-53　车轮总成

图3-54　车轮的组成

1—轮毂　2—挡圈　3—轮辐（辐板式）
4—轮辋　5—气门嘴出口

3. 车轮的类型与结构

（1）轮辐类型与结构　按轮辐结构的不同，车轮可以分为两种形式：辐板式车轮和辐条式车轮。

1）辐板式车轮。目前，普通轿车和轻、中型货车普遍采用辐板式车轮，这种车轮结构如图3-54所示，由挡圈、轮辋、辐板和气门嘴出口组成。车轮中用以连接轮毂和轮辋的钢质圆盘称为辐板，辐板大多是冲压制成的，少数和轮毂铸成一体，主要用于重型汽车。

货车辐板式车轮如图3-55所示，辐板与轮辋通过焊接或铆接的方式固定成为一个整体，辐板通过螺栓安装在轮毂上，辐板上的孔可以减轻质量，有利于制动鼓的散热。

轿车辐板式车轮如图3-56所示，辐板所用板料较薄，常冲压成起伏多变的形状，以提高其刚度。目前广泛采用的轿车车轮为铝合金车轮，且多为整体式的，即轮辋和轮辐铸成一体。它质量轻，尺寸精度高，生产工艺好，美观大方，可以明显改善车轮的空气动力学特性，降低汽车油耗。

图3-55　货车辐板式车轮

图3-56　轿车辐板式车轮

2）辐条式车轮。按辐条结构的不同，辐条式车轮又分为钢丝辐条式车轮和铸造辐条式车轮，如图3-57所示。钢丝辐条式车轮的结构与自行车辐条式车轮完全一样，其价格高、维修安装不便，仅用于赛车和某些高级轿车上。铸造辐条式车轮的辐条与轮毂铸成一体，轮辋用螺栓和特殊形状的衬块固定在辐条上，常用于重型货车上。

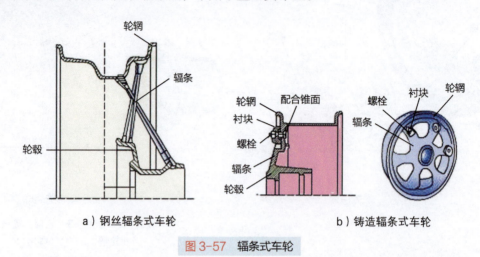

a）钢丝辐条式车轮　　　　　　b）铸造辐条式车轮

图3-57　辐条式车轮

（2）轮辋类型与结构　轮辋用于安装和固定轮胎。轮辋的常见结构形式有深槽轮辋、平底轮辋和对开式轮辋，如图3-58所示。

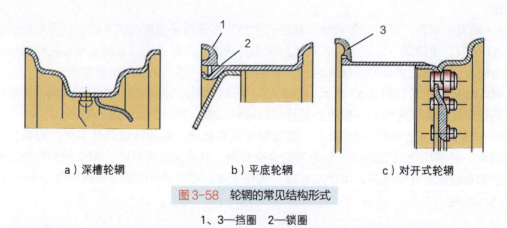

a）深槽轮辋　　　　　b）平底轮辋　　　　　c）对开式轮辋

图3-58　轮辋的常见结构形式

1、3—挡圈　2—锁圈

1）深槽轮辋。这种轮辋主要用于轿车及轻型越野车，适宜安装尺寸小、弹性较大的轮胎。该轮辋有带肩的凸缘，用以安放外胎的胎圈，其肩部通常略向中间倾斜。

2）平底轮辋。这种轮辋多用于货车。挡圈是整体的，用一个开口锁圈来防止挡圈脱出。

3）对开式轮辋。又称为可拆式轮辋，主要用于载重量较大的重型货车和大型客车。这种轮辋由内、外两部分组成，二者用螺栓连成一体。

三、轮胎的功用与类型

1. 功用

现代汽车都采用充气式轮胎，轿车上应用的轮胎主要是低压（超低压）、无内胎的子午线轮胎。轮胎安装在轮辋上，直接与路面接触，它的功用如下：

1）支承汽车的质量，承受路面传来的各种载荷的作用。

2）和汽车悬架共同来缓和汽车行驶中所受到的冲击，并衰减由此而产生的振动，以保证汽车有良好的乘坐舒适性和行驶平顺性。

3）保证车轮和路面有良好的附着性，以提高汽车的动力性、制动性和通过性。

2. 类型

1）按轮胎内空气压力的大小，轮胎分为高压胎（0.5~0.7MPa）、低压胎（0.2~0.5MPa）和超低压胎（0.2MPa以下）三种。低压胎弹性好、减振性能强、壁薄散热性好、与地面接触面积大附着性好，因而广泛用于轿车。超低压胎在松软路面上具有良好的通过能力，多用于越野汽车及部分高级轿车。

2）按轮胎有无内胎，轮胎分为有内胎轮胎和无内胎轮胎（俗称真空胎）两种。目前轿车上普遍采用无内胎轮胎。

3）按胎体帘布层结构的不同，轮胎分为斜交轮胎和子午线轮胎。目前，子午线轮胎在汽车上广泛应用。

3. 轮胎的结构

（1）有内胎轮胎　有内胎轮胎由外胎、内胎和垫带等组成，使用时安装在汽车车轮的轮辋上，如图3-59所示。

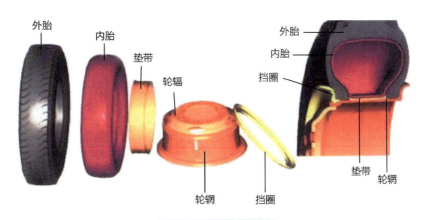

图3-59　有内胎轮胎

内胎是一个环形的橡胶管，上面装有气门嘴，以便充入或排出空气。垫带是一个环形的橡胶带，它垫在内胎与轮辋之间，以保护内胎不被轮辋和胎圈磨伤。

（2）无内胎轮胎　无内胎轮胎俗称真空胎，在外观上与普通轮胎相似，但是没有内胎及垫带。它的气门嘴用橡胶垫圈和螺母直接固定在轮辋上，空气直接充入外胎中，其密封性由外胎和轮辋来保证，如图3-60所示。

（3）外胎的结构　外胎由胎面、保护层、带束层、帘布层、胎肩、胎侧和胎圈等组成，如图3-61所示。

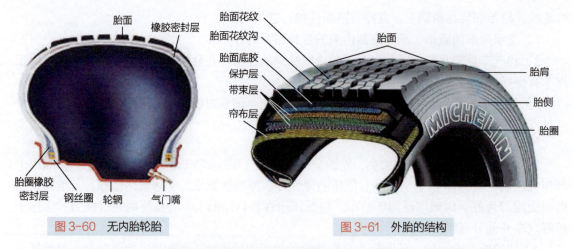

图 3-60 无内胎轮胎　　　　图 3-61 外胎的结构

胎侧又称胎壁，它由数层橡胶构成，覆盖在轮胎两侧，保护内胎免受外部损坏。胎侧可随较大的挠曲变形，在行驶过程中，不断地在载荷作用下挠曲变形。胎侧上标有厂家名称、轮胎尺寸及其他资料，如图 3-62 所示。

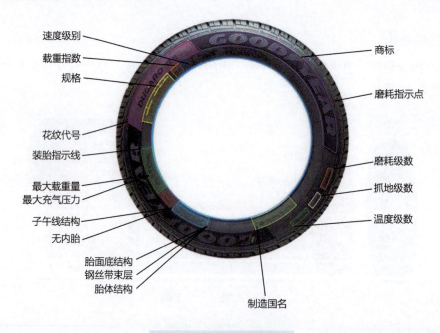

图 3-62　轮胎侧面的标记

4. 轮胎花纹

为使轮胎与地面有良好的附着性能，防止纵、横向滑移，在胎面上制有各种形状的花纹。如图 3-63 所示，主要有普通花纹（纵向折线花纹、横向花纹）、组合花纹、越野花纹等。

1）普通花纹中的纵向折线花纹（图 3-63a）最适合于在较好的硬路面上高速行驶，广泛用于轿车、客车及货车等各种车辆。

2）横向花纹（图 3-63b）仅用于货车。

3）组合花纹（图 3-63c）由纵向折线花纹和横向花纹组合而成，在好路面和不良路面上都可提供稳定的驾驶性能，广泛用于客车和货车。

4）越野花纹（图3-63d）的凹部深而粗，在软路面上与地面附着性好，越野能力强，适用于矿山、建筑工地及其他一些在松软路面上使用的越野汽车轮胎。

a）纵向折线花纹　　　b）横向花纹　　　c）组合花纹　　　d）越野花纹

图3-63　胎面花纹

5. 轮胎磨损标记

1）轮胎的胎面磨损到磨损标记以下后将非常危险。如图3-64所示，轮胎磨损标记位于胎面花纹沟的底部，当胎面磨损到此处时，花纹沟断开，表明轮胎要停止使用，更换新轮胎。

2）为便于用户找到磨损标记，通常在磨损标记对应的胎肩处标出"△"符号。这种磨损标记按国家标准的规定，每只轮胎应沿圆周等距离设置，不少于四个。

6. 轮胎规格的表示方法

轮胎的尺寸标注如图3-65所示。

图3-64　轮胎磨损标记

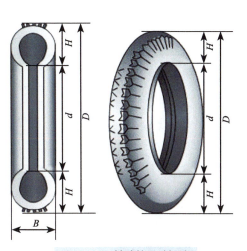

图3-65　轮胎的尺寸标注

D—轮胎外径　d—轮辋直径或轮胎内径
B—轮胎断面宽度　H—轮胎断面高度

（1）斜交轮胎的规格　我国和大多数国家一样，斜交轮胎的规格用 $B-d$ 表示，载货汽车斜交轮胎和轿车斜交轮胎的尺寸 B 和 d 均使用英寸（in）为单位，例如：9.00—20表示轮胎断面宽度为9.00in、轮胎内径为20in的斜交轮胎。

（2）子午线轮胎的规格　如图3-66所示，以一汽大众速腾轿车轮胎的规格195/60 R 14 85 H 为例进行说明。

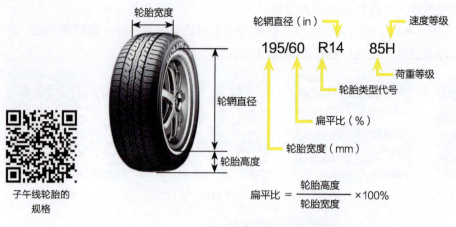

$$扁平比 = \frac{轮胎高度}{轮胎宽度} \times 100\%$$

图 3-66 子午线轮胎的规格

1）195 表示轮胎宽度 195mm，货车子午线轮胎的宽度一般用英寸（in）为单位。

2）60 表示扁平比为 60%，扁平比为轮胎高度与轮胎宽度之比，有 25、60、65、70、75、80 等 12 个级别。

3）R 表示子午线轮胎，即 "Radial" 的第一个字母。

4）14 表示轮辋直径或轮胎内径为 14in。

5）85 表示荷重等级，即最大载荷质量。荷重等级为 85 的轮胎的最大载荷质量为 515kg。

6）H 表示速度等级，表明轮胎能行驶的最高车速。轮胎速度等级对应表见表 3-6。

表 3-6 轮胎速度等级对应表

速度等级	最高时速	适用范围
L	120km/h	
M	130km/h	
N	140km/h	
P	150km/h	紧凑级轿车
Q	160km/h	
R	170km/h	
S	180km/h	
T	190km/h	
U	200km/h	
H	210km/h	中高端轿车
V	240km/h	
W	270km/h	大型豪华轿车、超级跑车等
Y	300km/h	
ZR	超过 240km/h	

汽车高速行驶时，会使整个轮胎的温度升高，从而导致胎面磨损加剧，轮胎都有其设计的临界速度。为了安全，轮胎是不允许超过设计速度使用的，而应根据轮胎的速度等级来使用。

另外，在轮胎规格前加 "P" 表示轿车轮胎；在胎侧标有 "REINFORCED" 表示经强化处理，"RADIAL" 表示子午线胎，"TUBELESS"（或 TL）表示无内胎（真空胎），"M + S"（Mud and Snow）表示适于泥地和雪地，"→" 表示轮胎旋向，不可装反。

7. 轮胎生产日期

轮胎上一般均标有轮胎生产日期。如图3-67所示，轮胎生产日期可察看轮胎侧面相应的数据。生产日期的后两位代表生产年份，前两位代表是第几周生产，图中该轮胎为2013年第35周生产。

图 3-67　轮胎生产日期

相关技能

一、车轮的拆装

1. 车轮总成的拆卸

1）停稳车辆，如图3-68所示，用三角木、橡胶块等前后掩住一个不拆卸的车轮，防止溜车（如有举升机，则可用举升机升起车辆）。

2）取下车轮上的装饰罩，先弄清汽车左右侧车轮与轮毂固定螺栓的螺旋方向，使用轮胎扳手、扭力扳手等初步拧松车轮固定螺栓。

3）用千斤顶顶在车辆指定的位置，使被拆车轮稍离地面。也可用举升机升起车辆，使车轮稍离开地面。

4）拆下车轮与轮毂连接的全部螺栓，从轮毂上取下车轮总成。

2. 车轮总成的安装

1）先将车轮抵靠在轮毂上，将车轮固定螺栓初步拧在轮毂上，使车轮与轮毂贴靠在一起。

2）落下车辆使车轮与地面稍接触，用扭力扳手按对角线的顺序分2~3次拧紧车轮螺栓（图3-69），最后一次要按规定力矩拧紧。

图 3-68　用三角木掩住车轮

图 3-69　按对角线顺序拧紧车轮螺栓

（数字为螺栓拧紧顺序）

二、轮毂轴承预紧度的调整

轮毂轴承过松或过紧必须立即修理，即调整轮毂轴承的预紧度，方法如下：

1）用千斤顶支起车轮，拧下轮毂盖螺钉，拆下轮毂衬垫。

2）拆下锁止销钉，如图 3-70 所示，旋下锁紧螺母，拆下锁止垫片。

3）旋转调整螺母改变轮毂轴承间隙。旋进轴承间隙变小，旋出轴承间隙变大。一般将调整螺母旋紧到底，再退回 1/3 圈即可。

4）调整合适的轮毂轴承预紧度应使车轮能够自由转动，且轴向推动无明显间隙。

三、轮胎的检查

轮胎的检查主要是检查轮胎的磨损程度和轮胎气压，轮胎的磨损程度的检查包括轮胎外观的检查和胎面花纹深度的检查。

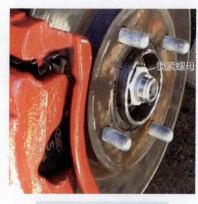

图 3-70 旋下锁紧螺母

（1）轮胎外观的检查　举升车辆，缓慢转动轮胎，检查轮胎是否有胎体变形、鼓包、橡胶开裂、异常磨损及穿刺异物等现象，如图 3-71 所示。检查并清除轮胎花纹中堆积的杂物等。

a）鼓包

b）穿刺异物

图 3-71 检查轮胎外观

（2）胎面花纹深度检查　具体方法：擦净轮胎花纹顶面及纹槽，将深度尺垂直插入轮胎花纹槽中，保持深度尺的测量平面与两侧花纹顶面可靠接触；观察并读取深度尺外壳顶端与标尺对齐的刻度线指示的数值，该数值即为轮胎花纹深度值，如图 3-72 所示。

如果轮胎花纹接近轮胎磨损标记，应更换轮胎。如果经过测量，前轮轮胎比后轮轮胎花纹磨损严重，应进行轮胎换位，这样可保持汽车各个轮胎磨损基本均匀，达到延长轮胎使用寿命的目的。

图 3-72 胎面花纹深度检查

（3）轮胎气压的检查　轮胎气压可用气压表进行检查。通常胎压推荐值是指轮胎在冷却情况下测得的胎压（轮胎冷却情况是指停车后至少3h后或轮胎行驶不超过2km）。如果只能在热胎时测量胎压，应将所测得胎压数值减去约0.03MPa就是轮胎冷却充气压力。

注意： 不同的车辆，轮胎的气压值也许不同，检查时应参看车辆用户手册或者驾驶室车门（B柱附近）、油箱盖、储物箱等标有轮胎型号的地方找到车辆的胎压推荐值。

一汽大众迈腾轿车在空载时，前轮的胎压为 0.22MPa，后轮的胎压为 0.25MPa。

四、车轮动平衡的检验

1. 车轮不平衡的危害及车轮不平衡的原因

（1）车轮不平衡的危害　汽车车轮是旋转构件。如果车轮不平衡，在高速行驶时会引起车轮上下跳动和横向摇摆，不仅影响汽车乘坐舒适性，而且使驾驶员难以控制行驶方向，以及汽车制动性能变差，影响行车安全。车轮不平衡还会大大增加各部件所受的力，加大轮胎的磨损和行驶噪声等。因此，汽车在使用和维修中必须进行车轮平衡试验和校准。

（2）车轮不平衡的原因

1）质量分布不均匀，如轮胎产品质量欠佳、翻新胎、补胎、胎面磨损不均匀及在外胎与内胎之间垫带等。

2）轮辋、制动鼓变形。

3）轮毂与轮辋加工质量不佳，如中心不准、轮胎螺栓孔分布不均、螺栓质量不佳等。

2. 采用离车式车轮动平衡机进行车轮动平衡检验的方法

利用离车式车轮动平衡机对车轮进行动平衡检测时，需将车轮从车上拆下。图 3-73 所示为常见的车轮动平衡机。该动平衡机主要由机箱、转轴与支撑装置、显示与控制装置、驱动装置（图中未画出）、制动装置（图中未画出）及防护罩（图中未画出）等组成。

进行车轮动平衡检测的方法如下：

1）对被测车轮进行清洗，去掉泥土、砂石，拆掉旧平衡块。

2）检查轮胎气压，若不符合规定值，可充气至规定气压值。

3）根据轮辋中心孔的大小选择锥体，将车轮安装于平衡机上，并用锁紧螺母将车轮锁紧，如图 3-74 所示。

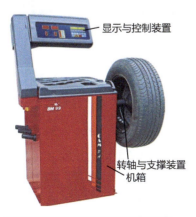

图 3-73　离车式车轮动平衡机

图 3-74　锁紧车轮

4)打开车轮动平衡机电源开关,检查指示装置是否指示正确。

5)如图 3-75 所示,利用车轮动平衡机上的伸缩尺(直尺)测出轮辋边缘到机箱之间的距离并输入到显示与控制装置。

6)如图 3-76 所示,用宽度尺测量轮胎的轮辋宽度,将测量的数值输入到显示与控制装置。

图 3-75　测量轮辋边缘到机箱之间的距离

图 3-76　用宽度尺测量轮胎的轮辋宽度

7)输入轮辋直径。轮辋直径可在轮胎规格中查找。

8)按下起动键,起动车轮动平衡机,开始测量(若有防护罩,应放下防护罩)。当车轮自动停转后,指示装置会显示出车轮内、外动不平衡量和位置。

9)用手慢慢旋转车轮(有防护罩的,应抬起车轮防护罩),当动平衡机指示装置发出信号(显示面板上的指示灯全亮)时,停止转动车轮,如图 3-77 所示。

10)根据动平衡机显示的动不平衡量,在轮辋内侧或外侧的正上方(时钟 12 点位置)的边缘加装与显示数值相等重量的平衡块,如图 3-78 所示。内、外侧要分别进行,平衡块要装卡或粘贴牢固。

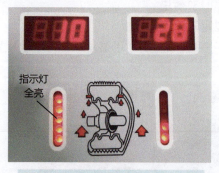

图 3-77　显示面板上的指示灯全亮

图 3-78　加装平衡块

11)重新起动车轮动平衡机,再次进行动平衡试验,直至动不平衡量小于 5g,即车轮动平衡机显示面板显示为"00"或"OK"时为止,此时车轮动平衡即为正常。

12)关闭车轮动平衡机电源,从车轮动平衡机上取下车轮,车轮动平衡检测结束。

五、轮胎的换位

1)按时换位可使轮胎磨损均匀,约可延长 20% 的使用寿命,应结合车辆二级维护定期换位。在路面拱度较大的地区或夏季，轮胎磨损差别较大，可适当增加换位次数。一般推荐10000km应将轮胎换位一次。

2）轮胎换位方法常用的有交叉换位法和单边换位法，如图3-79所示。

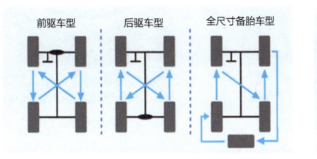

a）交叉换位法   b）单边换位法

图3-79 汽车轮胎换位法

小提示：如果轮胎有方向性花纹，应采用单边换位法。一般情况下，子午线轮胎的旋转方向应始终不变，也宜用单边换位法。若反向旋转，会因钢丝帘线反向变形产生振动，汽车平顺性变差。因此一些轿车使用手册推荐子午线轮胎采用单边换位法。

3）轮胎换位后，应按所换的胎位要求，重新调整气压。

4）轮胎换位后须作好记录，下次换位仍要按上次选定的换位方法换位。

5）对于有胎压监测功能的轮胎，换位后应重新设定轮胎。

六、轮胎的拆装

目前，轿车几乎都采用无内胎的子午线轮胎，最常见的拆装轮胎的专用设备是轮胎拆装机，如图3-80所示。

1. 轮胎的拆卸

1）先将车轮从车辆上拆卸下来。

2）用专用工具拆卸气门芯，将轮胎内的空气放尽，并取下轮辋边缘的平衡块。

3）把车轮竖起放在地面上，操作轮胎拆装机的大铲压迫轮胎，使轮胎与轮辋分离，如图3-81所示。

4）将轮胎外侧朝上放在轮胎拆装机的工作台上。

5）如图3-82所示，踩下卡爪闭合踏板，将轮胎锁紧在工作台的转盘上，锁紧方式有两种：向外撑或向里夹。对胎口较紧的轮胎而言，建议使用向里夹的锁紧方式。

图3-80 轮胎拆装机

图 3-81 使轮胎与轮辋分离

图 3-82 将轮胎锁紧在工作台的转盘上

6）如图 3-83 所示，将拆装头靠近轮辋边缘。

7）如图 3-84 所示，在轮胎与轮辋边缘涂润滑剂（肥皂水），用撬棍将轮胎边缘撬到拆装头上，点踩转盘转动踏板，使工作台顺时针旋转，直到胎缘脱落为止。抽出撬棍，即可拆下轮胎。

图 3-83 拆装头靠近轮辋边缘

图 3-84 拆下轮胎

小提示： 若在拆卸过程中受阻，应立即停止操作，点踩踏板，使工作台逆时针转动，消除障碍后再继续拆卸。

如图 3-85 所示，若轮辋上安装有胎压传感器，拆装时应使拆装头避开胎压传感器的位置，防止在拆装时碰坏胎压传感器。

8）有的轮胎在正面拆卸完毕后，还要进行反面拆装，方法可参考正面拆装的方法。

小提示： 拆卸应时刻注意人身以及轮胎安全，严格按照相关科学合理的步骤实施。

图 3-85 胎压传感器

2. 轮胎的安装

1）先在轮胎与轮辋边缘涂润滑剂（肥皂水），然后用手将轮胎套在轮辋上，把拆装头压在轮辋边缘，如图 3-86 所示。

2）操作工作台顺时针旋转，安装轮胎内侧。然后调整轮胎位置，保证轮胎气门嘴位置安装正确，切勿损伤气门嘴。

3）操作轮胎拆装机的压杆，使压杆下压轮胎外侧到轮辋的深槽中。用拆装头压住轮胎边缘，使工作台顺时针旋转，安装轮胎外侧，如图 3-87 所示。

图 3-86　把拆装头压在轮辋边缘

图 3-87　安装轮胎外侧

4）轮胎安装好后，将气门芯装回，然后先充入少量的压缩空气，待轮胎的边缘充气伸展后再继续充气至规定值气压。

小提示： 充气前应检查气门芯与气门嘴是否配合平整。充气后应检查是否漏气，并将气门帽装紧。

5）最后将车轮安装到车辆上。

七、轮胎磨损的故障诊断

轮胎故障常见的有轮胎的胎肩或胎面中间磨损、轮胎的一侧（内侧或外侧）磨损、轮胎羽状磨损和轮胎的前端和后端磨损等。

1. 轮胎的胎肩或胎面中间磨损的故障诊断

（1）故障现象　如图 3-88 所示，轮胎的胎肩和胎面中间出现了磨损。

a）胎肩磨损

b）胎面中间磨损

图 3-88　胎肩磨损和胎面中间磨损

（2）故障原因　轮胎充气压力过低会造成轮胎的胎肩磨损，轮胎充气压力过高会造成轮胎的胎面中间磨损。

（3）故障诊断

1）检查是否超载。

2）检查充气压力。如果充气过量或充气不足，应调整充气压力达到规定值。

3）调换轮胎位置。

2. 轮胎的一侧（内侧或外侧）磨损的故障诊断

（1）故障现象　如图3-89所示，轮胎出现了内侧或外侧的一侧磨损。

（2）故障原因

1）在过高的车速下转弯会造成转弯磨损。转弯时轮胎滑动，便产生了斜形磨损。

2）悬架部件变形或间隙过大，会影响前轮定位，造成不正常的轮胎磨损。

图3-89　轮胎一侧磨损

3）如果轮胎面某一侧的磨损快于另一侧的磨损，其主要原因可能是外倾角不正确。

（3）故障诊断

1）询问驾驶员是否高速转弯，如果是则要避免。

2）检查悬架部件。若松动则将其紧固；若变形和磨损，应修理或更换。

3）检查外倾角。若不正常，应校正。

4）调换轮胎位置。

3. 轮胎羽状磨损的故障诊断

（1）故障现象　如图3-90所示，轮胎出现了羽状磨损。

（2）故障原因　胎面的羽状磨损，主要是由于前束调节不当所致，过量的前束，会迫使轮胎向外滑动，并使胎面的接触面在路面上朝内拖动，造成前束磨损，胎面呈明显的羽毛形，用手指从轮胎的内侧至外侧划过胎面，便可加以辨别。另一方面，过量的后束，会将轮胎向内拉动，并使胎面的接触面在路面上朝外拖动，造成后束磨损。

图3-90　轮胎出现了羽状磨损

（3）故障诊断

1）检查前束和后束。如果前束过量或后束过量，应该加以调整。

2）调换轮胎位置。

4. 轮胎的前端和后端磨损的故障诊断

（1）故障现象　如图3-91所示，轮胎出现了前端和后端磨损。

图3-91　前端和后端磨损

（2）故障原因

1）前端和后端磨损是一种局部磨损，常常出现在具有横向花纹和区间花纹的轮胎上，胎面上的区间发生斜向磨损（与鞋跟的磨损方式相同），最终变成锯齿状。

2）具有纵向折线花纹的胎面，磨损时会产生波状花纹。

3）非驱动轮的轮胎只受制动力的影响，而不受驱动力的影响，因此往往会有前后端形式的磨损，如反复使用和放开制动器，便会使轮胎每次发生短距离滑动而磨损，前后端磨损的形式便与这种磨损相似。

4）另一方面，如果是驱动轮的轮胎，则驱动力所造成的磨损，会在制动力所造成的磨损的相反的方向上出现，因此驱动轮轮胎极少出现前后端磨损。客车和大货车由于制动时产生了很大的摩擦力，故具有横向花纹的轮胎，便会出现与非驱动轮相似的前后端磨损。

（3）故障诊断

1）检查充气压力。如果充气不足，就将其充至规定值。

2）检查车轮轴承。如果磨损或松动，应更换或调整。

3）检查外倾角和前束。如果不正确，应加以调整。

4）检查轴颈或悬架部件。如果损坏，应修理或更换。

5）调换轮胎位置。

维修实例

后轮内侧胎缘磨损严重

（1）故障现象：一汽大众 2015 款迈腾 2.0L 轿车，行驶里程为 9.5 万 km。驾驶员说，后轮内侧胎缘磨损严重。

（2）故障原因　连接车架的复式（橡胶－金属）衬套的橡胶块破损。

（3）故障诊断与排除　根据故障现象做如下检查：

1）检查两后轮气压、花纹、均符合要求。

2）检查车架，无变形。

3）检查后减振器，性能良好，没有漏油现象。

4）检查连接车架的复式（橡胶－金属）衬套时，发现橡胶块已破损，这更是造成后轮偏磨的原因。

更换复式衬套，并进行后轮胎换位。使用半年后，后轮胎磨损正常。

后轮胎偏磨主要是后轮定位角不准引起的。后轮定位角（包括后轮前束）是由后悬架结构保证的，不能调整。一旦后轮定位角不准（外观表现为后轮偏磨），便要检查后悬架各部件有无损坏以及连接位置是否因部件变形发生了变化。

复习题

一、选择题

1. 6.5—20 型轮辋是属于（　　　）轮辋。

　　A. 一件式　　　　B. 多件式　　　　C. A、B 均有可能　　　D. 无法确定

2. 7.0—20型轮辋的名义直径是（　　）。
　　A. 7.0mm　　　　　B. 20mm　　　　　C. 7.0in　　　　　D. 20in
3. 有内胎的充气轮胎由（　　）等组成。
　　A. 内胎　　　　　B. 外胎　　　　　C. 轮辋　　　　　D. 垫带
4. 在使用气动枪拆卸轮胎时（　　）。
　　A. 应该选用专用的六角套筒　　　　B. 应该选用普通的六角套筒
　　C. 应该选用专用的十二角套筒　　　D. 管道内的气压应达到15bar（1.5MPa）以上
5. 迈腾轿车一级维护轮胎花纹深度极限应大于（　　）mm。
　　A. 1　　　　　　B. 2　　　　　　C. 3　　　　　　D. 0.5
6. 对轮胎磨损影响最大的因素是（　　）。
　　A. 主销后倾角　　B. 推力角　　　　C. 车轮前束　　　D. 转向轴线内倾角
7. 一般轿车的车轮螺栓拧紧力矩为（　　）N·m。
　　A. 10　　　　　　B. 110　　　　　C. 50　　　　　　D. 90
8. 在检查汽车的车轮螺栓时（　　）。
　　A. 目测就能判断螺栓是否紧固　　　B. 应该用扭力扳手检查判断螺栓是否紧固
　　C. 用脚踢就能判断螺栓是否紧固　　D. 用手摸就能判断螺栓是否紧固
9. 子午线轮胎换位一般要求（　　）。
　　A. 前后换位　　　B. 左右换位　　　C. 对角换位　　　D. 任意换位
10. 以下说法错误的是（　　）。
　　A. 子午线轮胎换位一般要求前后换位　　B. 子午线轮胎要求换位不改变轮胎的旋转方向
　　C. 一般要求子午线轮胎不能左右换位　　D. 子午线轮胎可以任意换位

二、判断题

1. 汽车两侧车轮辐板的固定螺栓一般都采用右旋螺纹。（　　）
2. 普通斜交胎的帘布层数越多，强度越大，但弹性越差。（　　）
3. 子午线轮胎帘布层帘线的排列方向与轮胎的子午断面一致，使其强度提高，但轮胎的弹性有所下降。（　　）
4. 车轮不平衡可能引起汽车行驶时过分的振动。（　　）
5. 当车辆在举升机上升起的位置测量轮胎压力是不规范的。（　　）
6. 轿车的车轮螺栓拧紧力矩为10N·m。（　　）

三、简答题

1. 简述车轮总成的组成及功用。
2. 简述车轮的功用及构造。
3. 简述充气轮胎的结构组成。
4. 举例说明轮胎规格的表示方法。
5. 轮胎气压过高、过低会引起哪些不良后果？
6. 常见的轮胎故障有哪些？

项目四 转向系统

→ 项目描述

汽车在行驶过程中,经常需要改变行驶方向。转向系统是一套用来改变或恢复汽车行驶方向的专设机构。

本项目主要介绍汽车转向系统的基本结构、工作原理及检修方法。本项目包括以下两个任务:

任务一　机械转向系统的检修

任务二　动力转向系统的检修

通过以上两个任务的学习,你将能够描述汽车行驶系统的基本组成、总体构造和工作原理,熟悉汽车传动系统的检修方法,学会转向器、转向传动机构、转向操纵机构等的拆装与调整方法。

任务一　机械转向系统的检修

岗位核心能力

◎ **知识目标**

1)熟悉机械转向系统的功用、结构和工作原理。

2)熟悉机械转向器的功用、结构和工作原理。

◎ **技能目标**

1)能够正确地对机械转向系统进行结构拆装、检查与调整。

2)能够正确地对机械转向器进行拆装和检修。

3)能够正确诊断与排除机械转向系统常见故障。

案例导入

一辆一汽大众奥迪 A6L 2016 款 TFSI 技术型轿车,行驶里程为 7.2 万 km。驾驶员说,车辆在行驶过程中,当向左、向右转动转向盘时,感到沉重费力,转向盘不能自动回正;当车辆低速行驶转弯时,转向盘感觉更沉重。

相关知识

汽车转向系统是指由驾驶员操纵,能实现转向轮偏转和回位的一套机构。当汽车需要改变行驶方向时,必须使转向轮绕主销轴线偏转一定角度,直到新的行驶方向符合驾驶员的要求时,再将转向轮恢复到直线行驶的位置。

一、转向系统的功用与类型

1. 转向系统的功用

汽车转向系统的功用是按照驾驶员的意愿改变汽车的行驶方向、保证汽车稳定地沿直线行驶。

2. 转向系统的类型

汽车转向系统按转向动力源的不同分为机械转向系统和动力转向系统两大类。动力转向系统又可以分为液压式、气压式和电动式三种。

机械转向系统以驾驶员的体力做转向动力源,系统的所有传动件都是机械的,没有助力装置,系统组成如图 4-1 所示。

动力转向系统是兼用驾驶员体力和发动机(或电动机)的动力作为转向能源的转向系统。动力转向系统是在机械转向系统的基础上加设一套转向助力装置而形成的,系统组成如图 4-2 所示。

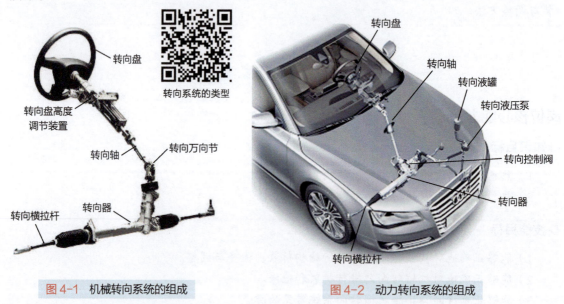

图 4-1 机械转向系统的组成　　　　图 4-2 动力转向系统的组成

二、转向系统的基本组成和工作原理

1. 转向系统的基本组成

汽车机械转向系统由机械转向器、转向操纵机构和转向传动机构三大部分组成,其组成部件如图 4-3 所示。转向操纵机构包括转向盘、转向轴、转向万向节、转向传动轴、转向柱

管（图中未画出）、转向节叉（图中未画出）及转向盘高度调节装置（图中未画出）等。机械转向器有多种类型，常用的有循环球式转向器和齿轮齿条式转向器。转向传动机构包括转向摇（垂）臂、转向直（纵）拉杆、转向节臂、转向梯形臂、转向横拉杆等。

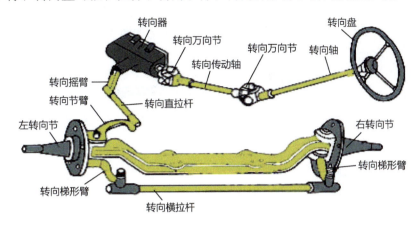

图 4-3 机械转向系统组成示意图

2. 转向系统的工作原理

如图 4-3 所示，汽车转向时，驾驶员转动转向盘，通过转向轴、转向万向节和转向传动轴，将转向力矩输入转向器。转向器中有 1~2 级啮合传动副，具有降速增矩的作用。转向器输出的转矩经转向摇臂，再通过转向直拉杆传给固定在左转向节上的转向节臂，使左转向节及装于其上的左转向轮绕主销偏转。左、右转向梯形臂的一端分别固定在左、右转向节上，另一端则与转向横拉杆作球铰链连接。当左转向节偏转时经左转向梯形臂、转向横拉杆和右转向梯形臂的传递，右转向节及装于其上的右转向轮随之绕主销同向偏转一定的角度。

小提示：左、右转向梯形臂和转向横拉杆构成转向梯形，其作用是在汽车转向时，使左、右转向轮按一定的规律进行偏转。

3. 转向盘的自由行程

转向盘的自由行程是指转向盘在空转阶段的角行程，这主要是由转向系统各传动件之间的装配间隙和弹性变形所引起的。由于转向系统各传动件之间都存在着装配间隙，而且这些间隙将随零件的磨损而增大，因此在一定的范围内转动转向盘时，转向节并不马上同步转动，而是在消除这些间隙并克服机件的弹性变形后，才做相应的转动，即转向盘有一空转过程。

转向盘自由行程对于缓和路面冲击及避免驾驶员过于紧张是有利的，但过大的自由行程会影响转向灵敏性。因此汽车维护中应定期检查转向盘自由行程。一般汽车转向盘的自由行程应不超过 10°~15°，否则应进行调整。调整时，可通过调整转向器传动副的啮合间隙来调整转向盘的自由行程。

三、机械转向器

1. 功用

转向器是转向系统中的减速增力传动装置，其功用是增大由转向盘传到转向节的力，并改变力的传动方向。

2. 类型

转向器的种类较多,一般按转向器中传动副的结构形式分类。目前应用较广泛的有齿轮齿条式、循环球式和蜗杆曲柄指销式等几种转向器,实物如图 4-4 所示。

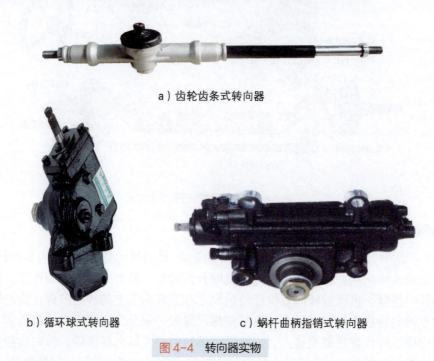

a）齿轮齿条式转向器

b）循环球式转向器　　c）蜗杆曲柄指销式转向器

图 4-4　转向器实物

3. 转向器的结构

（1）齿轮齿条式转向器　　根据输出形式,齿轮齿条式转向器分为两端输出式和中间（或一端）输出式两种形式,如图 4-5 所示。齿轮齿条式转向器采用一级传动副,主动件是齿轮,从动件是齿条。

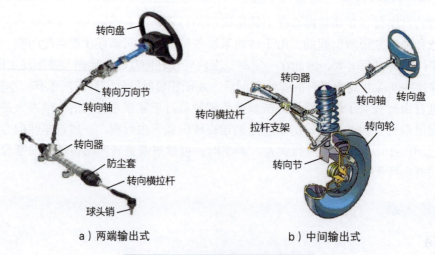

a）两端输出式　　　　　　　b）中间输出式

图 4-5　齿轮齿条式转向器输出形式

图 4-6 所示为齿轮齿条式转向器结构，它主要由转向器壳体、转向齿轮、转向齿条等组成。

转向器通过转向器壳体固定座用螺栓固定在车身（车架）上。转向齿轮与转向齿条安装在壳体中，转向齿轮上端通过花键与转向轴上的万向节（图中未画出）相连。转向齿轮是转向器的主动件，它与相啮合的从动件转向齿条水平布置，齿条压靠在齿轮上，二者是无间隙啮合。调整螺钉可用来调整齿轮与齿条之间的啮合间隙，从而可以调整转向盘的自由行程。

转向齿条的中部（有的是齿条两端）通过拉杆支架（图4-5b）与左、右转向横拉杆连接。转动转向盘时，转向齿轮转动，与之相啮合的转向齿条沿轴向移动，从而使左、右转向横拉杆带动转向节转动，使转向轮偏转，实现汽车转向。

齿轮齿条式转向器结构简单，可靠性好，便于独立悬架的布置。由于齿轮齿条直接啮合，转向灵敏、轻便，在各类型汽车上的应用越来越多。

（2）循环球式转向器　循环球式转向器主要由转向螺杆、转向螺母、齿条、齿扇、齿扇轴及钢球等组成，结构如图4-7所示。

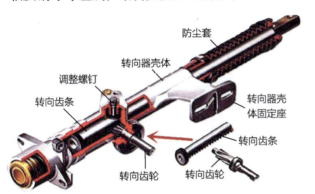

图 4-6　齿轮齿条式转向器结构

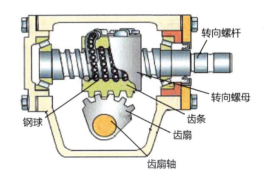

图 4-7　循环球式转向器的结构示意图

循环球式转向器有两级传动副，第一级传动副是转向螺杆和转向螺母，转向螺母的下平面加工成齿条，与齿扇轴内的齿扇相啮合，构成齿条与齿扇第二级传动副。显然，转向螺母即是第一级传动副的从动件，也是第二级传动副的主动件。通过转向盘转动转向螺杆时，转向螺母不能随之转动，而只能沿转向螺杆轴向移动，并驱使齿扇轴（即摇臂轴）转动。

当转动转向螺杆时，由于摩擦力的作用，所有钢球便在转向螺杆与转向螺母之间滚动，形成"球流"。通过钢球将力传给转向螺母，使转向螺母沿转向螺杆轴向移动。随着转向螺母沿转向螺杆做轴向移动，其上的齿条便带动齿扇绕着转向摇臂轴作圆弧运动，从而使转向摇臂轴连同摇臂产生摆动，通过转向传动机构使转向轮偏转，实现汽车转向。

循环球式转向器的最大优点是传动效率高、操纵轻便、工作可靠、使用寿命长。其主要缺点是结构复杂、制造精度要求高。

（3）蜗杆曲柄指销式转向器　蜗杆曲柄指销式转向器主要由转向蜗杆、曲柄、指销和摇臂轴等组成，结构如图4-8所示。

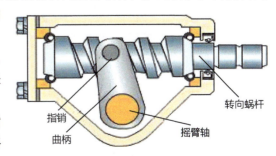

图 4-8　蜗杆曲柄指销式转向器结构示意图

转向器壳体固定在车架的转向器支架上。壳体内装有传动副,其主动件是转向蜗杆,从动件是装在摇臂曲柄端部的指销。具有梯形截面螺纹的转向蜗杆支承在转向器壳体两端的两个向心推力球轴承上。

汽车转向时,驾驶员通过转向盘转动转向蜗杆(主动件),与其相啮合的指销(从动件)一边自转,一边以曲柄为半径绕摇臂轴轴线在蜗杆的螺纹槽内作圆弧运动,从而带动曲柄,进而带动转向摇臂摆动,实现汽车转向。

四、转向操纵机构

转向操纵机构一般由转向盘、转向轴、转向柱管(图中未画出)、转向节叉、转向盘高度调节装置、万向节(图中未画出)、转向传动轴(图中未画出)等组成,如图4-9所示。

转向操纵机构的功用是产生转动转向器所必需的操纵力,并将驾驶员操纵转向盘的力传给转向器,应具有一定的调节和安全性能。

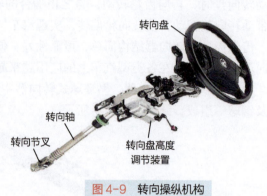

图4-9 转向操纵机构

为了驾驶员能舒适驾驶,要求转向操纵机构可以进行调节,以满足不同驾驶员的需求。为了防止车辆撞击后对驾驶员的损伤,要求转向操纵机构具有一定的安全保护装置。

1. 转向盘

转向盘由轮缘、轮辐和轮毂等组成,如图4-10所示。轮辐一般有3根或4根辐条。轮毂有圆孔及键槽,利用键和螺母将其固定在转向轴的轴端。转向盘内部由成形的金属骨架构成,骨架外面一般包有柔软的合成橡胶或树脂,也有包裹皮革的,以使它具有良好的手感,防止驾驶员手心出汗时转向盘打滑。

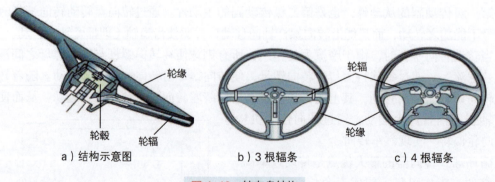

a)结构示意图　　b)3根辐条　　c)4根辐条

图4-10 转向盘结构

有的转向盘骨架能产生变形,以吸收冲击能量,当汽车发生碰撞时,能变形的转向盘可减轻对驾驶员的伤害。

转向盘普遍装有喇叭按钮和安全气囊,有的车型转向盘上还装有车速巡航控制开关、音响的音量调节按钮等。

2. 转向轴与转向柱管

（1）转向轴与转向柱管结构特点　转向轴是连接转向盘和转向器的传动件，并传递它们之间的转矩。转向柱管安装在车身上，支撑着转向盘。转向轴下端与转向万向节相连，上端用轴承或衬套支撑在转向柱管内，固定在支架内的轴承中，轴承下端装有弹簧，可自动消除转向柱管与转向轴之间的轴向间隙。转向柱管上端通过上支架固定在驾驶室前围仪表板上，下端压装在下固定支架孔内，下固定支架用两个螺栓固定在驾驶室底板上。转向轴从转向柱管中穿过，支撑在转向柱管内的轴承和衬套上。转向柱管上端装有喇叭接触环、转向灯开关、刮水器开关总成及转向盘锁总成等部件。

（2）转向柱管的吸能　随着汽车车速的提高，对于轿车除要求装有吸能式转向盘外，还要求转向柱管也必须备有缓和冲击的吸能装置。通常，在汽车发生剧烈的正面碰撞后，驾驶员会由于惯性原因直接撞向转向盘。如果转向柱不能溃缩变形，人体的胸部会和转向盘发生碰撞。数据显示，在发生正面碰撞时，转向盘、转向管柱和转向器组成的转向系统造成的损伤占驾驶员损伤的 46%。

如图 4-11 所示，一些车型采用可溃缩式转向柱管设计，在车辆遭遇剧烈碰撞，当碰撞力度超过一定程度时，可溃缩式转向管柱将自动按照预先设计瞬间溃缩折断，转向盘回缩，为驾驶员预留足够的缓冲空间，避免对驾驶员的腰部、腹部、头部产生直接冲撞，防止给驾驶员带来二次伤害，从而最高限度保护驾驶员的生命安全。

如图 4-12 所示，一些车型采用网格管式转向柱管，靠车辆碰撞时网格管产生的塑性变形（长度变短）来吸能。

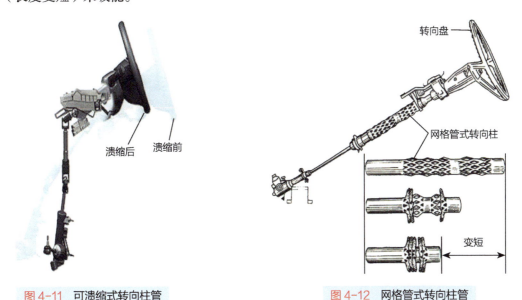

图 4-11　可溃缩式转向柱管　　　　　　图 4-12　网格管式转向柱管

还有一种可伸缩式转向柱，当发生正面撞击并且撞击力超过设计规定值时，转向柱会自动断开或脱开，使转向柱与转向机构脱离，避免转向柱因正面撞击而向后移动挤向驾驶员的前胸。

（3）可调节式转向柱　为方便不同身高及体形的驾驶员操纵，现代轿车愈来愈多地采用可调节式转向柱，使驾驶员可以在一定的范围内调节转向盘的位置。

可调节式转向柱的形式一般分为倾斜角度调节和轴向位置调节两种，分别采用可倾斜和可伸缩的可调节式转向柱。

图4-13所示为手动倾斜式转向柱调节机构示意图，反映了转向盘倾斜角度的调节变化。

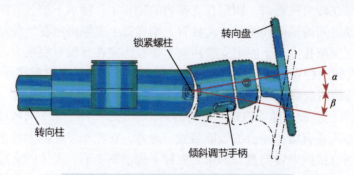

图4-13　手动倾斜式转向柱调节机构示意图

图4-14所示为手动轴向伸缩式转向柱调节机构示意图。若需要轴向调整转向盘的位置，驾驶员可顺时针方向转动伸缩杠杆，使伸缩杠杆带动锁紧螺栓向外端移动，将螺栓内端的楔形锁松开，使滑轴能够在转向轴内转动并轴向移动。转向盘位置调好后再利用伸缩杠杆锁定。

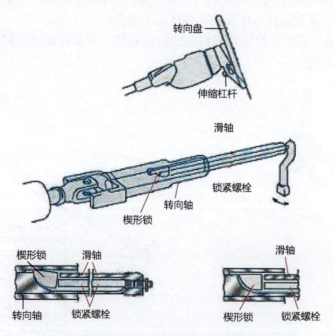

图4-14　手动轴向伸缩式转向柱调节机构示意图

五、转向传动机构

转向传动机构的作用是将转向器输出的力和运动传给转向轮，使两侧转向轮偏转以实现汽车转向，并保证左、右转向轮的偏转角按一定关系变化。以保证汽车转向时车轮与地面的相对滑动尽可能小。

转向传动机构按照悬架的分类可分为与非独立悬架配用的转向传动机构和与独立悬架配用的转向传动机构两大类。

1. 与非独立悬架配用的转向传动机构

（1）非独立悬架配用的转向传动机构组成　如图 4-15 所示，与非独立悬架配用的转向传动机构一般由转向摇臂、转向直拉杆、转向节臂、梯形臂和转向横拉杆等组成。各杆件之间都采用球形铰链连接，并采用防止松动、缓冲吸振、自动消除磨损后的间隙等的结构。

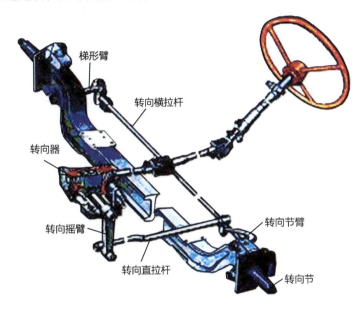

图 4-15　非独立悬架配用的转向传动机构组成

（2）与非独立悬架配用的转向传动机构的类型　与非独立悬架配用的转向传动机构类型如图 4-16 所示。

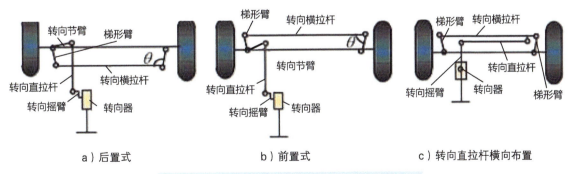

图 4-16　与非独立悬架配用的转向传动机构的类型

1）当前桥仅为转向桥时，由转向横拉杆和左、右梯形臂组成的转向梯形一般布置在前桥之后，如图 4-16a 所示。当转向轮处于与汽车直线行驶相应的中立位置时，梯形臂与转向横拉杆在与道路平行的水平面内的交角 $\theta > 90°$。

2）在发动机位置较低或转向桥兼当驱动桥的情况下，为避免运动干涉，往往将转向梯形布置在前桥之前，此时上述交角 $\theta < 90°$，如图 4-16b 所示。

3）若转向摇臂不是在汽车纵向平面内前后摆，而是在与道路平行的平面内向左右摇动，则可将转向直拉杆横置，并借球头销直接带动转向横拉杆，从而使两侧梯形臂转动，如图 4-16c 所示。

（3）主要部件

1）转向摇臂。转向摇臂的功用是把转向器输出的力和运动传给直拉杆或横拉杆，推动转向轮偏转。

转向摇臂的上端加工出带细齿花键的锥孔与转向摇臂轴连接，下端通过球头销与直拉杆连接，如图 4-17 所示。

为了保证转向摇臂轴以及从转向摇臂起始的全套转向传动机构处于中间位置，在摇臂轴的外端面、转向摇臂孔的外端面均刻有装配标志。装配时，应使两个零件上的标记对齐。

2）转向直拉杆。转向直拉杆的功用是将转向摇臂传过来的力和运动传递给转向梯形臂或转向节臂。它受拉力、压力的作用，结构如图 4-18 所示。

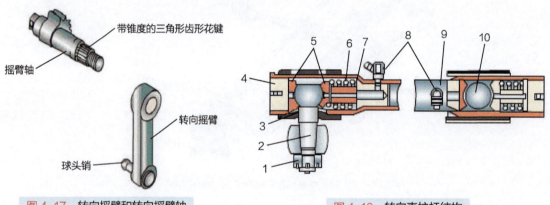

图 4-17 转向摇臂和转向摇臂轴

图 4-18 转向直拉杆结构

1—螺母　2—转向节臂球头销　3—橡胶防尘垫
4—螺塞　5—球头座　6—压缩弹簧
7—弹簧座　8—油嘴　9—直拉杆体　10—转向摇臂球头销

在转向轮偏转或因悬架弹性变形相对于车架跳动时，转向直拉杆、转向摇臂及转向节臂的相对运动都是空间运动，为了避免运动干涉，三者间的连接都采用球头销。

3）转向横拉杆。转向横拉杆是联系左、右梯形臂并使其协调工作的连接杆，它在汽车行驶过程中反复承受拉力和压力，因此多用高强度冷拉钢管制造，结构如图 4-19 所示。

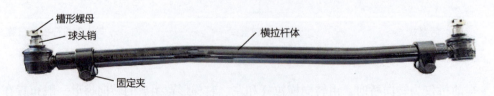

图 4-19 转向横拉杆结构

横拉杆体两端的螺纹，一为右旋，一为左旋，因此在旋松固定夹之后，转动横拉杆体（左右两侧横拉杆的转动量应相同），即可改变转向横拉杆的总长度，从而调整转向轮的前束。

2. 与独立悬架配用的转向传动机构

（1）与独立悬架配用的转向传动机构的类型　当转向轮采用独立悬架时，每个转向轮都需要相对于车架做独立运动，因而转向桥必须是断开式的，转向传动机构中的转向梯形也必须是断开式的。图4-20a、图4-20b所示机构与循环球式转向器配用，图4-20c、图4-20d所示机构与齿轮齿条式转向器配用。

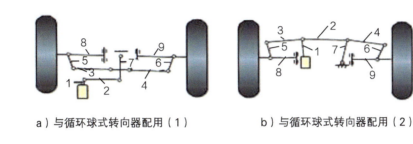

a）与循环球式转向器配用（1）　　　b）与循环球式转向器配用（2）

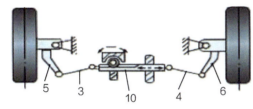 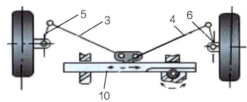

c）与齿轮齿条式转向器配用（1）　　　d）与齿轮齿条式转向器配用（2）

图4-20　与独立悬架配用的转向传动机构的类型

1—转向摇臂　2—转向直拉杆　3—左转向横拉杆　4—右转向横拉杆　5—左梯形臂
6—右梯形臂　7—摇杆　8—悬架左摆臂　9—悬架右摆臂　10—齿轮齿条式转向器

（2）转向横拉杆结构特点　在配备齿轮齿条式转向器转向传动机构中，若齿轮齿条式转向器为两端输出式，转向器齿条本身就是转向传动机构的一部分，转向横拉杆的内端通过球头销与齿条铰接，外端通过螺纹与连接转向节的球头销总成相连。图4-21所示为与两端输出的齿轮齿条式转向器齿条配用的转向横拉杆。当需要调整前束时，松开锁紧螺母，转动横拉杆体；当达到规定的前束值时，再将锁紧螺母紧固。

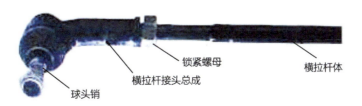

图4-21　与两端输出的齿轮齿条式转向器齿条配用的转向横拉杆

相关技能

一、齿轮齿条式转向器的拆装与检修

（1）拆卸　如图4-22所示，拆卸分解中，应先在转向齿条端头与横拉杆连接处打上安装标记；然后，拆卸转向齿条端头；拆下转向齿条导块组件后，拉住转向齿条，使齿对准转向齿轮，再拆卸转向齿轮；最后抽出转向齿条。

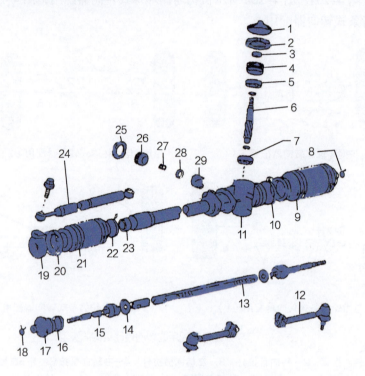

图4-22　齿轮齿条式转向器分解图

1、17、21—防尘罩　2、25—锁紧螺母　3—油封　4—调整螺塞　5—上轴承　6—转向齿轮　7—下轴承　8、18—夹子　9—齿条防尘罩　10、22—箍带　11—齿条壳体　12—横拉杆　13—转向齿条　14—垫圈　15—齿条端头　16—固定环　19—减振器支架　20—防尘罩护圈　23—齿条衬套　24—转向器减振器　26—弹簧帽　27—导块压紧弹簧　28—隔环　29—转向齿条导块

（2）主要零件的检修

1）检查齿条柱塞，如图4-23所示。

①检查齿条柱塞是否磨损或者损坏。

②检查齿条柱塞弹簧是否损坏变形。

上述两种情况中只要任何一种情况发生故障，应予以更换。

2）检查转向齿轮，如图4-24所示。

①检查齿轮的齿面是否磨损或损坏。

②检查油封是否损坏。

③检查齿轮箱密封件是否损坏。

更换所有受损的零件。

项目四 转向系统

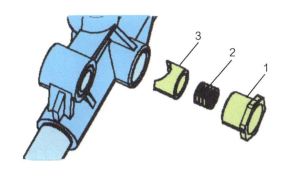

图 4-23 检查齿条柱塞
1—齿条减振垫螺钉　2—齿条柱塞弹簧　3—齿条柱塞

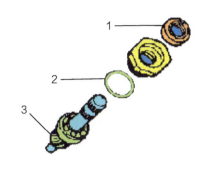

图 4-24 检查转向齿轮
1—齿轮箱油封　2—O 形环　3—转向齿轮

3）检查转向齿轮轴承。
①检查轴承的旋转状态。
②检查零件是否磨损。
如果发现损坏，更换齿轮箱总成。

4）检查转向齿条。检查齿条齿是否磨损或者损坏，检查齿条背面是否磨损或者损坏。如图 4-25 所示，将齿条放在 V 形架上，用百分表测量齿条是否有偏差，齿条偏差范围：0.1mm。如果偏差超过范围，应更换齿条。

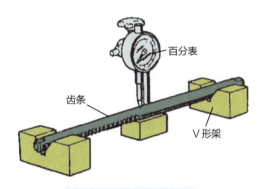

图 4-25 检查转向齿条

小提示： 进行清洁时，不得使用金属刷。

（3）齿轮齿条式转向器的装配与调整（图 4-22）

1）安装转向齿轮 6。将上轴承 5 和下轴承 7 压在转向齿轮轴颈上，轴承内坐圈与齿端之间应装好隔圈；把油封 3 压入调整螺塞 4；将转向齿轮及轴承一起压入齿条壳体 11；装上调整螺塞及油封，并调整转向齿轮轴承紧度；手感应无轴向窜动，转动自如，转向齿轮的转向力矩符合原厂规定，一般约为 0.5N·m；按原厂规定扭矩紧固锁紧螺母 2，并装好防尘罩 1。

2）装入转向齿条 13。安装齿条衬套 23。转向齿条与衬套的配合间隙不得大于 0.15mm。

3）装入转向齿条导块 29、隔环 28、导块压紧弹簧 27、弹簧帽（调整螺塞）26 及锁紧螺母 25。

4）调整转向齿条与转向齿轮的啮合间隙。常见的有两类：一是改变转向齿条导块与盖之间的垫片厚度来调整转向齿条与转向齿轮轮齿的啮合深度，完成预紧力的调整；另一种方法是用盖上的调整螺塞改变转向齿条导块与弹簧座之间的间隙值，完成啮合深度，即预紧力的调整。

5）安装垫圈 14 和转向齿条端头 15。

小提示： 安装时应注意转向齿条端头和齿条的联接必须紧固，锁止可靠。

6）安装横拉杆和横拉杆端头，并按原厂规定检查调整左、右横拉杆 12 的长度，以保证转向轮前束正确。另外，横拉杆端头球销的夹角应符合原厂规定；调整合格后，必须按原厂规定的力矩紧固并锁止横拉杆夹子。

二、循环球式转向器的拆装与检修

（1）拆卸

1）在车上拆下循环球式转向器的转向摇臂、万向节叉的锁紧螺母；将转向器总成从车上拆下并卸下通气塞，放出转向器内的润滑油。

2）将转向臂轴转到中间位置（即将转向螺杆拧到底后，再拧回3.5圈）。再拧下侧盖的四个紧固螺栓，用软质锤或铜棒轻轻敲打转向臂端头，取出侧盖和转向臂轴总成。

3）拧下转向器底盖的紧固螺栓，用铜棒轻轻敲转向螺杆的一侧，取下底盖。

4）从壳体中取出转向螺杆及转向螺母总成。

5）螺杆及螺母总成如无异常情况，尽量不要解体。必须解体时，先拧下固定导管夹的螺钉，拆下导管。握紧螺母，慢慢转动螺杆，排出全部钢球。

（2）循环球式转向器主要零件的检修

1）转向器壳体的检修：若壳体、侧盖产生裂纹，应更换。

2）转动螺杆与转向螺母的维修。转向螺杆与转向螺母的钢球滚道无疲劳磨损、划痕等，钢球与滚道的配合间隙不得大于0.10mm。转向螺杆若产生隐伤、滚道疲劳剥落、三角键有台阶形损伤或扭曲，应更换。

3）摇臂轴的检修。摇臂轴若产生裂纹应更换，不许焊修。轴端花键出现台阶形磨损、扭曲变形，应更换。支撑轴颈磨损超限，应更换。

（3）循环球转向器的装配与调整

1）安装转向螺杆组件。

2）装入钢球后，转动螺母的轴向窜动量不得大于0.10mm。

3）将轴承内圈压在转向螺杆的轴颈上。

4）组装摇臂轴。

①检查用于转向螺母与齿扇啮合间隙的调整螺钉的轴向间隙，此间隙若大于0.12mm，在调整螺钉与摇臂上的轴孔端面间加推力垫片调整。

②摇臂轴承预润滑之后，将摇臂装入壳体内。并按顺序装入推力垫片、调整螺钉、垫圈、弹性挡圈。

5）安装转向器上盖、下盖。通过增减下盖调整垫片或用下盖上的调整螺塞调整转向螺杆的轴承紧度。然后检查转向盘的转向力矩，一般为0.6~0.9N·m。

6）安装转向器侧盖。侧盖密封垫涂以密封胶后安装、紧固。

7）调整转向器啮合间隙。使转向器的传动副处于中间位置（直行位置）。通过调整螺钉，调整转向器传动副的啮合间隙，在直线位置上应呈无间隙啮合。

小提示： 安装摇臂时，应注意摇臂与摇臂轴二者的装配记号对正，特别注意摇臂固定螺母应确实做到紧固、锁止可靠。

8）按原厂规定加注润滑油。

三、机械转向系统的故障诊断与排除

（1）转向沉重故障　故障诊断与排除见表4-1。

表4-1　转向沉重的故障诊断与排除

项　目	内　容
故障现象	汽车在行驶中，转动转向盘感到沉重费力，转弯后又不能及时回正方向
故障原因	①转向器方面的原因：转向器缺乏润滑油；转向轴弯曲或转向轴管凹陷碰擦，有时会发出"吱吱"的摩擦声；转向摇臂与衬套配合间隙过小或无间隙；转向器输入轴上下轴承调整过紧，或轴承损坏受阻；转向器啮合间隙调整过小 ②转向传动机构的原因：各处球销缺乏润滑油，转向直拉杆和横拉杆上球销调整过紧；压紧弹簧过硬或折断，转向直拉杆或横拉杆弯曲变形，转向节主销与衬套配合间隙过小；衬套转动使油道堵塞，润滑油无法进入，使衬套与转向节主销烧蚀；转向节推力轴承调整过紧或缺少润滑油或损坏；转向节臂变形 ③前桥（转向桥）和车轮方面的原因：前轴变形、扭转，引起前轮定位失准；轮胎气压不足；前轮轮毂轴承调整过紧；转向桥或驱动桥超载 ④其他部位的原因：车架弯曲、扭转变形、前钢板弹簧或前悬架变形、前轮定位不正确
故障诊断与排除	①顶起前桥，转动转向盘，若感到转向盘变轻，则说明故障部位在前桥、车轮或其他部位。此时应首先检查轮胎气压，若气压偏低，则应充气使之达到正常值，接下来应该用前轮定位仪检查前轮定位，尤其应注意后倾角和前束值，如果是因为前束过大造成的转向沉重，同时还能发现轮胎有严重的磨损 ②若转向仍感沉重，说明故障在转向器或转向传动机构，可进一步拆下转向摇臂与直拉杆的连接，此时若转向变轻，说明故障在转向传动机构，应检查各球头销是否装配过紧或推力轴承是否缺油损坏、各拉杆是否弯曲变形等。通常检查时，可用手扳动两个车轮左右转动察看各传动部分，并转动车轮检查车轮轴承松紧度 ③拆下转向摇臂后，若转向仍沉重则转向器本身有故障，可检查转向器是否缺油，转动转向盘时倾听有无转向轴与柱管的碰擦声，检查调整转向器主动轴上下轴承预紧度和啮合间隙，转向摇臂轴转动是否发卡等，若不能解决就将转向器解体检查内部有无部件损坏 ④经过上述检查，若仍不见减轻，可检查车桥、车架或下控制臂（独立悬架式）与转向节臂，看其有无变形，若发现变形，应予修整或更换。同时检查前弹簧（板簧或螺旋弹簧），看其是否折断，若是应更换

（2）车辆低速摆头故障　故障诊断与排除见表4-2。

表4-2　车辆低速摆头的故障诊断与排除

项　目	内　容
故障现象	汽车在低速行驶时，感到方向不稳，前轮摆振的现象
故障原因	①转向器传动副啮合间隙过大 ②转向传动机构横拉杆或直拉杆各球头销磨损松旷、弹簧折断或调整过松 ③转向节主销与衬套的配合间隙过大或前轴主销孔与主销配合间隙过大 ④前轮轮毂轴承装配过松或紧固螺母松动 ⑤后轮胎气压过低 ⑥车辆装载货物超长，使前轮承载过小 ⑦前悬架弹簧错位、折断或固定不良

（续）

项 目	内 容
故障诊断与排除	1）外观检查：检查车辆是否装载货物超长，而引起前轮承载过小；检查后轮胎气压是否过低，若轮胎气压过低，应充气使之达到规定值；检查前悬架弹簧是否错位、折断或固定不良，若错位应拆卸修复，若折断应更换，若固定不良，应按规定力矩拧紧 2）检查转向盘自由行程 ①由一人握紧转向摇臂，另一人转动转向盘试验，若自由行程过大，说明转向器啮合传动副间隙过大，应调整 ②放开转向摇臂，仍由一人转动转向盘，另一人在车下观察转向拉杆球头销，若有松旷现象，说明球头销或球碗磨损过甚、弹簧折断或调整过松，应先更换损坏的零件，再进行调整 3）通过以上检查均正常，可支起前桥，并用手沿转向节轴轴向推拉前轮，凭感觉判断是否松旷。若有松旷感觉，可由另一人观察前轴与转向节连接部位 ①若此处松旷，说明转向节主销与衬套的配合间隙过大或前轴主销孔与主销配合间隙过大，应更换主销及衬套 ②若此处不松旷，说明前轮毂轴承松旷，应重新调整轴承的预紧度

（3）车辆高速摆头故障 故障诊断与排除见表4-3。

表4-3 车辆高速摆头的故障诊断与排除

项 目	内 容
故障现象	汽车行驶中出现转向盘发抖，车头在横向平面内左右摆动、行驶不稳等。有两种情况：在高速范围内某一转速时出现；转速越高，上述现象越严重
故障原因	①转向轮动不平衡 ②前轮定位不正确 ③车轮偏摆量大 ④转向传动机构运动干涉 ⑤车架、车桥变形 ⑥悬架装置出现故障：左右悬架刚度不等、弹簧折断，减振器失效，导向装置失效等
故障诊断与排除	1）外观检查。检查减振器是否失效，若漏油或失效，应更换；检查左右悬架弹簧是否折断、刚度是否一致，若有折断或弹力减弱，应更换；检查悬架弹簧是否固定可靠，转向传动机构有无运动干涉等，若有应排除 2）支起驱动桥，用三角架塞住非驱动轮，起动发动机并逐步使汽车换入高速档，使驱动轮达到车身摆振的车速 ①若此时车身和转向盘出现抖动，说明传动轴严重弯曲或松旷，转向轮动不平衡或偏摆量大（前驱动） ②若此时车身和转向盘不抖动，说明故障在车架、车桥变形或前轮定位不正确 3）检查前轮是否偏摆 ①支起前桥，在前轮轮辋边上放一划针，慢慢地转动车轮，查看轮辋是否偏摆过大，若轮辋偏摆量过大，应更换 ②拆下前轮，在车轮动平衡仪上检查前轮的动平衡情况，若不平衡量过大，应加装平衡块予以平衡 4）经上述检查均正常，应检查车架、车桥是否变形，并用前轮定位仪检查调整前轮定位

（4）车辆行驶跑偏故障　故障诊断与排除见表 4-4。

表 4-4　车辆行驶跑偏的故障诊断与排除

项　目	内　容
故障现象	汽车直线行驶时，转向盘不居中间位置；必须紧握转向盘，预先校正一角度后，汽车才能保持直线行驶，若稍放松转向盘，汽车会自动向一侧跑偏
故障原因	①左右前轮气压不相等或轮胎直径不等 ②两前轮的定位角不等 ③两前轮轮毂轴承的松紧度不等 ④前束过大或过小 ⑤前桥（整轴式）弯曲变形或下控制臂（独立悬架式）安装位置不一致 ⑥前后车轴不平行 ⑦车架变形或左右轮距相差太大 ⑧一边车轮制动拖滞 ⑨转向轴两侧悬架弹簧弹力不等
故障诊断与排除	1）外观检查 ①检查左、右两前轮轮胎气压是否一致，若不一致，应按规定充气，使两前轮轮胎气压保持一致 ②检查左、右两前轮轮胎的磨损程度，若磨损程度不一致，应更换磨损严重的轮胎 ③检查左、右两前轮轮胎的花纹是否一致，若花纹不一致，应更换轮胎，使花纹一致 ④将汽车停放在平坦的地面上，察看汽车前部高度是否一致，若高度不一致，说明悬架弹簧折断或弹力不一致，应更换 2）用手触摸跑偏一方的车轮制动鼓和轮毂轴承部位，感觉温度情况 ①若感觉车轮制动鼓特别热，说明该轮制动器间隙过小或制动回位不彻底，应检查调整 ②若感觉轮毂特别热，说明该轮轴承过紧，应重新调整轴承预紧度 3）测量前后桥左右两端中心的距离是否相等，若不相等，说明轴距短的一边钢板弹簧错位，车轴或半轴套管弯曲等，应检查维修 4）用前轮定位仪检查前轮定位是否正确，若不正确，应调整

（5）车辆单边转向不足故障　故障诊断与排除见表 4-5。

表 4-5　车辆单边转向不足的故障诊断与排除

项　目	内　容
故障现象	汽车转弯时，有时会出现转向盘左右转动量或车轮转角不等
故障原因	①转向摇臂安装位置不对 ②转向角限位螺钉调整不当 ③前钢板弹簧、U 形螺栓松动，或中心螺栓松动 ④直拉杆弯曲变形 ⑤钢板弹簧安装时位置不正，或是中心不对称的前钢板弹簧装反
故障诊断与排除	1）若汽车转向原来良好，由于行驶中的碰撞而造成转向角不足或一边大一边小时，应检查直拉杆、前轴、前钢板弹簧有无变形和中心螺栓是否折断等现象 2）若维修后出现转角不足，可架起前桥，先检查转向摇臂安装是否正确。将转向盘从左边极限位置转到右边极限位置，记住总圈数，再回转总圈数的一半，察看转向轮是否处于直线行驶位置，若不是则应重新安装转向摇臂 ①若左右转向角不等，则应相应调整 ②当前轮转向已靠到转向限位螺栓时，最大转向角还不够，则转向限位螺栓过长，应予调整或更换 ③若前钢板弹簧中心不对称，则应检查是否装反

维修实例

一汽大众速腾轿车转向盘转向沉重，车轮不能自动回正

（1）故障现象　一汽大众速腾 2014 款 1.6L 手动时尚型轿车，行驶里程 14.62 万 km。驾驶员说，最近感觉车辆转向沉重，不如以前轻松，转弯后车轮不能自动回正。

（2）故障原因　转向器内的尼龙顶块卡死顶住齿条。

（3）故障诊断　一汽大众速腾轿车的转向机构为齿轮齿条式，转向柱管分为上、下两段，其中间用万向节连接。

检查转向沉重时，应首先判断其故障是在转向操纵机构还是在转向器以及其他部件。

举升车辆，拆卸转向柱与转向器连接的万向节，使两者分离。然后转动转向盘，感觉轻便灵活，判断故障在转向器。

在车辆举升的情况下，检查转向器。拆卸齿条两端的拉杆球头销，然后在拆卸转向柱连接万向节的情况下，握住转向拉杆向左、右拉动，有卡滞现象，应将转向器拆下进行分解检修。

当拆卸并分解转向器时，发现转向器内的尼龙顶块因卡死顶住了齿条，使齿条移动困难。更换新件，然后清洗、润滑，将转向器装复后试车，转向恢复正常。

任务二　动力转向系统的检修

岗位核心能力

◎ 知识目标

1）熟悉动力转向系统的功用、结构和工作原理。
2）熟悉动力转向器的功用、结构和工作原理。

◎ 技能目标

1）正确地对动力转向系统进行结构拆装、检查与调整。
2）正确地对动力转向器进行拆装和检修。
3）正确诊断与排除动力转向系统常见故障。

案例导入

一辆一汽大众迈腾 2016 款 2.0 TSI 智享领先型轿车，行驶里程为 8.5 万 km。驾驶员说，在车辆行驶过程中，感觉车辆在转向时转动转向盘吃力。

相关知识

为了降低驾驶员的疲劳强度，改善转向系统的技术性能，目前很多汽车都采用了动力转向装置。采用动力转向的汽车转向时，所需的能量在正常情况下，只有小部分是驾驶员提供

的体能,而大部分是发动机驱动转向油泵旋转将发动机输出的部分机械能转化为液体压力能或电动机工作将电能转化为机械能。在驾驶员控制下,对转向传动装置或转向器中某一传动件施加不同方向的随动渐进压力,从而实现车轮转向。

动力转向系统按传能介质的不同,可以分为液压控制动力转向系统和电子控制动力转向系统。

一、液压控制动力转向系统

液压动力转向系统在各级各类汽车上广泛应用,其部件结构紧凑、尺寸很小,液压系统工作时无噪声,工作滞后时间短,而且能吸收来自不平路面的冲击。

液压动力转向装置按液流形式又可分为常压式和常流式两种,如图 4-26 和图 4-27 所示。目前除少数重型汽车采用常压式动力转向装置外,其余多采用常流式动力转向装置。

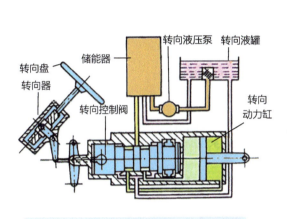

图 4-26 常压式液压动力转向装置示意图　　图 4-27 常流式液压动力转向装置示意图

根据转向动力装置零部件布置和连接组合方式的不同,液压动力转向装置可分为整体式动力转向系统、半整体式动力转向系统和组合式动力转向系统等三种形式;根据转向控制阀阀芯的运动方式的不同,液压动力转向装置可分为滑阀式和转阀式两种形式。本部分主要介绍常流式液压转阀式动力转向系统的结构组成及工作原理。

1. 液压动力转向系统的基本组成

液压动力转向系统主要由转向器、转向控制阀(转阀式)、转向液压泵、转向液罐等组成,如图 4-28 所示。转向液压泵由曲轴通过传动带驱动运转向外输出油压,转向液罐有进、出油管接头,通过油管分别和转向油泵和转向控制阀连接。动力转向器为整体式动力转向器,转向控制阀用以改变液压油流动的方向。

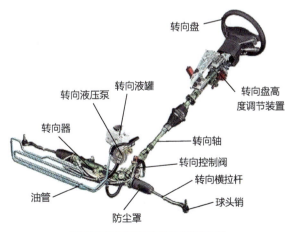

图 4-28 液压动力转向系统

2. 液压常流转阀式动力转向装置

转阀式动力转向装置结构示意图如图4-29所示，由齿轮齿条式转向器、转向动力缸和转向控制阀（转阀式）等组成。齿轮齿条式转向器的壳体同时作为转向动力缸，转向动力缸活塞与齿条制成一体，活塞将动力缸分成左右两腔。转向控制阀与齿轮齿条式转向器组成整体，并且由转向轴直接操纵。当汽车直线行驶时（图4-29a），转向动力缸没有液压油液流动，转向齿轮与转向齿条均不动作；当汽车转弯行驶时（图4-29b），液压油液流过转向动力缸后再流回转向液罐，从而推动转向齿条移动，实现助力作用。

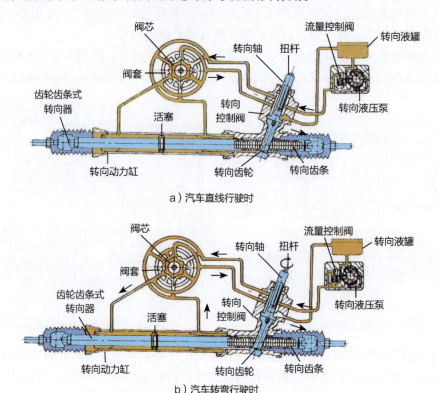

图4-29 转阀式动力转向装置结构示意图

转阀式转向控制阀的结构如图4-30所示，主要由阀体、阀套、阀芯及扭杆等组成。阀套制成圆筒形，外表面切有三条较宽深和三条较浅窄的环形槽。宽深的槽是油槽，其底部有与内壁相通的孔。窄浅的槽用于安装密封圈，阀套与转向齿轮制成一体。

阀芯也呈圆筒形，其外表面与阀套滑动配合，两者可以相对转动。阀芯与阀套配合间隙很小，配合精度很高，组成偶件不可单独更换。阀芯外表面切成与阀套相对应的八条不贯通的纵向槽，并形成八条台肩，相间的四条台肩开有径向贯通油孔。阀芯通过销7与扭杆和转向轴相连，阀套（转向齿轮）通过销2与扭杆相连，因而转向轴可通过扭杆带动转向齿轮转动。扭杆安装在阀芯的孔中，转向时由于转向阻力矩可使扭杆产生弹性变形。

该转阀具有四个互相连通的进液口P，通道A、B分别与动力缸的左、右腔连通。当阀芯转过个很小的角度时，从液压泵来的压力油经P流入四个通道A或B，继而进入动力缸的一个腔内。另四个通道B或A的进液道被隔断，压力油液不能进入，因而动力缸另一腔的低

压油液在活塞的推动下经出液口 O 流回转向液罐。

1）当汽车直线行驶时，转阀处于中间位置，如图 4-31a 所示。动力缸两腔相通，并与进液口 P、出液口 O 通过阀芯径向液道相通，压力油液流回转向液罐。因此，转向动力缸不起助力作用。

2）当汽车左转向时，转向轴连同阀芯被逆时针转动，由于受到路面传来的转向阻力，动力缸活塞和转向齿条暂时不能运动，转向齿轮暂时不能随转向轴转动。这样，由转向轴传到转向齿轮的转矩只能使扭杆产生少许变形，使转向轴（即阀芯）得以相对

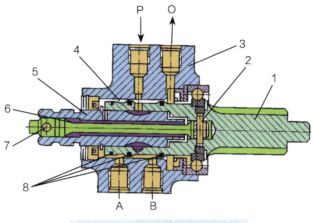

图 4-30 转阀式转向控制阀结构

1—转向齿轮 2、7—销 3—阀体 4—阀套 5—阀芯
6—扭杆 8—密封圈 P—转阀进液口 O—转阀出液口
A—通动力缸左腔出液口 B—通动力缸右腔出液口

转向齿轮（即阀套）转过少许角度，两者产生相对角位移，如图 4-31b 所示。P 与 B 相通，A 与 O 相通，从而转阀使动力缸右腔成为高压腔，左腔则成为低压腔。作用在动力缸活塞上的向左的液压作用力，帮助转向齿轮迫使转向齿条向左移动，转向车轮开始向左偏转。同时，转向齿轮本身也开始与转向轴同向转动。只要转向盘继续转动，扭杆的扭转变形便一直保持不变，转向控制阀所处的左转向位置也不变。转向盘停止转动，而动力缸暂时还继续工作，导致转向齿轮继续转动，使扭杆的扭转变形减小，直到扭杆恢复自由状态，转阀回到中间位置，动力缸停止助力。此时，转向盘即停在某一位置上不动，则车轮转角也保持一定。若转向盘继续转动，动力缸又继续工作。

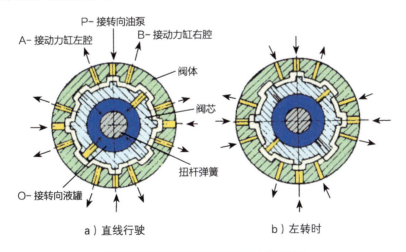

图 4-31 转阀式转向控制阀工作原理

3）当汽车右转向时，转向盘顺时针转动，则扭杆、转阀阀芯的转动方向以及助力缸活塞移动的方向均与前述相反，使转向轮向右偏转。

4）在转向过程中，若转向盘转动的速度快，阀体与阀芯的相对角位移量也大，左右动力腔的液压差也相应加大，前轮偏转的速度也加快；转向盘转动得慢，前轮偏转得也慢；转向盘转到某一位置上不动，前轮也偏转到某一位置上不变。这就是"快转快助，大转大助，不转不助"的工作原理。

5）汽车转向后需回正时，驾驶员放松转向盘，阀芯在弹性扭杆作用下回到中间位置，失去了助力作用，转向轮在回正力矩的作用下自动回位。若驾驶员同时回转转向盘时，转向助力器助力，帮助车轮回正。

6）当汽车直线行驶偶遇外界阻力使转向轮发生偏转时，阻力矩通过转向传动机构、转向齿轮作用在阀体上，使之与阀芯之间产生相对角位移，使得动力缸左、右腔压力不等，产生与转向轮转向相反的助力作用。转向轮迅速回正，保证了汽车直线行驶的稳定性。

当液压动力转向装置失效后，该动力转向器将变成机械转向器，动力传递路线与机械转向系统完全一致。

3. 转向液压泵

转向液压泵是动力转向装置的动力源，其功用是将发动机的机械能变为驱动转向动力缸工作的液压泵能，再由转向动力缸输出的转向力驱动转向车轮转向。

转向液压泵的结构类型有多种，常见的有齿轮式、转子式和叶片式。目前最常用的是双作用叶片式转向液压泵，其工作原理如图4-32所示。当发动机带动液压泵顺时针旋转时，叶片在离心力的作用下紧贴在定子的内表面上，工作容积开始由小变大，从吸油口吸进油液，而后工作容积由大变小，压缩油液，经压油口向外供油。再转180°，又完成一次吸压油过程。

液压泵的转子是通过发动机驱动或电动机驱动的，工作时油液压力及流量的变化是通过安全阀和溢流阀来实现的，如图4-33所示。当输出压力过高时，这个压力传到溢流阀右侧，使安全阀左移开启，高压油流回进油腔，降低了输出油压。当输出油量过大时，节流孔处油液的流速很高，但该处的压力很小，此压力经横向油道传到溢流阀右侧，使节流阀左右两侧的压差增大，在压差的作用下，节流阀压缩弹簧右移，使进油道和出油道相同，部分油液在泵内循环流动，减少了出油量。当这两个阀出现弹簧过软、折断或不密封时，将会导致液压泵油压和流量不足而出现故障。

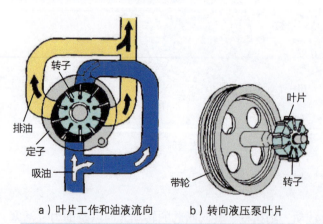

图4-32 双作用叶片式转向液压泵的结构及工作原理

a）叶片工作和油液流向　b）转向液压泵叶片

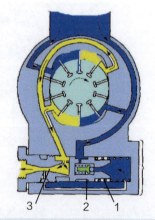

图4-33 双作用卸荷式叶片泵结构、原理示意图

1—溢流阀活塞（溢流阀）　2—安全阀　3—节流孔

二、电子控制动力转向系统

1. 液压式电控动力转向系统

液压式电控动力转向系统是在传统的液压动力转向系统的基础上增设了电子控制装置而构成的。根据控制方式的不同，可分为流量控制式、反力控制式和阀灵敏控制式三种形式。

反力控制式动力转向系统的组成，主要由转向控制阀、电磁阀、分流阀、转向动力缸、转向液压泵（叶片泵）、转向液罐（储液罐）、车速传感器和 ECU（电子控制单元）等组成，如图 4-34 所示。

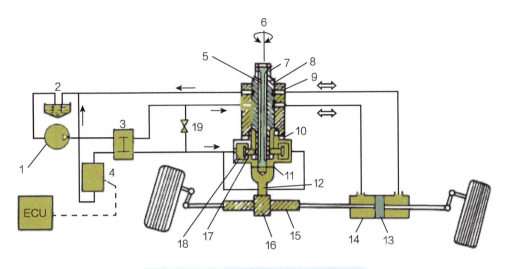

图 4-34 反力控制式动力转向系统的组成

1—转向液压泵　2—转向液罐　3—分流阀　4—电磁阀　5—扭力杆　6—转向盘
7、10、11—销　8—转阀阀杆　9—控制阀阀体　12—小齿轮轴　13—活塞　14—动力缸
15—齿条　16—小齿轮　17—柱塞　18—液压反力室　19—小孔

反力控制式动力转向系统是按照车速的变化，由电子控制单元控制油压反力，调整动力转向器，从而使汽车转向盘在各种条件下所需的转向操纵力都达到最佳状态。有时也把这种动力转向系统称为渐进型动力转向系统（Progressive Power Steering，PPS）。

电子控制渐进型动力转向系统结构如图 4-35 所示，除了旧式动力转向装置中用来控制加力的主控制阀之外，又增设了反力油压控制阀和油压反力室。

经反力油压控制阀调整后的油压加到油压反力室内，扭杆与转向轴相连，当 PPS 根据油压反力的大小改变转向扭杆的扭曲量时，就可以控制转向时所要加的力。动力转向用的微机安装在电子控制器内，根据车速传感器的信号控制电磁阀的输入电流；电磁阀设在反力控制阀上。

分流阀的基本结构如图 4-36 所示，主要由阀门、弹簧及进出液口等构成。分流阀的主要功用是将来自转向液压泵的液流送到回转阀、油压反力室和电磁阀。送到电磁阀和油压反力室中的液流量是由转阀中的油压来调整的。转动转向盘时，回转阀中的油压增大，此时，分配到电磁阀和油压反力室中的液流量随着回转阀中的油压的增大而增加；当回转阀中的油压达到一定值后，转阀中油压便不再升高，而分配给电磁阀和油压反力室的液流量也将保持不变。

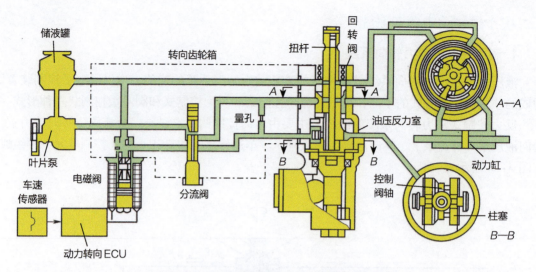

图 4-35　电子控制的渐进型动力转向系统结构

转向控制阀的结构如图 4-37 所示,其基本结构是在传统的整体式动力转向控制阀的基础上,在内部增加了一个油压反力室和四个小柱塞,四个小柱塞位于控制阀阀体下端的油压反力室内。输入轴部分有两个小凸起顶在柱塞上。当油压反力室受到高压作用时,柱塞将推动控制阀阀杆。此时,扭杆即使受到转矩作用,由于柱塞推力的影响,也会抑制控制阀阀杆与阀体的相对回转。

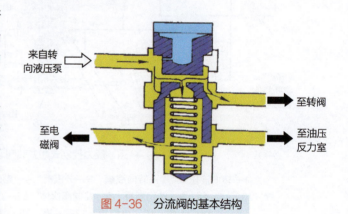

图 4-36　分流阀的基本结构

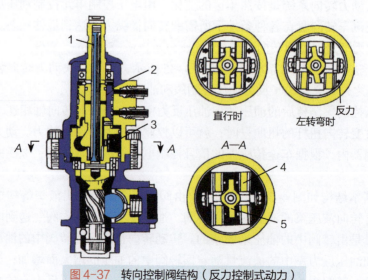

图 4-37　转向控制阀结构(反力控制式动力)

1—扭杆　2—回转阀　3—油压反力室　4—柱塞　5—控制阀轴

(1)汽车停车或低速行驶时　如图 4-38 所示,汽车在停车或低速行驶时,ECU 向电磁阀提供大电流,电磁阀开度增大,回油通道面积处"大开"的状态,油液经分流通过电磁阀回流到储液罐,因此,只有较低的油液压力作用于油压反力室,柱塞推动控制阀轴的反力就非常小。

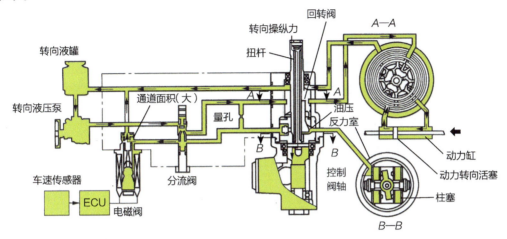

图 4-38　汽车在停车或低速行驶时的工作情况

流到回转阀的油液被旋转滑阀切换和控制,助推转向力作用在动力转向活塞上,驾驶员只需要较小的转向力就可扭转扭力杆,小的转向操纵力就能产生大的液压助推力,使车辆在停止或低速行驶中,驾驶员也能轻松自如地转动转向盘。

(2)汽车中、高速行驶时的小转向　如图 4-39 所示,当车辆直线以中、高速行驶时,给转向盘一个小的转动量,扭杆扭动角使控制阀轴转动,因而回转阀开度减小,油液压力在回转阀内升高。结果,由于分流阀的操作,使流经电磁阀和油压反力室的油液液流量增大。当车速增加,来自 ECU 的电流减小,电磁阀的开度也减小,大的油液压力作用于油压反力室,使柱塞产生一个很大的反应力。此时,油液开始从量孔流到动力缸。因此,转向盘转向角的增大,便会有大的转向阻力,驾驶员可以获得良好的转向手感和转向特性。

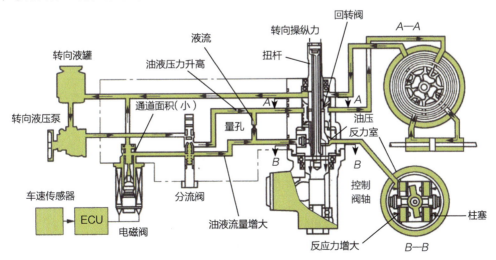

图 4-39　中、高速行驶小转向时的工作情况

（3）汽车中、高速行驶时的大转向　如图4-40所示，当汽车中、高速行驶时，如果转向转得更大，回转阀压力会增加更多，经量孔流到油压反力室的油液增加。压力在回转阀侧增加，一旦达到某一水平时，油液从分配阀流到油压反力室，并保持在设定水平。油压反力室的压力随流经量孔的油液流量增加而升高，这种升高是缓慢的，因而油压反力室中的反应力也只是渐渐升高，这就确保转向助力在转向很大时维持在适当水平。

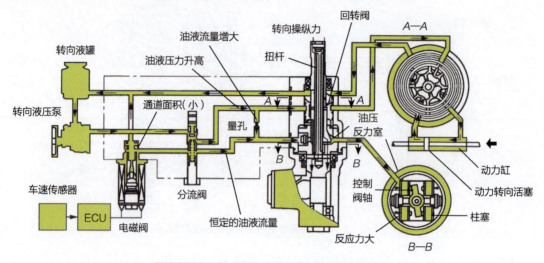

图4-40　中、高速行驶大转向时的工作情况

2. 电动式电控动力转向系统

（1）电动式电控动力转向系统的组成　电动式动力转向系统主要由转向力矩传感器、转向盘转角传感器、车速传感器、电动机、电磁离合器、减速机构、电子控制单元等组成，如图4-41所示。

（2）电动式电控动力转向系统的工作原理　电动动力转向系统的工作原理是根据汽车行驶速度（车速传感器输出信号）、转向力矩及转向盘转角信号，由ECU控制电动机及减速机构产生助力转矩，使汽车在低、中和高速下都能获得最佳的转向效果。

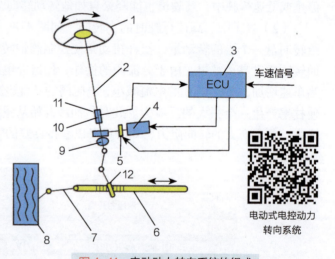

图4-41　电动动力转向系统的组成

1—转向盘　2—转向轴　3—电子控制单元　4—电动机
5—电磁离合器　6—转向齿条　7—转向横拉杆　8—轮胎
9—输出轴　10—扭力杆　11—转向力矩传感器　12—转向齿轮

电动机连同离合器和减速齿轮一起，通过一个橡胶底座安装在左车架上。电动机的输出转矩经齿轮机构减速增矩，并通过万向节、转向器中的助力小齿轮把输出转矩送至齿条，向转向轮提供转矩。

ECU根据各传感器的信号确定助力转矩的幅值和方向，并且直接控制驱动电路去驱动电动机。

转向力矩传感器、转向盘转角传感器和汽车速度传感器为助力转矩的信号源。

如图4-42所示，根据电动机布置位置的不同，电动式动力转向系统可以分为转向轴助力式、齿轮助力式和齿条助力式三种类型。

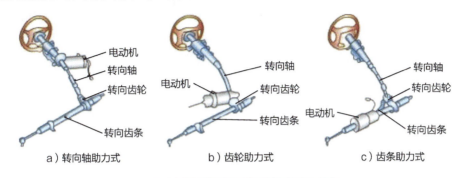

图4-42　电动式动力转向系统的类型

（3）电动机械式助力转向系统　速腾轿车采用双齿轮式电子控制机械式助力转向系统。根据驾驶员的转向要求，转向控制单元控制电动机工作，进而起到转向助力的作用。系统通过"主动回正"功能将转向轮置于中心位置，使车辆在各种情况下都能获得良好的平衡性及精确的直线行驶稳定性。直线行驶稳定功能可以帮助驾驶员在车辆受到侧向风的作用时，或者在上下颠簸的路面上行驶时更容易控制车辆直线行驶。

1）速腾轿车电动转向助力系统的组成。速腾轿车电动转向助力系统的部件有转向盘、转向柱、转向盘转角传感器、转向力矩传感器、转向齿轮、转向助力电动机及转向助力控制单元组成，如图4-43所示。

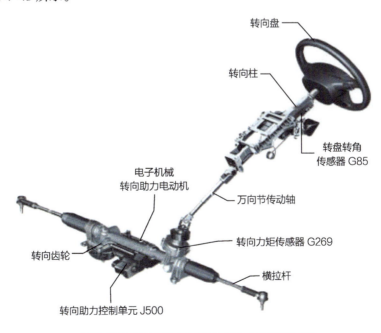

图4-43　速腾轿车电动转向助力系统的组成

2）电动转向助力系统的工作原理。如图4-44所示，当驾驶员旋转转向盘时，转向助力系统开始工作。安装于转向柱上的转向盘转角传感器将检测到的转向盘的旋转角度和旋转速度，以电信号的方式送至转向助力控制单元。与此同时，作用在转向盘上的力矩经过传递驱动转向小齿轮旋转，转向力矩传感器检测到旋转力矩并将其传给控制单元。根据转向力、发动机转速、车速、转向盘转角、转向盘转速以及存储在控制单元中的特性曲线图，控制单元计算出必要的助力力矩并控制电动机开始工作。由电动机驱动的第二个小齿轮（驱动小齿轮）提供转向助力，从而驱动转向齿条。

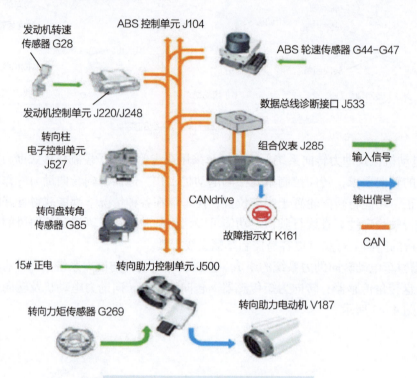

图 4-44　电动转向助力系统的工作原理

转向盘转角传感器为光电式传感器，安装于转向柱上。当驾驶员转动转向盘时，转向柱带动转向盘转角传感器的转子随转向盘一起转动，光源就会通过转子缝隙照在传感器的感光元件上产生信号电压。由于转子缝隙间隔大小不同，故产生的信号电压变化也不同，转向盘转角传感器结构与工作原理如图 4-45 所示。

转向力矩传感器为磁阻式传感器，其磁性转子和转向柱连接块为一体，磁阻传感元件和转向小齿轮连接块为一体，当转动转向盘时，转向柱连接块和转向小齿轮连接块反向运动，即磁性转子和磁阻传感元件反向运动，因此转向力矩的大小可以被测量出来并传递给控制单元，转向力矩传感器结构与工作原理如图 4-46 所示。

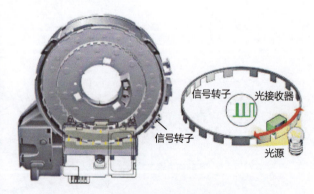

图 4-45　转向盘转角传感器结构与工作原理

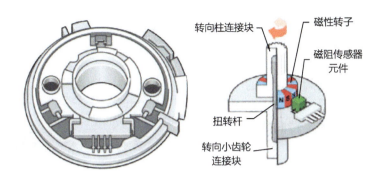

图 4-46 转向力矩传感器结构与工作原理

根据不同工作状况的需要，驾驶员作用于转向盘上的力矩大小不同，由该力矩产生的驱动转向小齿轮旋转的力矩大小也不同。转向力矩传感器根据小齿轮杆的旋转情况，检测出转向力的大小并输送至控制单元；同时转向盘转角传感器将检测到的驾驶员转动转向盘的角度也输送给控制单元；转子传感器将转动速度输送至控制单元，控制单元计算出合适的力矩，控制电动机工作。

3）其他功能

①主动回正功能。如果驾驶员在转弯的过程中减小了施加在转向盘上的力矩，旋转杆上的力矩也相应减小。于是转向力在减小的同时，转向角度和转向的速度都相应的减小，回转速度也相应被精确地检测到。控制单元根据转向力、车速、发动机转速、转向角度、转向速度和存储在控制单元中的特性曲线图计算出电动机需要的必要的回正力，并控制电动机工作，促使车轮回到直线行驶的方向，即中心位置。

②直线行驶功能。直线行驶功能是主动回正功能的一个扩展，当没有力矩作用在转向盘上时，系统将产生助力使车轮回复到中心位置。为实现直线行驶功能，又分为长时间法则和短时间法则两种不同的情况。

长时间法则：当长时间发生背离中心位置任何一侧时，系统将起到平衡的作用。如：将夏季使用的轮胎换到冬季使用。

短时间法则：当短时间发生背离中心位置的任何一侧时，系统将起到平衡的作用。如：受到侧向风时。

当车辆受到持续的侧向力时，驾驶员将给转向盘一个力矩使车辆保持直线行驶状态。此时，控制单元根据转向力、车速、发动机转速、转向角度、转向速度和存储在控制单元中的特性曲线图计算出要保持直线行驶状态电动机需要提供的必要的力矩，并控制电动机工作，使车辆回到直线行驶状态，减轻驾驶员的工作强度。

相关技能

一、动力转向器的拆装

动力转向器零部件分解图，如图 4-47 所示。

（1）动力转向器从车上的拆卸

1）用举升器举起车辆，排放转向液压油。

2）拆下固定横拉杆的螺母。

3）拆卸左前轮罩处的转向器固定螺栓。

4）松开在转向控制阀外壳上的进油管。

5）拆卸后横板上固定转向器的左边自锁螺母。

6）把车辆放下，拆卸紧固齿条与转向横拉杆的螺栓。

7）拆卸仪表板侧边下盖、通风管和踏板盖。

8）拆卸紧固转向齿轮轴与联轴器的螺栓，并使各轴分开。

9）拆卸防尘罩。从汽车内部，拆卸固定在转向控制阀外壳上回油软管的泄放螺栓。

10）拆卸后横板上固定转向器的自锁螺母。

11）拆下转向器。

（2）动力转向器的安装 当动力转向器检修或更换后，须再次安装到车上。

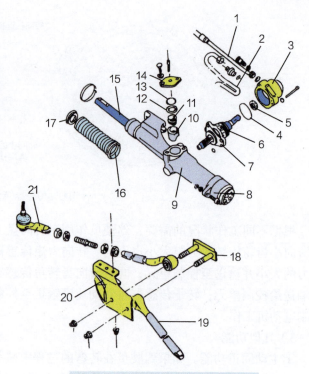

图 4-47 动力转向器零部件分解图

1—进油管 2—回油管 3—阀体罩壳 4、13—密封圈 5—轴承 6—转向齿轮 7—连接盖 8—密封罩 9—转向器外壳 10—压块 11—补偿弹簧 12—补偿垫片 14—压盖 15—齿条 16—防尘罩 17—固定环 18—连接杆 19—左转向横拉杆 20—转向支架 21—右转向横拉杆

小提示：安装时应注意转向液压泵和转向控制阀上固定泄放螺栓的密封圈只要被拆卸，就必须更换。

1）在后横板上安装转向器，安装自锁螺母但不必完全拧紧。

2）支撑起车辆。

3）在转向液压泵上安装进油管和回油管，使用新的密封圈，并按规定力矩拧紧螺栓。

4）安装左前轮罩上的转向器固定螺栓，并按规定力矩拧紧螺母。

5）安装在后横板上固定转向器的自锁螺母，并按规定力矩拧紧螺母。

6）把进油管固定在转向控制阀外壳上。

7）把车辆放下。

8）安装转向横拉杆支架固定螺栓，并按规定力矩拧紧。

9）从车辆内部把回油软管安装在转向控制阀外壳上。

10）安装防尘套。

11）连接联轴器，安装固定螺栓并按规定力矩拧紧。

12）安装踏板盖、通风管和仪表板盖。

二、转向盘的检查

1. 转向操纵力的检查

1）检查转向操纵力时，将汽车停放在水平干燥的路面上，发动机机油温度达到60~80℃，轮胎气压正常，并使前轮处于直线行驶位置。

2）发动机怠速运转，将一弹簧秤钩在转向盘边缘上，拉动转向盘，检查转向盘左右转动一圈所需拉力变化。一般来说，如果转向操纵力超过44.5N，说明动力转向工作不正常，应检查有无V带打滑或损坏、转向液压泵输出油压或油量是否低于标准、油液中是否渗入空气、油管是否有压瘪或弯曲变形等故障。

2. 转向盘自动回位的检查

检查时，车辆一面行驶一面察看下列各项：

1）缓慢或迅速转动转向盘，检查两种情况下的转向盘操纵力有无明显的差别，并检查转向盘能否回到中间位置。

2）使汽车以约3.5km/h的速度行驶，将转向盘顺时针或逆时针转动90º，然后放开手1~2s，如果转向盘能自动回转70º以上，说明工作正常，否则应查明故障原因并予以排除。

三、电控动力转向系统的检查

1. 动力转向系统密封性的检查

动力转向系统密封性的检查，应在热车时进行，如图4-48和图4-49所示。

1）将转向盘快速向左、右两侧转至极限位置（注意在极限位置停留不得超过5s），并保持不动。目测检查转向控制阀、齿条密封（松开波纹管软管夹箍，再将波纹管推至一旁）、转向液压泵、油管接头是否有漏油现象，若有渗漏应更换密封件。

2）如果发现转向液罐中缺少液压油时，应检查转向系统的密封性是否完好。

3）当转向器主动齿轮不密封时，必须更换阀体中的密封环和中间盖板上的圆形绳环。

4）如果转向器罩壳中的齿轮齿条密封件不密封，液压油可能流入波纹管套里。此时，应拆开转向机构，更换所有密封环。

5）若油管接头漏油，应查找原因并重新接好油管。

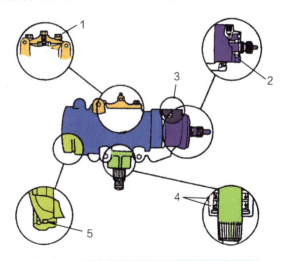

图4-48 循环球式动力转向系统常见泄漏点

1—侧盖泄漏　2—调整螺母油封泄漏
3—压力软管接头螺栓泄漏
4—转向摇臂轴油封泄漏　5—端盖油封泄漏

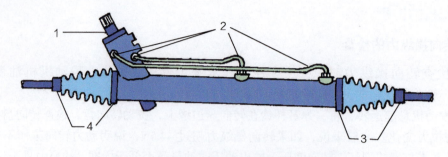

图4-49 齿轮齿条式动力转向系统常见泄漏点

1—小齿轮轴油封　2—油管接头　3、4—防尘套及卡箍

2. 动力转向液压泵 V 带张紧力的检查与调整

1）快速方法：汽车停在干燥路面上，运转发动机使油液上升到正常温度，左右转动转向盘，此时驱动 V 带负荷最大，如果 V 带打滑，说明 V 带紧度不够或泵内有机械损伤。

2）常规检查方法：关闭发动机，用手以约 100N 的力从 V 带的中间位置按下，V 带应有约 10mm 挠度为合适，否则必须调整。

注意：汽车每行驶 15000km 时，应检查 V 带的张紧力，必要时更换。

3. 动力转向液压泵的更换

（1）拆卸

1）支起车辆。

2）拆下转向液压泵上回油管和进油管的泄放螺栓，排放液压油。

3）拆下转向液压泵前支架上的张紧螺栓。

4）拆下转向液压泵后支架上的固定螺栓。

5）松开转向液压泵中心支架上的固定螺母和螺栓。

6）把转向液压泵固定在台虎钳上，拆卸 V 形带轮和中间支架。

（2）安装　转向液压泵安装顺序与拆卸顺序相反。转向液压泵安装完毕后应调整转向液压泵 V 形带的张紧度，并按规定加注液压油。

4. 转向液压泵压力的检查

1）将量程为 15MPa 的压力表和节流阀串接到转向液压泵和转向阀之间的管路中，如图 4-50 所示。

2）起动发动机，如果需要，向转向液罐中补充转向液压油。

3）起动发动机，使发动机怠速运转，转动转向盘数次。

4）急速关闭节流阀（不超过 5~10s），并读出压力数，额定值一般应为 6.8~8.2MPa。若压力足够，说明转向液压泵正常。

如果没有达到额定值，应检查压力和流量限制阀是否完好。若不正常就应更换转向液压泵。

5. 动力转向系统液压油压力的检查

1）如图4-51所示，接好压力表和节流阀。

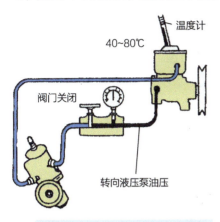

图4-50 转向液压泵压力的检查

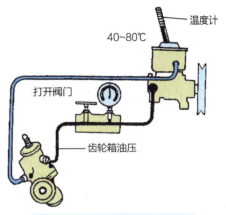

图4-51 转向系统压力的检查

2）将节流阀打开，起动发动机并以怠速运转，使转向盘向左、右旋转到极限位置，同时读出压力表上的压力，额定值为6.8~8.2MPa。

如果向左或向右的额定值达不到要求，就要修理转向器或更换总成。

6. 动力转向系统转向液罐油面的检查

1）将车辆停放在平坦的地面上，使前轮处于直行位置。

2）起动发动机，并使其达到正常的工作温度。

3）使发动机怠速运转大约2min，左、右打几次转向盘，使油温达到40~80℃，关闭发动机。

4）观察转向液罐的液面，此时液面应处于"MAX"（上限）与"MIN"（下限）之间，液面低于"MIN"时，应加至"MAX"，如图4-52所示。

5）对于用油标尺检查的汽车：拧下带油标尺的封盖，用布将油位标尺擦净，将带油位标尺的封盖插入转向液罐内拧好，然后重新拧出，观察油位标尺上的标记，应处于"MAX"与"MIN"之间，必要时将转向液加至"MAX"处（图4-53）。

图4-52 转向油罐液面的检查

图4-53 转向液罐盖上的油尺标记

7. 动力转向液的更换

（1）泄放转向液

1）支起汽车前部，使两前轮离开地面。

2）拧下转向液罐盖，拆下转向液压泵回油管，然后将转向液放入容器中。

3）发动机怠速运转，在放转向油的同时，左右转动转向盘。

（2）加注转向液与排气

1）向转向液罐内加注符合规定的转向液。

2）停止发动机工作，支起汽车前部，并用支架支撑，连续从左到右转动转向盘若干次，将转向系统中多余空气排出。

3）检查转向液罐中液面高度，视需要加至"MAX"标记处。

4）降下汽车前部，起动发动机怠速运转，连续转动转向盘，注意油面高度的变化，当油面下降时就应不断加注转向油，直到油面停留在"MAX"处，并在转动转向盘后，转向液罐中不再出现气泡为止。

小提示： 在排除转向系统装置的故障后，不得重复使用转向液罐的液压油；在拆换动力转向器和更换转向液罐的液压油时，原则上要求更换转向液罐中的滤清器。

四、电控转向系统的故障诊断与排除

1. 液压动力转向系统的故障诊断与排除

（1）液压动力转向系统转向沉重故障 故障诊断与排除见表4-6。

表4-6 液压动力转向系统转向沉重的故障诊断与排除

项　目	内　容
故障现象	装有液压动力转向系统的汽车，在行驶中突然感到转向沉重
故障原因	一般是液压转向助力系统失效或助力不足所造成的，其根本原因在于液压不足。引起转向系统油压不足的主要原因如下： ①转向液罐缺油或油液高度低于规定要求 ②液压回路中渗入了空气 ③转向液压泵驱动V带过松或打滑 ④各油管接头处密封不良，有泄漏现象 ⑤油路堵塞或滤清器污物太多 ⑥转向液压泵磨损、内部泄漏严重 ⑦转向液压泵安全阀、溢流阀泄漏、弹簧弹力减弱或调整不当 ⑧动力缸或转向控制阀密封损坏
故障诊断与排除	①用手压下转向液压泵的驱动V带，检查V带的松紧度，若V带过松，应调整 ②起动发动机，使发动机处于怠速运转，突然提高发动机的转速，检查转向液压泵驱动V带有无打滑现象，其他驱动型式的齿轮传动有无损坏，发现问题后应按规定更换性能不良的部件 ③检查转向液罐内的油液质量和液面高度，若油液变质则应重新更换规定油液。若只是液面低于规定高度，应加油使油面达到规定位置 ④检查转向液向液罐内的滤清器。若发现滤网过脏，说明滤清器堵塞，应清洗；若发现滤网破裂，说明滤清器损坏，应更换

（续）

项　目	内　容
故障诊断与排除	⑤检查油路中是否渗入空气，如果发现转向液压罐中的油液有气泡时，说明油路中有空气渗入，应检查各油管接头和接合面的螺栓是否松动，各密封件是否损坏，有无泄漏现象，油管是否破裂等。对于出现故障的部位应进行修整和更换，并进行排气操作，最后重新加入油液 ⑥检查各油管接头等处有无泄漏，油路中是否有堵塞，查明故障后按规定力矩拧紧有关接头或清除污物 ⑦对转向液压泵进行输出油压检查，如果油泵输出压力不足，说明转向液压泵有故障，此时应分解油泵，检查转向液压泵是否磨损或内部泄漏严重、安全阀、溢流阀是否泄漏或卡滞、弹簧弹力是否减弱或调整不当、各轴承是否烧结或严重磨损等。对于叶片泵还应检查转子上的密封环或油封是否损坏，对于齿轮泵应检查齿轮间隙是否过大等，查明故障予以修理，必要时更换转向液压泵

（2）液压动力转向系统有噪声故障　故障诊断与排除见表4-7。

表4-7　液压动力转向系统有噪声的故障诊断与排除

项　目	内　容
故障现象	汽车转向时，转向系统有不太大的噪声是正常现象，但当噪声过大或影响汽车的转向性能时，必须对转向系统进行检查，并排除故障
故障原因	①转向液罐中液面太低，油泵在工作时容易渗入空气 ②液压系统中渗入空气 ③转向液罐滤网堵塞，或液压回路中有过多的沉积物 ④油管接头松动或油管破裂 ⑤转向液压泵严重磨损或损坏 ⑥转向控制阀性能不良
故障诊断与排除	1）当转向盘处于极限位置或原地慢慢转动转向盘时转向器发出"嘶嘶"声，如果这种异响严重则可能是转向控制阀性能不良，应更换转向控制阀 2）当转向液压泵发出"嘶嘶"声或尖叫声时，应进行以下检查： ①检查转向液罐液面高度，液面高度不够时应查明泄漏部位并修理，然后按规定加足油液 ②检查转向液压泵驱动V带是否打滑，若打滑应查明原因更换V带或调整V带紧度 ③察看油液中有无泡沫，若有泡沫，应查找漏气部位并予以修理，然后排除空气。若无漏气，则说明油路有堵塞处或油泵严重磨损及损坏，应予以修复或更换

（3）液压动力转向系统左右转向轻重不同故障　故障诊断与排除见表4-8。

表4-8　液压动力转向系统左右转向轻重不同的故障诊断与排除

项　目	内　容
故障现象	汽车行驶时，向左和向右转向操纵力不相等
故障原因	①转向控制阀阀芯（或滑阀）偏离中间位置，或虽然在中间位置但与阀体槽肩的缝隙大小不一致 ②控制阀内有污物阻滞，使左右转动阻力不同 ③液压系统中动力缸的某一油腔渗入空气 ④油路漏损

（续）

项目	内容
故障诊断与排除	这种故障多是油液脏污所致，应按规定更换新油后再进行检查 ①如果油质良好或更换新油后故障没有消除，应对液压系统进行排气并检查系统有无油液泄漏，液压系统中出现泄漏时，应更换泄漏部位的零部件 ②如果故障仍不能排除，则可能是由于控制阀定中不良造成的。滑阀式转向控制阀可在动力转向器外部进行排除，通过改变转向控制阀阀体的位置来实现。如果滑阀位置调整后仍不见好转，应拆检滑阀测量其尺寸，若偏差较大，应更换滑阀；对于转阀式转向控制阀必须通过分解检查来排除故障

（4）液压动力转向系统直线行驶转向盘发飘或跑偏故障　故障诊断与排除见表4-9。

表4-9　液压动力转向系统直线行驶转向盘发飘或跑偏的故障诊断与排除

项目	内容
故障现象	汽车直线行驶时，难以保持正前方向而总向一边跑偏
故障原因	①油液脏污、转向控制阀回位弹簧折断或变软，使转向控制阀不能及时回位 ②转向控制阀阀芯（或滑阀）偏离中间位置，或虽在中间位置但与阀体槽肩的缝隙大小不一致 ③流量控制阀卡滞使泵流量过大或油压管路布置不合理，造成油压系统管路节流损失过大，使动力缸左右腔压力差过大
故障诊断与排除	①首先检查油液是否脏污。对于新车或大修以后的车辆，由于不认真执行走合维护的换油规定，使油液脏污 ②对于使用较久的车辆，则可能是流量控制阀或转向控制阀回位弹簧失效所致，此时可在不起动发动机的情况下转动转向盘，凭手感判断控制阀是否开启运动自如，若有怀疑一般应拆卸检查 ③最后检查转向液压泵流量控制阀是否卡滞和油压管路布置是否合理，发现故障予以修理

（5）液压动力转向系统转向时转向盘发抖故障　故障诊断与排除见表4-10。

表4-10　液压动力转向系统转向时转向盘发抖的故障诊断与排除

项目	内容
故障现象	发动机工作时转向，尤其是在原地转向时滑阀共振，转向盘抖动
故障原因	①转向液罐液面低 ②油路中渗入空气 ③转向液压泵驱动V带打滑 ④转向液压泵输出压力不足 ⑤转向液压泵流量控制阀卡滞
故障诊断与排除	①首先检查转向液罐液面是否符合规定，否则按要求加注转向液 ②排放油路中渗入的空气 ③检查转向液压泵驱动V带是否打滑或其他驱动型式的齿轮传动等有无损坏，发现问题后应按规定调整V带紧变或更换性能不良的部件 ④对转向液压泵输出压力进行检查。压力不足时应分解液压泵，检查液压泵是否磨损或内部泄漏严重、安全阀及流量控制阀是否泄漏或卡滞、弹簧弹力是否减弱或调整不当、各轴承是否烧结或严重磨损等。对于叶片式转向液压泵还应检查转子上的密封环或油封是否损坏。对于齿轮式液压泵应检查齿轮间隙过大等。查明故障予以修理。必要时更换液压泵。如果泵轴油封泄漏也应更换转向液压泵

（6）液压动力转向系统转向盘回正不良故障　故障诊断与排除见表 4-11。

表 4-11　液压动力转向系统转向盘回正不良的故障诊断与排除

项　目	内　容
故障现象	汽车完成转向后，转向盘不能回到中间行驶位置（直线行驶位置）
故障原因	①转向液压泵输出油压低 ②液压回路中渗入空气 ③回油软管扭曲阻塞 ④转向控制阀或转向动力缸发卡 ⑤转向控制阀定中不良
故障诊断与排除	①对液压系统进行排气操作，排气后按规定加足转向液 ②检查转向液压泵输出油压，若油压不足应拆检转向液压泵，检查液压泵是否磨损或内部泄漏严重、安全阀及流量控制阀是否泄漏或卡滞、弹簧弹力是否减弱或调整不当、各轴承是否烧结或严重磨损等。查明故障予以修理。必要时更换液压泵。如果泵轴油封泄漏也应更换转向液压泵 ③检查回油软管是否阻塞，若有应更换回油软管 ④拆检转向控制阀或转向动力缸，查明故障原因，然后视情况进行修复，对于损坏的零件应更换。必要时更换转向控制阀或转向动力缸

2. 电动动力转向系统的故障诊断

（1）电动动力转向系统（EPS）警告灯的检查　当点火开关处于 ON 位置时，EPS 警告灯应点亮，发动机起动后警告灯熄灭为正常。警告灯不亮时，应检查灯泡是否损坏，熔丝和导线是否断路。若发动机起动后，警告灯仍亮时，应进行故障自诊断操作。

（2）故障自诊断操作　将故障诊断仪与车辆故障自诊断的诊断接口相连接。接通点火开关，操作故障诊断仪进入电动动力转向系统，进行故障码的读取。

（3）故障检查与排除　确知故障码后，根据故障码的提示，进行相应部件的检查。待故障排除之后，清除故障码，再进行一次自诊断操作，直至排除故障。

维修实例

一汽大众速腾轿车操纵转向盘转向时，感觉左转向轻，右转向重

（1）故障现象　一汽大众速腾 2014 款 200TSI 手动档时尚型轿车，行驶里程 8.3 万 km。驾驶员说，转向时，左转向轻，右转向重，给驾驶操纵造成困难。

（2）故障原因　转向液压泵分配阀中的滑阀孔堵塞。

（3）故障诊断　该车为液压动力转向系统，分析造成左右转向力矩不一致的原因如下：

1）左右悬架部位球头销及连接件磨损、润滑及紧固程度不一致。

2）车架变形，致使一侧转向连接部位转动卡滞。

3）一边轮胎制动未解除或解除滞后。

在举升器上检查以上部位，均排除了以上的故障原因。该车采用整体式动力转向系统，因此动力转向系统中管路、滑阀及活塞等部件的损坏及性能不良也会导致这样的故障。

对动力转向系统检测方法如下：

1）观察转向液罐，油液在标志线上。
2）左右转动转向盘，转向液罐内无气泡及混浊现象。
3）观察通往液压泵的管道，无漏油痕迹。
4）接入液压表测试油压，转动转向盘，油压值变化较大。

决定拆下液压泵剖解检查，检查中发现分配阀中滑阀孔有堵塞，并且运动中总偏置一方，这就是故障根源。

更换动力转向系统中的液压泵中的分配阀后试车，故障排除。

由于滑阀孔道堵塞及在分配阀中位置变动，致使输出油液量及油压在左右位置时助力不一致，造成转向时左右力矩不同。

复习题

一、选择题

1. 在动力转向系统中，转向所需的能源来源于（　　）。
   A. 驾驶员的体能　　　B. 发动机动力　　　C. A和B均有　　　D. A和B均没有
2. 循环球式转向器中的转向螺母可以（　　）。
   A. 转动　　　B. 轴向移动　　　C. A和B均可　　　D. A和B均不可
3. 转弯半径是指由转向中心到（　　）。
   A. 内转向轮与地面接触点间的距离　　　B. 外转向轮与地面接触点间的距离
   C. 内转向轮之间的距离　　　D. 外转向轮之间的距离
4. 转向梯形理想表达式中的 B 是指（　　）。
   A. 轮距　　　B. 两侧主销轴线与地面相交点间的距离
   C. 转向横拉杆的长度　　　D. 轴距
5. 采用齿轮、齿条式转向器时，不需（　　），所以结构简单。
   A. 转向节臂　　　B. 转向摇臂　　　C. 转向直拉杆　　　D. 转向横拉杆

二、判断题

1. 可逆式转向器的自动回正能力稍逊于极限可逆式转向器。　　　（　　）
2. 循环球式转向器中的转向螺母既是第一级传动副的主动件，又是第二级传动副的从动件。　　　（　　）
3. 循环球式转向器中的螺杆、螺母传动副的螺纹是直接接触的。　　　（　　）
4. 转向横拉杆体两端螺纹的旋向一般均为右旋。　　　（　　）
5. 汽车转向时，内转向轮的偏转角应当小于外转向轮的偏转角。　　　（　　）
6. 汽车的转弯半径越小，则汽车的转向机动性能越好。　　　（　　）
7. 汽车的轴距越小，则转向机动性能越好。　　　（　　）
8. 转向系统的角传动比越大，则转向越轻便、越灵敏。　　　（　　）
9. 动力转向系统是在机械转向系统的基础上加设一套转向加力装置而形成的。　　　（　　）
10. 采用动力转向系统的汽车，当转向加力装置失效时，汽车也就无法转向了。（　　）

三、简答题

1. 转向系统有何功用？
2. 汽车转向系统是如何分类的？
3. 汽车机械转向系统由哪几部分组成？
4. 对照实物，说出机械转向系统的基本组成和动力传递路线。
5. 什么是转向盘的自由行程？一般汽车转向盘的自由行程是多少？
6. 目前应用较广泛的有哪几种转向器？
7. 转向操纵机构一般由哪些部件组成？
8. 转向传动机构有何作用？如何分类？各由哪些部件组成？
9. 机械转向系统的故障一般有哪些？
10. 动力转向系统是如何分类的？
11. 液压动力转向系统由哪些部件组成？
12. 液压式电子控制动力转向系统是如何分类的？由哪些部件组成？
13. 反力控制式动力转向系统由哪些部件组成？
14. 电动式动力转向系统由哪些部件组成？分几种类型？

项目五 制动系统

→ 项目描述

制动系统是保证汽车动力性能发挥和行车安全的最基本的系统，它必须具备让汽车在行车过程中能及时减速至全停车的功能、让汽车在下长坡时具有稳定车速且不使汽车速度越来越快的功能、对已停驶的汽车维持汽车停驻的功能。

本项目主要介绍汽车制动系统的功用、结构、工作原理以及检修方法。

通过本项目的学习，你将能够描述汽车制动系统的基本组成、总体构造和工作原理，熟悉汽车制动系统的检修方法，学会对制动系统进行结构拆装、检查与调整。

岗位核心能力

◎知识目标

1）熟悉制动系统的功用、结构和工作原理。
2）熟悉盘式制动器和鼓式制动器的功用、结构和工作原理。

◎技能目标

1）能够正确地对制动系统进行结构拆装、检查与调整。
2）能够正确地对制动器进行拆装和检修。
3）能够正确诊断与排除制动系统常见故障。

案例导入

一辆一汽大众奥迪 A6L 2016 款 30 FSI 舒适型轿车，行驶里程为 6.1 万 km。驾驶员说制动太软，将制动踏板急踩到底时才有制动效果，若遇紧急情况，要连续踩两脚制动踏板才能停住车。

相关知识

一、制动系统的功用与组成

1. 制动系统的功用

汽车制动系统的功用有以下三点：

1）按照需要使汽车减速或在最短距离内停车。
2）下坡行驶时限制车速。
3）使汽车可靠地停放在原地，保持不动。

2. 对制动系统的要求

为保证汽车能在安全的条件下发挥高速行驶的能力，制动系统必须满足下列要求：

1）具有良好的制动效能，即迅速减速直至停车的能力。
2）操纵轻便：操纵制动系统所需的力不应过大。
3）制动稳定性好：制动时，前、后车轮制动力分配合理，左、右车轮上的制动力矩基本相等，使汽车制动过程中不跑偏、不甩尾。
4）制动平顺性好：制动力矩能迅速而平稳地增加，也能迅速而彻底地解除。
5）散热性好：连续制动时，制动鼓和制动蹄上的摩擦片因高温引起的摩擦系数下降要小；水湿后恢复要快。
6）对挂车的制动系统，还要求挂车的制动作用略早于主车；挂车自行脱挂时能自动进行应急制动。

3. 制动系统的组成

制动系统是汽车上用以使外界（主要是路面）在汽车某些部分（主要是车轮）施加一定的力，从而对其进行一定程度的强制制动的一系列专门装置。为实现汽车制动系统的作用，现代汽车上一般都包括两套独立的制动系统：行车制动系统和驻车制动系统。每套制动系统都包括制动器和制动传动机构。

（1）行车制动系统 用于使行驶中的车辆减速或停车，制动器安装在全部的车轮上，通常由驾驶员用脚操纵。包括制动器（左右前轮制动器、后轮制动器）、真空助力器、制动管路、制动主缸（又称制动总泵）、制动轮缸（又称制动分泵）、制动液储液罐和制动踏板等。

（2）驻车制动系统 用于停驶的汽车驻留原地，通常由驾驶员用手操纵。包括驻车操纵机构总成、制动拉索、驻车制动器等。

图 5-1 制动系统的基本组成

制动系统的基本组成如图 5-1 所示。

二、制动系统的类型与工作原理

1. 制动系统的类型

（1）按功能的不同分类 汽车制动系统可以分为行车制动系统、驻车制动系统、应急制动系统、安全制动系统和辅助制动系统。

（2）按照制动能源分类 汽车制动系统可以分为人力制动系统、动力制动系统和伺服制动系统。

1）人力制动系统是以驾驶员的肌体作为唯一制动能源的制动系统。

2）动力制动系统是完全靠由发动机的动力转化而成的气压或液压形式的势能进行制动的制动系统。

3）伺服制动系统是兼用人力和发动机动力进行制动的制动系统。

（3）按制动能量的传输方式分类 制动系统可分为机械式、液压式、气压式、电磁式等。同时采用两种以上传能方式的制动系统称为组合式制动系统。

2. 制动系统的工作原理

制动系统的一般工作原理是，利用与车身（或车架）相连的非旋转元件和与车轮（或传动轴）相连的旋转元件之间的相互摩擦来阻止车轮的转动或转动的趋势。

行车制动系统由车轮制动器和液压传动机构两部分组成，如图5-2所示。车轮制动器的旋转部分是制动鼓，它固定在轮毂上，与车轮一起旋转。固定部分是制动蹄和制动底板等。制动蹄上铆有摩擦片，其下端套在支撑销上，上端用复位弹簧拉紧，压靠在轮缸内的活塞上。支撑销和轮缸都固定在制动底板上，制动底板用螺钉与转向节凸缘（前桥）或桥壳凸缘（后桥）固定在一起。制动蹄靠液压轮缸使其张开。

（1）不制动时 制动鼓的内圆柱面与摩擦片之间保留一定间隙，制动鼓可以随车轮一起旋转。

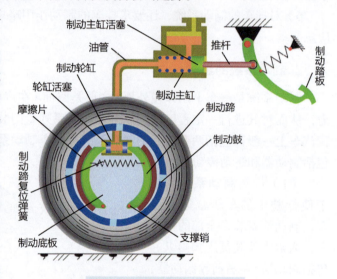

图5-2 制动系统的工作原理

（2）制动时 驾驶员踩下制动踏板，推杆便推动制动主缸内的活塞左移，迫使制动液经管路进入轮缸，推动轮缸的活塞向外移动，使制动蹄克服复位弹簧的拉力绕支撑销转动而张开，消除制动蹄与制动鼓之间的间隙后压紧在制动鼓上。此时，不旋转的制动蹄摩擦片对旋转的制动鼓产生摩擦力矩，其方向与车轮的旋转方向相反。制动鼓将此力矩传到车轮后，由于车轮与路面的附着作用，车轮即对路面作用一个向前的圆周力，与此相反，路面会给车轮向后的反作用力，这个力就是车轮受到的制动力。各车轮制动力的总和就是汽车受到的总的制动力。

（3）放松制动踏板 在复位弹簧的作用下，制动蹄与制动鼓的间隙又得以恢复，从而解除制动。

三、盘式制动器

盘式制动器根据其固定元件的结构形式可分为钳盘式制动器和全盘式制动器。全盘式制

动器由于制动钳的横向尺寸较大,主要应用在重型车上。钳盘式制动器广泛应用在轿车或轻型货车上,适于对制动性能要求较高的前轮制动器。近年来,前、后轮都采用盘式制动器的结构日渐增多。图5-3所示为盘式制动器的结构图,图5-4为盘式制动器的零件分解图。

盘式制动器

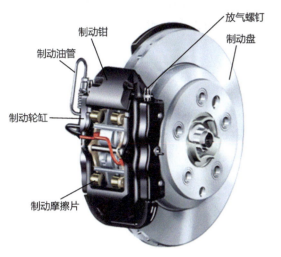

图5-3 盘式制动器的结构图   图5-4 盘式制动器的零件分解图

钳盘式制动器的固定元件为制动钳,按制动钳固定在支架上的结构形式,钳盘式制动器可分为定钳盘式和浮钳盘式。

1.定钳盘式制动器

(1)定钳盘式制动器的结构与工作原理　定钳盘式制动器主要由制动钳、活塞(在轮缸内)、制动摩擦片(制动块)、制动盘等组成,其结构与工作原理如图5-5所示。制动盘是旋转元件,它和车轮固装在一起旋转,以其端面为摩擦工作表面。跨置在制动盘上的制动钳体固定安装在车桥上,它不能旋转也不能沿制动盘轴线方向移动,其内部的两个活塞分别位于制动盘的两侧。制动时,制动液由制动主缸经进油管进入钳体中两个相通的液压腔中,将两侧的制动摩擦片(摩擦块、摩擦衬块)压向与车轮固定连接的制动盘,从而实现制动。

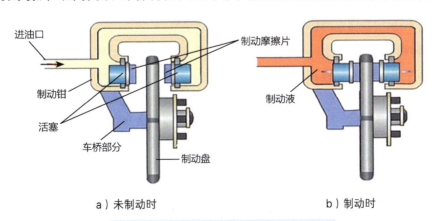

图5-5 定钳盘式制动器的结构与工作原理

（2）定钳盘式制动器的缺点

1）液压缸较多，使制动钳结构复杂。

2）液压缸分置于制动盘两侧，必须用跨越制动盘的钳内油道或外部油管来连通，这使得制动钳的尺寸过大，难以安装在现代化轿车的轮辋内。

3）热负荷大时，液压缸和跨越制动盘的油管或油道中的制动液容易受热汽化。

4）若要兼用于驻车制动，则必须加装一个机械促动的驻车制动钳。

2. 浮钳盘式制动器

（1）浮钳盘式制动器的结构与工作原理　浮钳盘式制动器主要由制动钳、活塞（在轮缸内）、制动摩擦片（制动块）、制动盘等组成，其结构与工作情况如图5-6所示。制动钳通过导向销与车桥相连，可以相对于制动盘轴向移动。制动钳体只在制动盘的内侧设置液压缸，而外侧的制动摩擦片（摩擦块）则附

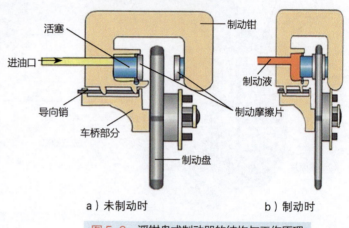

图5-6　浮钳盘式制动器的结构与工作原理

装在钳体上。制动时，制动液通过进油管进入制动轮缸，推动活塞及其上的制动摩擦片向右移动，并压到制动盘上，随后制动钳在制动液反作用力作用下，使得液压缸连同制动钳整体沿导向销向左移动，直到制动盘右侧的摩擦片也压到制动盘上，左右制动摩擦片共同夹紧制动盘并使其制动。

小提示：浮钳盘式制动器的制动钳可以相对于制动盘进行轴向移动，而定钳盘式制动器的制动钳是固定不动的。

（2）浮钳盘式制动器的特点　与定钳盘式制动器相反，浮钳盘式制动器轴向和径向尺寸较小，而且制动液受热汽化的机会较少。此外，浮钳盘式制动器在兼充行车和驻车制动器的情况下，只需在行车制动钳液压缸附近加装一些用以推动液压缸活塞的驻车制动机械传动零件即可，故浮钳盘式制动器逐渐取代了定钳盘式制动器。

3. 盘式制动器的特点

盘式制动器与鼓式制动器相比，有以下优点：

1）一般无摩擦助势作用，因而制动器效能受摩擦系数的影响较小，即效能较稳定。

2）浸水后效能降低较少，而且只需经一两次制动即可恢复正常。

3）在输出制动力矩相同的情况下，尺寸和质量一般较小。

4）制动盘沿厚度方向的热膨胀量极小，不会像制动鼓的热膨胀那样使制动器间隙明显增加而导致制动踏板行程过大。

5）较容易实现间隙自动调整，其他保养修理作业也较简便。

6）对于钳盘式制动器而言，因为制动盘外露，还有散热良好的优点。

盘式制动器不足之处是制动效能相对较低，故用于液压制动系统时所需制动管路内的压力要高，一般要用伺服装置助力（如真空助力器）。

小提示：盘式制动器已广泛应用于轿车，在一些轿车上用于全部车轮，还有一些轿车只用作前轮制动器，而与后轮的鼓式制动器配合，以期汽车有较高的制动时的方向稳定性。在一些货车上，盘式制动器也有采用。

4. 盘式制动器间隙调整装置

（1）盘式制动器间隙调整的意义　盘式制动器在制动过程中，制动摩擦片（制动块）与制动盘间存在着相对的运动，两者均有不同程度的磨损。当制动盘和制动摩擦片磨损后，制动器的间隙会增大，制动时活塞的行程增加，制动器开始起作用的时间滞后，制动效果下降。因此，制动器的间隙应随时调整。

（2）盘式制动器间隙自行调整基本工作原理　盘式制动器的间隙一般都是自行调整的，其基本工作原理如下：如图5-4所示，制动轮缸的内壁槽内安装有活塞油封（密封圈），其作用是防止制动液从活塞与缸体间的间隙中流出，对活塞起密封作用。制动液的压力使活塞运动，靠近活塞端的油封也随活塞一起变形，但槽内的油封不变形。当制动液压力消失后，油封在橡胶恢复力的作用下往回运动，同时带动活塞往回运动，使制动摩擦片与制动盘之间保持合适的间隙。当制动摩擦片磨损时，活塞会自动从油封上滑移相应的距离，因此制动摩擦片和制动盘之间的间隙一般为定值。

5. 制动摩擦片磨损报警装置

许多盘式制动器上装有制动摩擦片磨损报警装置，用来提醒驾驶员制动摩擦片已到磨损极限而需要更换。常见的制动摩擦片磨损报警装置有声音的、电子的和触觉的三种。

（1）制动摩擦片磨损声音报警装置　制动摩擦片磨损声音报警装置如图5-7所示，在制动摩擦片的背板上装有一小弹簧片，其端部到制动盘的距离刚好为摩擦片的磨损极限，当摩擦片磨损到极限需要更换时，弹簧片与制动盘接触发出刺耳的尖叫声，提示驾驶员需要维修制动系统。

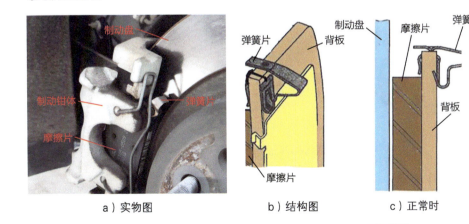

图5-7　制动摩擦片磨损声音报警装置

（2）制动摩擦片磨损电子报警装置　如图5-8所示，制动摩擦片磨损电子报警装置是在摩擦片内预埋一处电路触点，当制动摩擦片磨损到触点外露而接触制动盘时，形成电流回路，并接通仪表板上的制动摩擦片磨损警告灯，提示驾驶员制动摩擦片需要更换。

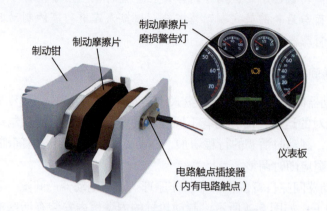

图5-8　制动摩擦片磨损电子报警装置

（3）触觉报警装置　触觉报警装置是制动盘表面有一传感器，摩擦片也有一传感器。当摩擦片磨损到两个传感器接触时，踏板产生脉动，提醒驾驶员更换摩擦片。

四、鼓式制动器

1. 鼓式制动器的结构

鼓式车轮制动器多为内张双蹄式，主要由制动鼓、制动底板、制动蹄、制动轮缸、回位（复位）弹簧以及连接部件组成，鼓式制动器的结构如图5-9所示。

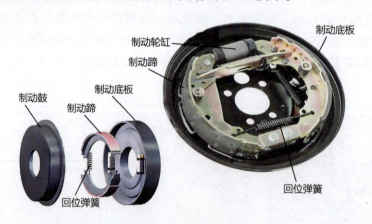

图5-9　鼓式制动器的结构

2. 鼓式制动器的工作原理

如图5-10所示，汽车前进时制动鼓的旋转方向如箭头所示。在制动过程中，两制动蹄在相等的促动力 F_s 作用下，分别绕各自的支撑销（支撑点）向外偏转紧压在制动鼓上。同时旋转的制动鼓对两蹄分别作用着法向反力 N_1 和 N_2，以及相应的切向反力 T_1 和 T_2，T_1 作用的结果使得制动蹄1在制动鼓上压得更紧，则 N_1 变得更大，这种情况称为"增势"作用，相应的制动蹄被称为"领蹄"；与此相反，T_2 作用的结果则使得制动蹄2有放松制动鼓趋势，即 N_2 和 T_2 有减小的趋势，这种情况称为"减势"作用，相应的制动蹄被称为"从蹄"。

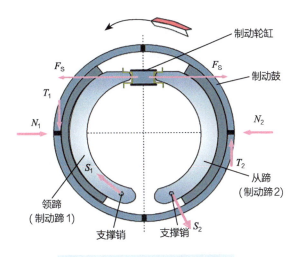

图 5-10　领从蹄式制动器示意图

通过以上分析得出这样的结论：虽然制动蹄1、2所受的促动力相等，但因为 T_1 和 T_2 的作用方向相反，使得两制动蹄所受到的法向反力 N_1 和 N_2 不相等，且 $N_1 > N_2$，相应的 $T_1 > T_2$。所以制动蹄作用到制动鼓上的法向力不相等；两制动蹄对制动鼓所施加的制动力矩也不相等。

制动蹄对制动鼓的作用力不相等，则两蹄法向力之和只能由车轮轮毂轴承的反力来平衡，这样对轮毂轴承造成了附加径向载荷，轴承的寿命缩短。为解决这个问题，出现了各种不同的鼓式制动器。

3. 鼓式制动器类型

（1）鼓式制动器按其制动蹄促动装置的形式分类　可分为轮缸式、凸轮式和楔块式，如图5-11所示。

（2）根据制动过程中两制动蹄产生制动力矩的不同分类　可分为领从蹄式、双领蹄式、双向双领蹄式、双向从蹄式、单向自增力式、双向自增力式等。

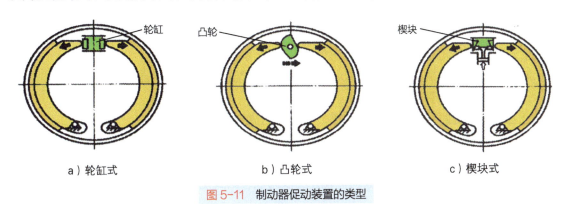

a）轮缸式　　　　b）凸轮式　　　　c）楔块式

图 5-11　制动器促动装置的类型

1）领从蹄式制动器。图 5-12 为领从蹄式制动器结构示意图，设定汽车前进时制动鼓旋转方向（这称为制动鼓正向旋转）如图中的箭头所示。

沿箭头方向看去，领蹄的支撑销在其前端，制动轮缸所施加的促动力作用于其后端，因而该制动蹄张开时的旋转方向与制动鼓的旋转方向相同，具有这种属性的制动蹄称为领蹄。与此相反，从蹄的支撑销在其后端，促动力加于其前端，其张开时的旋转方向与制动鼓的旋转方向相反，具有这种属性的制动蹄称为从蹄。

小提示：当汽车倒驶，即制动鼓反向旋转时，领蹄变成从蹄，而从蹄则变成领蹄。这种在制动鼓正向旋转和反向旋转时，都有一个领蹄和一个从蹄的制动器就称为领从蹄式制动器。

2）双领蹄式制动器。在制动鼓正向旋转时，两制动蹄均为领蹄的制动器称为双领蹄式制动器，其结构示意图如图 5-13 所示。

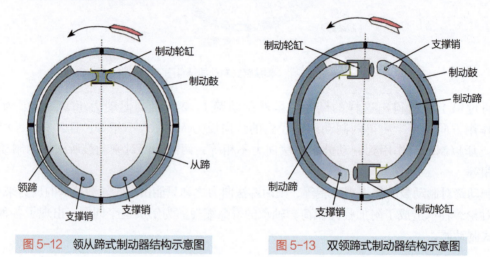

图 5-12 领从蹄式制动器结构示意图　　图 5-13 双领蹄式制动器结构示意图

小提示：双领蹄式制动器与领从蹄式制动器在结构上主要有两点不相同：

①双领蹄式制动器的两制动蹄各用一个单活塞式轮缸，而领从蹄式制动器的两蹄共用一个双活塞式轮缸。

②双领蹄式制动器的两套制动蹄、制动轮缸、支撑销在制动底板上的布置是中心对称的，而领从蹄式制动器中的制动蹄、制动轮缸、支撑销在制动底板上的布置是轴对称布置的。

3）双向双领蹄式制动器。无论是前进制动还是倒车制动，两制动蹄都是领蹄的制动器称为双向双领蹄式制动器，其结构示意图如图 5-14 所示。

与领从蹄式制动器相比，双向双领蹄式制动器在结构上有三个特点：

①采用两个双活塞式制动轮缸。

②两制动蹄的两端都采用浮式支撑，且支点的周向位置也是浮动的。

③制动底板上的所有固定元件，如制动蹄、制动轮缸、回位弹簧等都是成对的，而且既按轴对称、又按中心对称布置。

图 5-15 是一种带制动蹄间隙调整装置的双向双领蹄式制动器的结构图。

项目五 制动系统

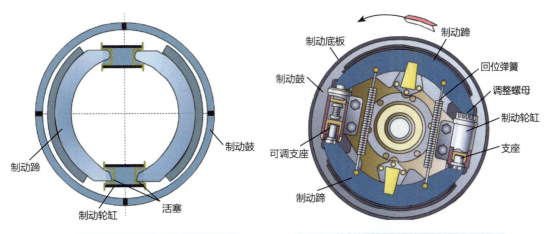

图 5-14 双向双领蹄式制动器结构示意图

图 5-15 带制动蹄间隙调整装置的双向双领蹄式制动器的结构图

当车辆在前进制动时,所有的制动轮缸活塞都在液压作用下向外移动,将两制动蹄压靠到制动鼓上。在制动鼓的摩擦力矩作用下,两蹄都绕车轮中心朝箭头所示的车轮旋转方向转动,将两轮缸活塞外端的支座推回,直到顶靠到轮缸端面为止,此时两轮缸的支座成为制动蹄的支点。

当车辆在倒车制动时,摩擦力矩的方向相反,使两制动蹄绕车轮中心逆箭头方向转过一个角度,将可调支座连同调整螺母一起推回原位,于是两个支座便成为蹄的新支撑点。这样,每个制动蹄的支点和促动力作用点的位置都与前进制动时相反,其制动效能同前进制动时完全一样。

小提示:当需要调整制动蹄与制动鼓之间的间隙时,通过调整可调支座上的调整螺母来调整制动蹄与制动鼓之间的间隙。

4)双向从蹄式制动器。前进制动时两制动蹄均为从蹄的制动器称为双从蹄式制动器,其结构示意图如图 5-16 所示。

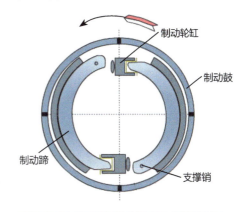

图 5-16 双向从蹄式制动器结构示意图

小提示:双向从蹄式制动器与双领蹄式制动器结构很相似,二者的差异只在于固定元件与旋转元件的相对运动方向不同。

虽然双从蹄式制动器的前进制动效能低于双领蹄式和领从蹄式制动器,但其效能对摩擦系数变化的敏感程度较小,即具有良好的制动效能稳定性。

5)单向自增力式制动器。单向自增力式制动器的结构原理如图 5-17 所示,两个制动蹄的上端被各自的回位弹簧(图中未画出)拉紧,并支靠着支撑销,下端分别浮支在浮动的顶杆的两端,并用弹簧拉紧。

小提示:在制动鼓尺寸和摩擦系数相同的条件下,单向自增力式制动器的前进制动效能不仅高于领从蹄式制动器，而且高于双领蹄式制动器。倒车时整个制动器的制动效能比双从蹄式制动器的效能还低。

6）双向自增力式制动器。双向自增力式制动器的结构如图5-18所示。其特点是制动鼓正向和反向旋转时均能借蹄鼓间的摩擦起自增力作用。它的结构不同于单向自增力式之处主要是采用双活塞式制动轮缸，可向两蹄同时施加相等的促动力。

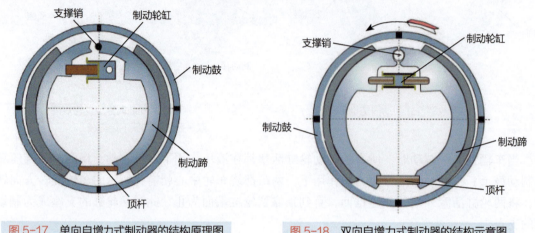

图 5-17 单向自增力式制动器的结构原理图　　图 5-18 双向自增力式制动器的结构示意图

（3）根据制动时两制动蹄对制动鼓作用的径向力是否平衡分类　可分为简单非平衡式、平衡式和自动增力式三种。

凡制动鼓所受来自二蹄的法向力不能互相平衡的制动器称为非平衡式制动器。领从蹄式制动器为非平衡式制动器。双领蹄、双向双领蹄、双从蹄式制动器的固定元件布置都是中心对称的。如果间隙调整正确，则其制动鼓所受两蹄施加的两个法向合力能互相平衡，不会对轮毂轴承造成附加径向载荷。因此，这三种制动器都属于平衡式制动器。

小提示：就制动效能而言，在基本结构参数和轮缸工作压力相同的条件下，自增力式制动器居榜首，以下依次为双向平衡式、单向平衡式、非平衡式。就制动效能的稳定性而言，自增力式车轮制动器对摩擦系数的依赖性最大，因而其制动效能的稳定性最差；非平衡式车轮制动器制动效能的稳定性居中；平衡式车轮制动器的制动效能稳定性最好。

在制动过程中，自增力式制动器制动力矩的增长在某些情况下显得过于急速。双向自增力式制动器多用于轿车后轮，原因之一是便于兼充驻车制动器。单向自增力式制动器只用于中、轻型汽车的前轮，因倒车制动时对前轮制动器效能的要求不高。双从蹄式制动器的制动效能虽然最低，但却具有最良好的效能稳定性，因而还是有少数轿车为保证制动可靠性而采用。领从蹄制动器发展较早，其效能及效能稳定性均居于中游，且有结构较简单等优点，故目前仍相当广泛地用于各种汽车。

4. 鼓式制动器的特点

（1）鼓式制动器的优点

1）鼓式制动器造价便宜，成本比较低。四轮轿车在制动过程中，由于惯性的作用，前轮的负荷通常占汽车全部负荷的 70%~80%，前轮制动力要比后轮大，后轮起辅助制动作用。部分轿车生产厂家为了节省成本，就采用前盘后鼓的制动方式。不过对于重型车来说，由于车速一般不是很高，制动蹄的耐用程度也比盘式制动器高，许多重型车至今仍使用四轮鼓式的设计。

2）便于与驻车制动组合在一起。凡是后轮为鼓式制动器的轿车，其驻车制动器也组合在后轮制动器上。

（2）鼓式制动器的缺点

1）鼓式制动器的制动效能和散热性都要差许多。鼓式制动器的制动力稳定性差，在不同路面上制动力变化很大，不易于掌控。而由于散热性能差，在制动过程中会聚集大量的热量。制动块和轮鼓在高温影响下较易发生极为复杂的变形，容易产生制动衰退和振抖现象，引起制动效率下降。

2）鼓式制动器在使用一段时间后，要定期调校制动蹄的间隙。

五、制动系统其他主要部件

1. 真空助力器

（1）真空助力器的作用　真空助力器的作用是利用发动机的真空（负压）来增加驾驶员施加于踏板上力的部件。真空助力器实物如图 5-19 所示。

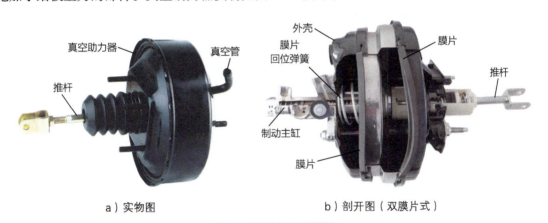

图 5-19　真空助力器

（2）真空助力器的结构与工作原理　真空助力器一般位于制动踏板与制动主缸之间，为便于安装，通常与主缸合成一个组件，主缸的一部分深入真空助力器壳体内部。真空助力器通过螺栓固定在转向盘前发动机盖下的车身上。其前部装有制动主缸，通过推杆与制动踏板连接。

如图 5-20 所示，真空助力器内的膜片将前、后壳体分成前气室和后气室。前气室通过真空单向阀连接发动机进气支管（即真空源），后气室经其上的真空阀、空气阀和大气及前气室相通。

1）未制动时，前气室和后气室相通，并与发动机进气支管真空相通，和外界大气不通，膜片在回位弹簧作用下靠向后气室的壳体。

2）制动时，踩下制动踏板，制动踏板推杆克服推杆回位弹簧力左移，真空阀与真空阀座接触而封闭前、后气室的通道，空气阀开启，后气室与大气相通。随着空气的充入，在前、后气室之间的膜片两侧出现压力差而产生推力，于是，主缸推杆在气压差、橡胶反作用盘、膜片等的共同作用下前移，产生助力作用。此时，制动主缸推杆上的作用力为踏板力和膜片气室橡胶反作用盘推力的总和，使制动主缸输出的压力成倍增长。

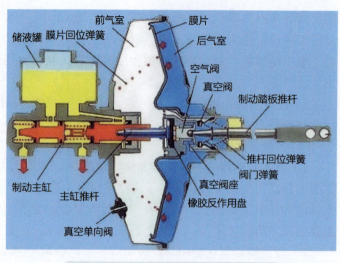

图 5-20　真空助力器的结构与工作原理

3）解除制动时，制动踏板推杆回位弹簧使推杆和空气阀向右移动，真空阀离开膜片座上的阀座而开启。前、后气室的前后两腔相通，且均为真空状态。膜片在膜片回位弹簧的作用下回位，制动主缸解除制动作用。

小提示：若真空助力器失效或真空管路无真空度时，制动踏板推杆将通过空气阀直接推动制动主缸推杆移动，使制动主缸产生制动压力，但作用在制动踏板上的力要增大。

2. 制动主缸

（1）制动主缸的作用　制动主缸的作用是将制动踏板机构输入的机械能转换成液压能，推动制动液传输至各个制动轮缸，制动各个车轮制动器。

（2）制动主缸的结构与工作原理　制动主缸实物如图 5-21 所示，它属于单向作用活塞式液压缸，为了提高汽车行驶安全性，现在汽车的行车制动系统都采用了双回路制动系统，也就是采用串列双腔制动主缸。该类制动主缸用在双回路液压制动系统中，相当于两个单腔制动主缸串联在一起而构成。

图 5-22 所示，制动主缸内有两个活塞（第一活塞和第二活塞）和两个回位弹簧，将主缸内腔分为两个工作腔（第一工作腔和第二工作腔），其中第一工作腔连接一侧的前轮制动

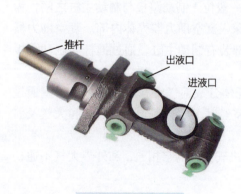

图 5-21　制动主缸

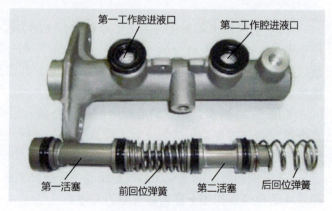

图 5-22　制动主缸分解图

轮缸和一侧的后轮制动轮缸，第二工作腔连接另一侧的前轮制动轮缸和另一侧的后轮制动轮缸。

1）制动时，驾驶员踩下制动踏板，踏板力通过传动机构传给推杆，推杆推动第一活塞向前移动，活塞的皮碗盖住工作腔内的旁通孔后，第一工作腔内制动液的压力升高。在第一工作腔制动液压力和前回位弹簧力的作用下，第二活塞向前移动，第二工作腔的制动液压力也随之升高。当继续向下踩制动踏板时，前后腔的制动液压力继续升高，制动液便从制动主缸出油口分别进入前后轮的制动轮缸，使前后制动器产生制动。

2）解除制动时，驾驶员松开制动踏板，在前后回位弹簧的作用下，制动主缸中的两个活塞回到初始位置，制动管路中的油液流回制动主缸，从而制动作用消失。

3）若第二活塞控制的制动回路发生故障时，第二活塞不产生液压力，但在第一活塞液力作用下，第二活塞被推至最前端，第一工作腔产生的液压力仍能使后轮产生制动；若第一工作腔控制的制动回路发生故障时，第一工作腔不产生液压力，但第一活塞在推杆作用下前移，并与第二活塞接触而推动第二活塞前移，第二工作腔仍能产生液压力使前轮产生制动。

小提示： 若双回路液压制动系统中任何一套管路失效，制动主缸仍能工作，只是所需的制动踏板行程增大而已。

3. 制动轮缸

制动轮缸的功用是将制动主缸输入的液力转变为机械推力。制动轮缸有单活塞和双活塞两种。单活塞式制动轮缸主要用于双领蹄式和双从蹄式制动器，而双活塞式制动轮缸应用较广，既可以用于领从蹄式制动器，又可用于双向双领蹄式制动器及双向自增力式制动器。

双活塞式制动轮缸如图5-23所示，主要由放气螺钉、进液口、防尘罩、顶块等组成。

图5-23 双活塞式制动轮缸

双活塞式制动轮缸的缸体用螺栓固定在制动底板上，缸内有两活塞、两皮碗，弹簧使皮碗、活塞、制动蹄紧密接触，并保持两活塞之间的进油间隙。两活塞之间的内腔由两个皮碗密封。制动时，制动液进入两活塞间油腔，活塞在液压力的作用下外移，通过顶块推动制动蹄张开，实现车轮的制动。

轮缸缸体上有放气螺钉，用以排除制动管路中混入的空气，以保证制动灵敏可靠。

六、驻车制动系统

1. 驻车制动系统的功用

驻车制动系统主要部件就是驻车制动器，俗称手刹，功用是在车辆停稳后用于稳定车辆，避免车辆在斜坡路面停车时由于溜车造成事故。常见的驻车制动杆一般置于驾驶员右手下垂位置，便于使用。部分自动档车型在驾驶员左脚外侧设计了功能与"手刹"相同的"脚刹"，目前一些车型加装了电子驻车制动系统。

2. 驻车制动系统的分类

（1）驻车制动器按其安装位置分类　可分为中央制动式和车轮制动式两种。中央制动式通常安装在变速器的后面，其制动力矩作用在传动轴上；车轮制动式通常与后车轮制动器共用一个制动器总成，只是传动机构是相互独立的。

（2）驻车制动器按其结构形式分类　可分为鼓式、盘式、带式、弹簧作用式和电子式等，目前电子式驻车制动器应用越来越广泛。

3. 驻车制动系统的组成

（1）中央制动式驻车制动器　中央制动式驻车制动器包括驻车制动器和驻车驱动机构两部分。图5-24所示为中央制动式驻车制动器的组成，结构上为鼓式，主要由驻车制动杆、齿扇、锁止棘爪、制动蹄、凸轮轴等组成。这种驻车制动器是独立的机构，一般布置在变速器之后，万向传动装置之前。

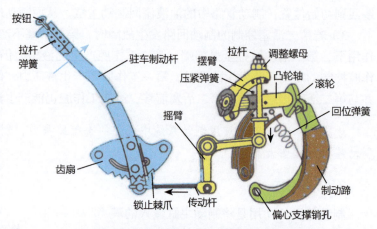

图5-24　中央制动式驻车制动器的组成

进行驻车制动时，将驻车制动杆上端向后拉动，则杆的下端向前摆动，传动杆带动摇臂顺时针转动，拉杆则带动摆臂顺时针转动，凸轮轴亦顺时针转动，凸轮则使两制动蹄以偏心支撑销为支点向外张开，压靠到制动鼓上，产生制动作用。当驻车制动杆拉到制动位置时，锁止棘爪嵌入齿扇上的棘齿内，起锁止作用。

解除制动时，按下驻车制动杆上的按钮使棘爪脱离棘齿，向前推动操纵杆，则传动杆、拉杆、凸轮轴按逆时方向转动，制动蹄在回位弹簧的作用下复位，制动蹄与制动鼓间恢复制动间隙，制动解除。

（2）车轮制动式驻车制动器　车轮制动式驻车制动器一般与行车制动器共用，是在后轮制动器上增加一套机械操纵机构，用驻车制动杆（也称驻车制动手柄）控制，主要由驻车制动杆、驻车拉索、制动器等组成，如图5-25所示。

（3）电子式驻车制动器　电子驻车制动器与传统驻车制动器相比，操作更为简单

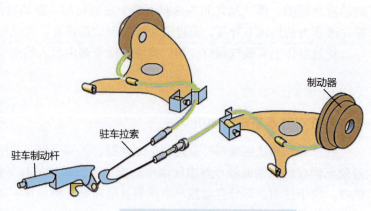

图5-25　车轮制动式驻车制动器

而且省力。电子驻车制动器使用小巧的按钮取代了传统的驻车制动杆,让车内空间得到更好的利用。电子驻车制动器配合相关的电控单元及机构,可以在适当的时候使车辆制动和驻车。

图 5-26 所示为大众迈腾轿车的盘式(卡钳式)电子驻车制动系统的组成,驱动部件结构如图 5-27 所示,它由电动机、传动带、减速齿轮机构、心轴螺杆以及制动活塞组成。整个电子驻车制动系统的执行部件均位于后轮盘式制动器的钳体上,信号通过导线传导。

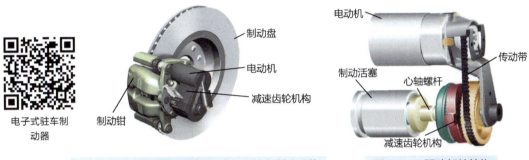

图 5-26 大众迈腾轿车的盘式电子驻车制动系统　　图 5-27 驱动部件结构

当驾驶员上拉电子驻车制动系统按钮时,电子驻车制动系统电控单元(控制模块)接收来自按钮的信号。如果当前车辆的行驶状态符合电控单元中预设的条件(如当车速小于 7km/h 时),电控单元会向执行机构的电动机施加 12V 电压让其转动。电动机的转矩通过减速机构传递到心轴螺杆,心轴螺杆通过螺栓螺母机构推动制动活塞轴向运动实现对后轮的制动。车辆在结束驻车时,驾驶员通过踩加速踏板或踩制动踏板(使制动力达 1000kPa),可实现自动释放驻车制动器。

当车速大于 7km/h 时,驾驶员拉住电子驻车制动器按钮,会启动动态紧急制动功能,当行车制动器工作正常时,会通过 ESP(电子控制车辆稳定行驶系统)控制行车制动器对四个车轮的制动。

小提示:在正常情况下,电子驻车制动器的操作范围比传统驻车制动器要窄,只能用于车辆低速时制动及作为驻车制动器使用。

相关技能

一、盘式制动器的拆装与检查

下面以丰田卡罗拉轿车前轮盘式制动器为例,介绍盘式制动器的拆装与检查方法。

卡罗拉轿车前轮盘式制动器的结构如图 5-28 和图 5-29 所示。

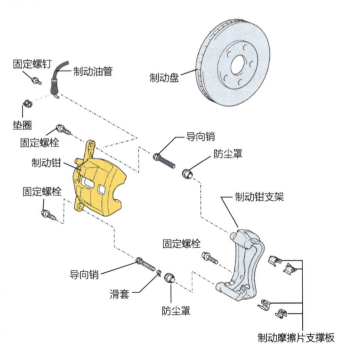

图 5-28 前轮盘式制动器结构(1)

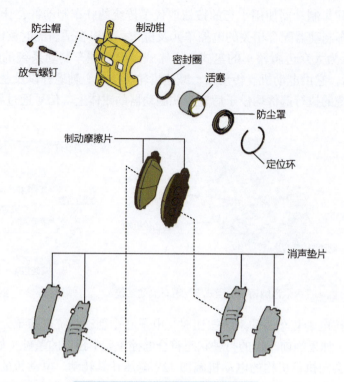

图 5-29 前轮盘式制动器结构 (2)

1. 前轮盘式制动器的拆卸

1）拆卸前轮。排净制动液。拆下固定螺栓和垫圈,并从制动钳上拆下制动油管。

2）如图 5-30 所示,用扳手固定住制动器的导向销,拆下两个固定螺栓和制动钳。

3）从制动钳支架上拆下两个制动摩擦片。从各制动摩擦片上拆下四个消声垫片。

4）从制动钳支架上拆下上下各两个盘式制动摩擦片支撑板。

小提示：各制动摩擦片支撑板的形状均不相同,确保在各制动摩擦片支撑板上做好识别标记,以便将其安装至各自的原位。

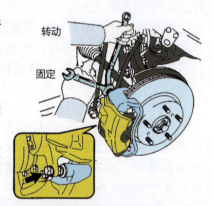

图 5-30 拆卸制动钳

5）从制动钳支架上拆下制动器导向销。

6）从制动钳支架上拆卸下面的导向销。用旋具从导向销上拆下滑套和防尘罩。

小提示：在使用旋具之前,在旋具头部缠上胶带。

7）拆卸制动钳支架。

8）拆卸制动盘。

小提示：在制动盘和车桥轮毂上做好装配标记，如图 5-31 所示。

2. 盘式制动器的检查

1）如图 5-32 所示，检查钳体是否变形或有裂纹，轮缸缸孔是否有不均匀磨损，防尘罩是否损坏或变质，活塞是否在不均匀磨损中损坏，如果有缺陷应更换。

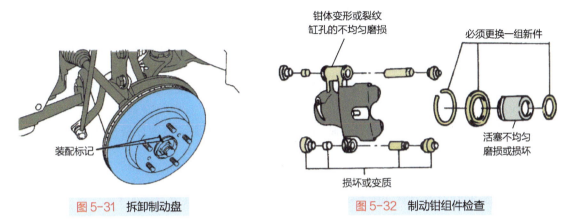

图 5-31　拆卸制动盘　　　　　图 5-32　制动钳组件检查

2）用游标卡尺检查制动块摩擦片（图 5-33）和制动盘的厚度（图 5-34），应不小于使用极限值，否则，应更换。

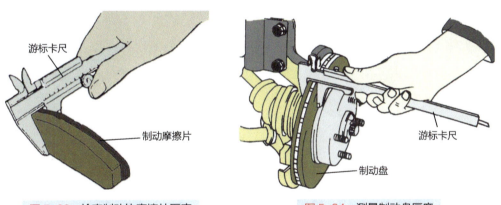

图 5-33　检查制动块摩擦片厚度　　　　　图 5-34　测量制动盘厚度

3. 前盘式制动盘的安装

1）安装前制动盘。对准制动盘和车桥轮毂的装配标记，安装制动盘。
2）安装制动钳支架。用两个固定螺栓将前制动钳支架安装至转向节。
3）安装防尘罩。在两个新的防尘罩上涂抹润滑脂，将其安装至制动钳支架。
4）安装制动缸滑套。在新的滑套上涂抹润滑脂，将其安装至导向销。
5）安装导向销。在导向销上涂润滑脂，将导向销安装至制动钳支架。
6）安装制动摩擦片支撑板。将四个制动摩擦片支撑板安装至制动钳支架。

小提示：确保每个制动摩擦片支撑板都安装至正确的位置和方向。

7）安装四个消声垫片。在两个与制动摩擦片直接接触的消声垫片两侧涂抹润滑脂。

小提示：
◆ 更换磨损的制动摩擦片时必须一同更换消声垫片。
◆ 确保润滑脂没有涂到制动摩擦片表面上。

8）安装制动摩擦片。将两个盘式制动摩擦片安装至制动钳支架。

小提示： 制动器摩擦片或制动盘的摩擦面上应无油污或润滑脂。

9）安装制动钳。固定前盘式制动器导向销，并用两个螺栓将制动钳安装至制动钳支架（螺栓拧紧力矩为34N·m）。

10）连接制动油管。用固定螺栓和新垫圈将制动油管连接至制动钳（螺栓拧紧力矩为29N·m）。

11）对制动管路进行放气。检查制动液是否泄漏。检查制动液液位是否符合标准。

二、鼓式制动器的拆装与检查

后轮鼓式制动器的分解如图5-35所示，其拆装及检查的具体方法如下。

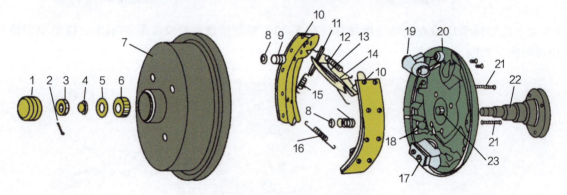

图5-35 后轮鼓式制动器分解图

1—轮毂盖 2—开口销 3—开槽垫圈 4—调整螺母 5—止推垫圈 6—轴承 7—制动鼓
8—压力弹簧座圈 9—压力弹簧 10—制动蹄 11—楔形块 12—上回位弹簧 13—回位弹簧 14—压力杆
15—用于楔形块的拉力弹簧 16—下回位弹簧 17—固定板 18—螺栓 19—后制动轮缸
20—制动底板 21—定位销 22—后桥车轮支撑短轴 23—观察孔橡胶塞

1. 鼓式制动器的拆卸

1）用千斤顶将车支起，并定位好。拧松车轮螺栓螺母（力矩为110N·m），取下车轮。用工具卸下轮毂盖，取下开口销和开槽垫圈，旋下调整螺母，取出止推垫圈。

2）如图5-36所示，用螺栓旋具通过制动鼓螺孔向上拨动楔形块，增大制动蹄与制动鼓的间隙，使制动蹄与制动鼓放松，取下制动鼓。

3）用鲤鱼钳拆下压力弹簧座圈。用手从下面的支架上提起制动蹄，取出下回位弹簧。用钳子拆下制动杆上的手制动拉索。用鲤鱼钳取下楔形块的拉力弹簧和上回位弹簧。

4）卸下制动蹄。

5）把带压力杆的制动蹄卡紧在台虎钳上，拆下制动蹄回位弹簧，取下制动蹄，如图5-37

所示。

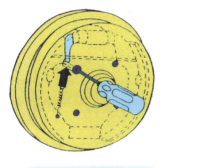

图 5-36　拨动楔形块

图 5-37　拆下制动蹄回位弹簧

2. 鼓式制动器的检查

鼓式制动器的检查内容如图 5-38 所示。

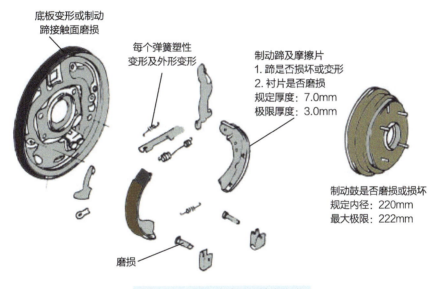

图 5-38　鼓式制动器的检查内容

1）检查制动底板。检查制动底板是否变形，或制动蹄接触面磨损、机械损伤等缺陷。若有不良情况，应更换或修复制动底板。

2）检查各制动蹄回位弹簧。检查制动蹄回位弹簧是否有塑性变形、弹力下降或外形变形等损伤。若有不良情况，应更换回位弹簧。

3）检查制动蹄摩擦片。检查制动蹄摩擦片表面有无龟裂、严重磨损，制动蹄变形或裂纹等缺陷。若有，应更换制动蹄摩擦片总成。

若制动蹄摩擦片的厚度小于使用极限值时，应予更换。

4）检查制动鼓。清洁制动鼓表面，检查是否有裂纹，制动鼓摩擦表面是否擦伤或有深槽痕。如图 5-39 所示，通过测量制动鼓内径，检查其制动表面是否磨损。若有裂纹或严重磨损，应更换。

3. 鼓式制动器的安装

1）装上回位弹簧，并将制动蹄装在压力杆上，如图5-40所示。

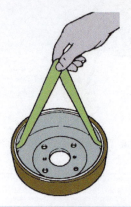

图 5-39 测量制动鼓内径

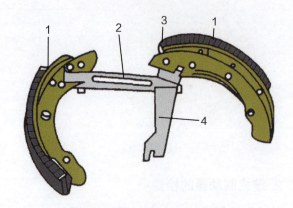

图 5-40 将制动蹄装在压力杆上

1—制动蹄　2—压力杆　3—销轴　4—制动杆

2）装上楔形块，凸边朝向制动底板。

3）将另一带有传动臂的制动蹄装在压力杆上。

4）装入上回位弹簧，在传动臂上装上驻车制动拉索。

5）将制动蹄装上制动底板，靠在制动轮缸外槽上。

6）装入各种弹簧，包括回位弹簧，并把制动蹄提起，装到下面的支架上；装楔形块拉力弹簧；装压力弹簧和弹簧座圈。

7）装入制动鼓及后轮轴承和螺母，调整后轮轴承预紧度。

8）用力踩一下制动踏板，使制动蹄正确就位，摩擦片与制动鼓的间隙得到自动调整。

三、真空助力器工作情况的检查

小提示：检查时，应确保液压管路内无空气。

1. 检查气密性（图5-41）

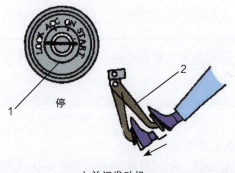

a) 关闭发动机

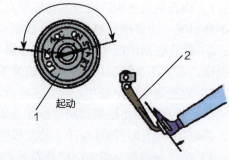

b) 起动发动机

图 5-41 真空助力器气密性检查

1—点火开关　2—制动踏板

1）起动发动机。

2）发动机运行1~2min后，关闭发动机。

3）用相同的一般制动力踩制动踏板几次，并观察踏板行程。如果第一次踏板下沉很深，第二次和第三次踩下踏板时，其行程减小，表示气密形成。

4）如果踏板行程不变，表明气密并未形成。

2. 检查工作情况

1）发动机停止运转后，用相同的力，踩制动踏板几次，确认踏板行程未改变。

2）起动发动机的同时，踩制动踏板（图5-41）。如果踏板行程有少许增大，则表明操作良好。若踏板行程无变化，则表明有故障。

3. 负荷条件下气密性检查

1）在发动机运转的同时踩制动踏板，然后让发动机停止运转而制动踏板仍保持踩下状态。

2）让制动踏板保持踩下状态30s，如果踏板高度不发生变化，则表明条件良好。若踏板升高，则表明有问题。

四、制动主缸与制动轮缸的检查

1. 制动主缸的检查

制动主缸结构如图5-42所示。

1）检查制动主缸壳体。检查制动主缸壳体是否磨蚀、擦伤或有裂纹等缺陷。若有不良情况，更换制动主缸。

2）检查制动主缸进、出液管组件。检查进液管接头是否老化、开裂或漏油，O形密封圈是否密封可靠，出液橡胶阀是否失效，弹簧是否变软。若有不良情况，应予更换。

3）检查制动主缸活塞。检查制动主缸活塞是否严重磨损，回位弹簧弹力是否下降，活塞皮碗是否有老化失效、破裂等缺陷。若有不良情况，应更换。

2. 制动轮缸的检查

制动轮缸的结构如图5-43所示。

1）检查制动轮缸壳体。检查制动轮缸壳体和缸孔是否腐蚀、擦伤或有裂纹等缺陷。若有不良情况，应予以更换。

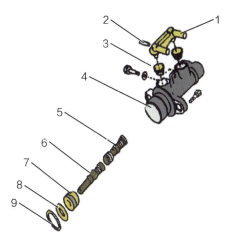

图5-42 制动主缸结构

1—进液接头 2—卡销 3—密封圈 4—主缸缸体
5—第二活塞 6—第一活塞 7—导套
8—挡圈 9—O形密封圈

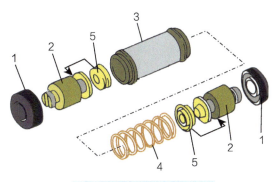

图5-43 制动轮缸的结构

1—防尘罩 2—活塞 3—制动轮缸壳体
4—回位弹簧 5—皮碗

2）检查皮碗及防尘罩。检查皮碗及防尘罩有无破损、老化变形、严重磨损等缺陷。若有不良情况，应予更换，若制动轮缸漏液，也应更换皮碗。

3）检查活塞回位弹簧。检查活塞回位弹簧是否有弹力下降、变形、折断等缺陷。若有，应更换。

五、制动液液位的检查

如图 5-44 所示，检查制动液液位。制动液液位应在储液罐标注的最低与最高液位线之间。在车辆使用过程中，当制动液液位警告灯点亮时，应及时添加制动液至最高液位线。

小提示： 当制动液快速减少时，应检查制动系统是否有泄漏。

六、制动踏板行程的检查与调整

1. 制动踏板自由行程的调整

1）如图 5-45 所示，制动踏板自由行程为 1~8mm。

2）如果踏板自由行程不符合此规定值，应检查踏板臂轴螺栓和制动主缸的安装是否松动，或部件是否过度磨损。

3）若有不良情况，应予紧固或更换，同时还应检查踏板回位弹簧和制动灯开关总成是否装配正确，必要时作适当调整。

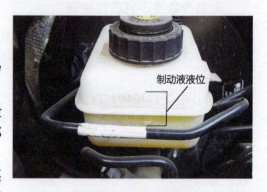

图 5-44　制动储液罐

2. 制动踏板自由高度的调整

用约 60N 的力踏住制动踏板，制动踏板到车前围板内壁的距离应在 45mm 以上，如图 5-46 所示。如果此距离小于 34mm，则应检查制动管路中是否存在空气或制动器摩擦片已严重磨损的情况。

图 5-45　制动踏板自由行程

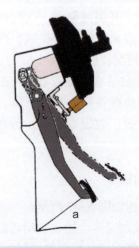

图 5-46　制动踏板自由高度

a—制动踏板到车前围板内壁的距离

如果制动踏板自由高度不符合技术要求，可进行如下调整：

1）如图 5-47 所示，检查并调整真空助力器安装表面和 U 形销孔中心之间的距离，规定长度为（115±0.5）mm，紧固螺母拧紧力矩为 25N·m。

小提示：重新安装拉杆 U 形销时，也应注意调节该距离。

2）检查制动灯开关位置，若不符合技术要求，应进行调整。

七、制动灯开关总成与踏板臂间隙的调整

制动灯开关总成与踏板臂间隙为 1.5~2.0mm，如图 5-48 所示，若此间隙不符合规定值，应进行调整。调整时，先拧松制动灯开关总成调整螺母，把间隙调整到规定值，再拧紧调整螺母。调整螺母拧紧力矩为 7.5N·m。

八、制动系统的排气

若制动系统管路进入空气，应对制动系统管路进行排气。操作过程中，需两个人进行配合工作，制动管路的排气方法如下。

1）制动管路的排气原则。制动管路的排气原则是由远及近，即排气顺序是先排距制动主缸距离最远的右后制动轮缸，再分别排左后、右前、左前制动轮缸。

2）向制动主缸的储液罐加注制动液，并保证排气过程中制动液量不得少于储液罐半满状态（"MIN"刻线以上）。

3）一人拆下放气螺钉帽，把透明导管接到制动轮缸的放气螺钉上，导液管的另一端插入容器中。

4）另一人踩几次制动踏板，使制动主缸和储液罐中的制动液部分进入制动管路，然后踩住踏板，拧松放气螺钉约 1/3~1/2 圈，如图 5-49 所示。

5）反复踩制动踏板，直到透明导管流出的制动液无任何气泡为止，然后踩住踏板，拧紧制

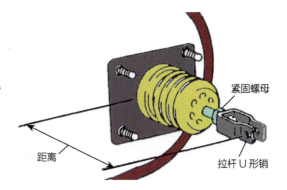

图 5-47　检查并调整真空助力器安装表面和 U 形销孔中心之间的距离

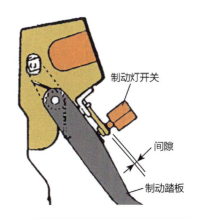

图 5-48　制动灯开关总成间隙

图 5-49　进行制动系统放气

动轮缸的放气螺钉。

小提示： 在排气过程中，要随时加注制动液，使储液罐中的制动液量保持在"MIN"刻线以上，以防止空气进入制动主缸。

6）取下制动液导管，检查有无制动液渗漏，确认管路密封良好后，装回制动轮缸放气螺钉帽。

7）向储液罐里加注制动液，并使液位达到储液罐的"MAX"刻线；但不宜超过该刻线，以免制动液溢出腐蚀车体零件。

九、驻车制动装置的检查

1. 驻车制动装置的检查

1）检查制动拉索。清洁制动拉索表面，检查拉索外层有无破裂，拉索接头是否损坏，芯线钢丝有无折断。若有缺陷，应更换拉索总成。

2）检查驻车制动装置。检查驻车制动杆锁止齿板与棘爪是否变形或损坏，锁止是否可靠，放松是否灵活。若有缺陷，应更换制动杆总成。

3）检查制动杆套。检查制动杆套是否破裂或损伤、松脱。若有不良情况，应更换制动杆套，并装配稳固可靠。

4）检查制动杆按钮。拉起制动杆时，手柄锁止应可靠；放松驻车制动杆时，按下制动杆按钮应解除锁止，制动杆回位正常。否则，应调整制动杆按钮或制动系统。

5）检查制动拉索回位弹簧。检查制动拉索回位弹簧挂钩是否正确，弹簧弹力有无下降，弹簧是否被折断或变形。若有缺陷，应予更换。

2. 驻车制动杆行程的调整

握住制动杆中央处，以约 200N 的力慢慢地向上拉起驻车制动杆直至制动器被完全制动，其行程一般为 4~7 齿。若驻车制动杆不符合规定的行程，则应调整制动拉索长度。操作方法如图 5-50 所示：将锁紧螺母拧松，拧动调整螺母，使制动拉索变长或变短，从而改变驻车制动杆的行程，直到调整到符合规定为止。

十、制动系统的故障诊断与排除

液压制动系统常见故障有液压制动系统制动失效、液压制动系统制动不灵、液压制动系统制动跑偏、液压制动系统制动拖滞、驻车制动不良等。

（1）液压制动系统制动失效故障 故障诊断与排除见表 5-1。

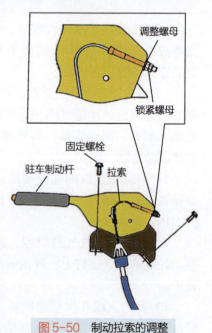

图 5-50 制动拉索的调整

表 5-1　液压制动系统制动失效的故障诊断与排除

项　目	内　容
故障现象	踩下制动踏板，车辆不减速，即使连续几脚制动也无明显减速作用
故障原因	①制动踏板至制动主缸的连接松脱 ②制动储液室无液或严重缺液 ③制动管路断裂漏油 ④制动主缸皮碗破裂
故障诊断与排除	首先踩制动踏板试验，根据踩制动踏板时的感觉，相应的检查有关部位 ①若制动踏板与制动主缸无连接感，说明制动踏板至制动主缸的连接松脱，应检查修复 ②踩下制动踏板时，若感到很轻，稍有阻力感，则应检查主缸储液室内制动液是否充足。若主缸储液室内无液或严重缺液，应添加制动液至规定位置。再次踩下制动踏板时，若仍没有阻力感，则应检查制动主缸至制动轮缸的制动软管或金属管有无断裂漏油 ③踩下制动踏板时，虽然感到有一定的阻力，但踏板位置保持不住，明显下沉，则应检查制动主缸的推杆防尘套处是否有制动液泄漏。若有制动液泄漏，说明制动主缸皮碗破裂；若车轮制动鼓边缘有大量制动液，则应检查制动轮缸皮碗是否压翻、磨损是否严重

（2）液压制动系统制动不灵故障　故障诊断与排除见表 5-2。

表 5-2　液压制动系统制动不灵的故障诊断与排除

项　目	内　容
故障现象	①汽车制动时，踩一次制动踏板不能减速或停车，连续踩几次制动踏板，效果也不好 ②汽车紧急制动时，制动距离太长
故障原因	①制动踏板自由行程太大 ②制动主缸储液室内存油不足或无油 ③制动液变质（变稀或变稠）或管路内壁积垢太厚 ④制动管路内进入空气或制动液气化产生了气阻 ⑤制动主缸、轮缸、管路或管接头漏油 ⑥制动主缸、轮缸的活塞及缸筒磨损过度 ⑦制动主缸、轮缸的皮碗老化或磨损引起密封不良 ⑧制动主缸的进液孔、储液室的通气孔堵塞 ⑨制动主缸的出液阀、回液阀不密封；活塞复位弹簧预紧力太小；活塞前端贯通小孔堵塞 ⑩制动器的制动鼓与制动蹄片间隙不当；制动鼓与制动蹄片接触面积太小；制动蹄片质量不佳或沾有油污，制动蹄片铆钉松动；制动鼓产生沟槽磨损或失圆，制动时变形 ⑪真空增压器或助力器的各真空管路接头松动、脱落，管路有破裂处；膜片破裂或者密封圈密封不良；单向阀、控制阀密封不良；辅助缸活塞、皮碗磨损过甚；单向球阀不密封
故障诊断与排除	踩动制动踏板做制动试验，根据踩制动踏板时的感觉，检查相应的部位 ①一脚踩下制动踏板，踏板到底且无反力；连续几次踩制动踏板都能踩到底，且感觉阻力很小。应检查储液室中制动液液面高度是否符合要求。若液面低于下线或"MIN"线以下，说明制动液液面太低。检查制动踏板连动机构有无松脱 ②连续几脚踩制动踏板时，踏板高度仍过低，并且在第一脚制动后，感到制动主缸活塞未回位，踩下制动踏板即有制动主缸与活塞碰击响声。应检查制动主缸的活塞回位弹簧是否过软。制动主缸的皮碗是否破裂 ③连续踩几次制动踏板时，踏板高度低而软则应检查制动主缸的进油孔或储液室的通气孔是否堵塞

（续）

项　目	内　容
故障诊断与排除	④一脚踩下制动踏板时，踏板高度过低；连续几脚踩下制动踏板时，踏板高度稍有增高，并有弹性感。应检查系统内是否存有气体 ⑤一脚踩下制动踏板时，踏板高度较低；连续几脚踩下制动踏板时，踏板高度随之增高且制动效能好转。应检查制动踏板的自由行程及制动器的间隙 ⑥维持制动踏板高度时，若缓慢或迅速下降，则应检查制动管路是否破裂、管接头是否密封不良。制动主缸、制动轮缸皮碗或皮圈密封是否良好 ⑦安装真空增压器或助力器的车辆，踩下制动踏板时，若踏板高度适当但太硬，且制动不灵，则应检查增压器或助力器的工作情况。检查制动系统油管是否有老化、凹瘪、制动液黏度太大 ⑧踩制动踏板时，若踏板有向上反弹、顶脚的感觉，且制动力不足，则应检查增压器的辅助缸活塞磨损是否过度。辅助缸活塞、皮碗是否密封不良。辅助缸单向球阀是否密封不良 ⑨路试车辆时，观察各车轮的制动情况。若个别车轮制动不良，则应检查该车轮的制动软管是否老化；摩擦片与制动鼓间的间隙是否不当；摩擦片是否有硬化、油污、钉外露现象；制动鼓内臂是否磨损成沟槽；摩擦片与制动鼓的接触面积是否过小

（3）液压制动系统制动跑偏故障　故障诊断与排除见表5-3。

表5-3　液压制动系统制动跑偏的故障诊断与排除

项　目	内　容
故障现象	①汽车行驶制动时，行驶方向发生偏斜 ②紧急制动时，方向急转或车辆甩尾
故障原因	①左右车轮轮胎气压、花纹或磨损程度不一致 ②左右车轮轮毂轴承松紧不一、个别轴承破损 ③左右车轮的制动蹄摩擦衬片材料不一或新旧程度不一 ④左右车轮制动蹄摩擦片与制动鼓的接触面积、位置不一样或制动间隙不等 ⑤左右车轮轮缸的技术状况不一，造成起作用时间或张力大小不相等 ⑥左右车轮制动鼓的厚度、直径、工作中的变形程度和工作面的粗糙度不一 ⑦单边制动管路凹瘪、阻塞或漏油；单边制动管路或轮缸内有气阻 ⑧单边制动蹄与支撑销配合过紧或锈蚀 ⑨一侧悬架弹簧折断或弹力过低 ⑩一侧减振器漏油或失效 ⑪前轮定位失准 ⑫转向传动机构松旷 ⑬车架、车桥在水平平面内弯曲、车架两边的轴距不等 ⑭感载比例阀故障
故障诊断与排除	①若车辆正常行驶时亦有跑偏现象，则首先做以下外观检查：检查左右车轮轮胎气压、花纹和磨损程度是否一致；检查各减振器是否漏油或失效；检查悬架弹簧是否折断或弹力是否一致 ②支起车轮，用手转动和轴向推拉车轮轮胎。若一侧车轮有松旷或过紧感觉，应重新调整轴承的预紧度；若转动车轮有发卡或异响，应检查该轮毂轴承是否破损或毁坏 ③对汽车进行路试。制动后，若汽车向一侧跑偏，则为另一侧的车轮制动不良。首先对该车轮制动器进行放气，若无制动液喷出，说明该轮制动管路堵塞，应予以更换。若放出的制动液中有空气，说明该轮制动管路中混入空气，应予以排放。观察该轮制动器间隙，若制动器间隙过大，说明制动蹄摩擦片磨损严重或制动自调装置失效，应更换

项 目	内 容
故障诊断与排除	若上述检查正常，应拆检该轮制动器。检查制动盘或制动鼓是否磨损过甚或有沟槽。若磨损过甚，应更换；若有严重沟槽，应车削或镗削。检查制动蹄摩擦片（摩擦衬块）是否有油污或水湿及磨损过甚。若摩擦片（衬片）有油污或水湿，应查明原因并清理；若摩擦片磨损过甚，应更换。检查制动轮缸或制动钳活塞，若有漏油或发卡现象，应更换 ④若制动时，出现忽左忽右跑偏现象，则应检查前轮定位是否符合要求，若前轮定位不正确，应调整。检查转向传动机构是否松旷，若松旷，应紧固、调整或更换 ⑤若在制动时，车辆出现甩尾现象，应检查感载比例阀是否有故障

（4）液压制动系统制动拖滞故障 故障诊断与排除见表5-4。

表5-4 液压制动系统制动拖滞的故障诊断与排除

项 目	内 容
故障现象	抬起制动踏板后，全部或个别车轮的制动作用不能立即完全解除，以致影响了车辆重新起步、加速行驶或滑行
故障原因	①制动踏板无自由行程，制动踏板拉杆系统不能回位 ②制动主缸回位弹簧折断或失效 ③制动主缸回油孔被污物堵塞，密封圈发胀或发黏与泵体卡死 ④通往制动轮缸的油管凹瘪或堵塞 ⑤制动盘轴向圆跳动过大 ⑥前制动器密封圈损坏，造成活塞不能正常复位 ⑦前、后制动器制动轮缸密封圈发胀或发黏与泵体卡死 ⑧鼓式制动器制动蹄回位弹簧折断或过软 ⑨鼓式制动器制动蹄摩擦片破裂或铆钉松动 ⑩鼓式制动器制动鼓严重失圆
障诊断与排除	①将汽车支起，在未踩制动踏板的情况下，用手转动车轮。若某一车轮转不动，说明该轮制动器拖滞；若全部车轮转不动，说明全部车轮制动器拖滞 ②若为个别车轮制动器拖滞，首先旋松该轮制动轮缸的放气螺钉，若制动液急速喷出，随即车轮能旋转自如，说明该轮制动管路堵塞，轮缸未能回油，应更换。若车轮仍转不动，则拆下车轮，解体检查制动器 对于盘式制动器：检查制动盘的轴向圆跳动，若误差过大，应磨削或更换；拆检制动轮缸，若轮缸活塞发卡或密封圈损坏，应更换 对于鼓式制动器：检查制动蹄摩擦片状况，若摩擦片破裂或铆钉松动，应更换摩擦片；检查制动器间隙自调装置，若有损坏，应更换；检查制动鼓状况，若制动鼓圆度误差过大，应镗削或更换；检查制动蹄回位弹簧，若有折断或弹力减弱，应更换；检查制动轮缸，若轮缸活塞发卡或密封圈损坏，应更换 ③若全部车轮制动器拖滞，则首先检查制动踏板自由行程是否符合要求，若自由行程过小，应调整；其次检查制动踏板的回位情况，用力将制动踏板踩到底并迅速抬起，若踏板回位缓慢，说明制动踏板回位弹簧失效或踏板轴发卡，应更换或修复。检查制动主缸的工作情况。打开制动液储液室盖，由一人连续踩制动踏板，另一人观察制动主缸的回油情况。若不回油，说明制动主缸回油孔堵塞，应清洗、疏通；若回油缓慢，说明制动液过脏或变质，应更换

（5）驻车制动不良故障　故障诊断与排除见表5-5。

表5-5　驻车制动不良的故障诊断与排除

项　目	内　容
故障现象	①拉紧驻车制动器，汽车很容易起步 ②在坡道上停车时，拉紧驻车制动器，汽车不能停止而发生溜车现象
故障原因	①驻车操纵杆的自由行程过大 ②驻车操纵杆系或绳索断裂或松脱、发卡等 ③驻车制动器间隙过大 ④驻车制动器摩擦片磨损过甚或有油污 ⑤驻车制动鼓磨损过甚、失圆或有沟槽 ⑥驻车制动蹄运动发卡 ⑦驻车制动蹄摩擦片与制动鼓的接触面积太小
故障诊断与排除	①将汽车停放在平坦的地面上，拉紧驻车制动器操纵杆，挂入低速档起步，若汽车很容易起步而发动机不熄火，说明驻车制动不良 ②从驻车制动器操纵杆放松位置往上拉，直至拉不动为止。检查操纵杆的行程，若行程过大，说明操纵杆的自由行程过大，应调整。检查拉动操纵杆的阻力，若感觉没有阻力或阻力很小，说明操纵杆或绳索断裂或松脱，应更换或修复；若感觉很沉，说明操纵杆或绳索及制动器发卡，应拆检修复 ③从检视孔检查中央驻车制动器（东风EQ1092、解放CA1092汽车）或后轮制动器（奥迪、桑塔纳等轿车）的间隙是否符合要求，若制动器间隙过大，应调整 ④若上述检查均正常，应拆检驻车制动器。检查制动蹄摩擦片是否磨损过甚或有无油污；检查制动鼓是否磨损过甚、失圆或有沟槽；检查制动蹄运动是否发卡，若有发卡现象，应修复或润滑；检查制动蹄摩擦片与制动鼓的接触面积是否符合要求，若接触面积过小，应更换或修整

维修实例

一汽大众奥迪A6L轿车制动不良，要连续踩两脚制动踏板时才能停住车

（1）故障现象　一辆一汽大众奥迪A6L 2016款30 FSI舒适型轿车，行驶里程为6.1万km。驾驶员说制动太软，将制动踏板急踩到底时才有制动效果，若遇紧急情况，要连续踩两脚制动踏板才能停住车。

（2）故障原因　制动轮缸漏气。

（3）故障诊断

1）首先检查制动液的液面，正常。检查制动管路没有漏油处。拆检四个车轮制动器，均工作正常。按由远及近的顺序对四个车轮制动轮缸进行放气，发现只有左后轮有少量气泡，其他车轮无气泡。放气后试车，制动效果明显好转。驾驶员说，制动液已使用两年多没有更换过，于是更换了制动液并排净制动系统内的空气。但车辆在使用几天后，又发生了相同的故障。

2）检查后发现还是左后轮有少量气泡。拆检四个车轮，发现制动轮缸都不漏油，于是怀疑制动主缸工作不良。于是更换制动主缸，但故障仍不能排除。

3）根据左后轮在放气时有少量气泡的现象，重点检查左后轮制动轮缸。拆开左后轮，仔

细检查发现制动轮缸靠近底板处有少许油污,被摩擦片磨下来的粉末盖住。拆下左后轮制动轮缸,拆下制动轮缸两端的防尘套,发现一侧防尘套的内部有油,另一侧则没有。说明制动轮缸密封不良。

4)分析故障的原因:由于左后轮制动轮缸密封不良,当踩制动踏板时有少量制动液漏出,放松制动踏板时,空气被吸入制动轮缸。因空气有可压缩性,造成整个制动系统的压力降低,制动不良。紧急制动时,踩第一脚制动时,左后轮制动轮缸内的空气被排出制动轮缸;连续踩第二脚制动时,空气还未来得及进入制动轮缸,因此制动效果略有好转。因为是轻微漏油,漏出的制动液储存在制动轮缸防尘套内,外表不能发现,造成类似制动主缸损坏的假象。

更换左后轮制动轮缸,试车,故障排除。

复习题

一、选择题

1. 汽车制动时,制动力的大小取决于( )。
   A. 汽车的载质量　　　B. 制动力矩
   C. 车速　　　　　　　D. 轮胎与地面的附着条件

2. 我国国家标准规定任何一辆汽车都必须具有( )。
   A. 行车制动系　　B. 驻车制动系　　C. 第二制动系　　D. 辅助制动系

3. 国际标准化组织 ISO 规定( )必须能实现渐进制动。
   A. 行车制动系统　　B. 驻车制动系统　　C. 第二制动系统　　D. 辅助制动系统

4. 汽车制动时,制动力 F_B 与车轮和地面之间的附着力 F_A 的关系为( )。
   A. $F_B < F_A$　　B. $F_B > F_A$　　C. $F_B \leqslant F_A$　　D. $F_B \geqslant F_A$

5. 汽车制动时,当车轮制动力 F_B 等于车轮与地面之间的附着力 F_A 时,则车轮( )。
   A. 做纯滚动　　B. 做纯滑移　　C. 边滚边滑　　D. 不动

6. 在汽车制动过程中,当车轮抱死滑移时,路面对车轮的侧向力( )。
   A. 大于零　　B. 小于零　　C. 等于零　　D. 不一定

7. 领从蹄式制动器一定是( )。
   A. 等促动力制动器　　B. 不等促动力制动器
   C. 非平衡式制动器　　D. 以上都不对

8. 双向双领蹄式制动器的固定元件的安装是( )。
   A. 中心对称　　B. 轴对称
   C. 既是 A 又是 B　　D. 既不是 A 也不是 B

9. 下列( )制动器是平衡式制动器。
   A. 领从蹄式　　B. 双领蹄式　　C. 双向双领蹄式　　D. 双从蹄式

10. 在结构形式、几何尺寸和摩擦副的摩擦系统一定时,制动器的制动力矩取决于( )。
    A. 促动管路内的压力　　B. 车轮与地面间的附着力
    C. 轮胎的胎压　　　　　D. 车轮与地面间的摩擦力

11. 在汽车制动过程中，如果只是前轮制动到抱死滑移而后轮还在滚动，则汽车可能（　　）。

A. 失去转向性能　　B. 甩尾　　C. 正常转向　　D. 调头

二、判断题

1. 制动力一定是外力。（　）
2. 液压制动主缸的补偿孔堵塞，会造成制动不灵。（　）
3. 等促动力的领从蹄式制动器一定是简单非平衡式制动器。（　）
4. 无论制动鼓正向还是反向旋转时，领从蹄式制动器的前蹄都是领蹄，后蹄都是从蹄。（　）
5. 简单非平衡式车轮制动器在汽车前进与后退制动时，制动力相等。（　）
6. 在动力制动系统中，驾驶员的肌体不仅作为控制能源，还作为部分制动能源。（　）
7. 只要增大制动管路内的制动压力，就可加大制动器的制动力矩，制动力就可随之增大。（　）
8. 汽车在行驶过程中，其前后轮的垂直载荷是随车速的变化而变化的。（　）
9. 汽车制动的最佳状态是出现完全抱死的滑移现象。（　）

三、简答题

1. 制动系统有何功用？
2. 制动系统由哪些零件组成？
3. 怎样正确拆装盘式制动器？
4. 盘式制动器检查的主要内容有哪些？
5. 怎样正确拆装鼓式制动器？
6. 鼓式制动器检查的主要内容有哪些？
7. 怎样检查真空助力器工作情况？
8. 怎样检查与调整制动踏板行程？
9. 如何对制动系统进行排气？
10. 怎样调整驻车制动杆行程？
11. 液压制动系统常见故障诊断与排除方法有哪些？

参 考 文 献

［1］陈家瑞. 汽车构造：下册 [M]. 4 版. 北京：人民交通出版社，2002.

［2］张明. 汽车底盘机械系统检修 [M]. 北京：人民邮电出版社，2016.

［3］张红伟. 汽车底盘构造及维修 [M]. 北京：高等教育出版社，2005.

［4］杨智勇. 汽车底盘机械系统检修 [M]. AR 版：附微课视频. 北京：人民邮电出版社，2019.

［5］林晨. 桑塔纳 2000 轿车维修手册 [M]. 北京：机械工业出版社，2002.

［6］蒋勇. 汽车结构与拆装 [M]. 上海：复旦大学出版社，2007.

［7］Wilfried Staudt. 汽车机电技术（一）学习领域 1~4[M]. 华晨宝马汽车有限公司，译. 北京：机械工业出版社，2008.

［8］贺展开. 汽车维修工实训教程（上）[M]. 北京：机械工业出版社，2005.

［9］杨智勇. 机动车机修人员从业资格考试必读 [M]. 北京：金盾出版社，2008.

［10］么居标. 汽车底盘构造与维修 [M]. 北京：机械工业出版社，2002.

［11］余云龙. 汽车拆卸与装配 [M]. 北京：机械工业出版社，2001.

［12］杨智勇. 图解汽车底盘维修 [M]. 北京：化学工业出版社，2016.

［13］于海东. 透视图解汽车构造原理与拆装 [M]. 北京：化学工业出版社，2017.

［14］李培军. 汽车底盘电控技术 [M]. 北京：人民邮电出版社，2011.

［15］张建俊. 汽车检测与故障诊断技术 [M]. 北京：机械工业出版社，2003.

［16］杨智勇. 汽车底盘维修就这么简单 [M]. 北京：机械工业出版社，2015.

读者服务

机械工业出版社立足工程科技主业，坚持传播工业技术、工匠技能和工业文化，是集专业出版、教育出版和大众出版于一体的大型综合性科技出版机构。旗下汽车分社面向汽车全产业链提供知识服务，出版服务覆盖包括工程技术人员、研究人员、管理人员等在内的汽车产业从业者，高等院校、职业院校汽车专业师生和广大汽车爱好者、消费者。

一、意见反馈

感谢您购买机械工业出版社出版的图书。我们一直致力于"以专业铸就品质，让阅读更有价值"，这离不开您的支持！如果您对本书有任何建议或意见，请您反馈给我。我社长期接收汽车技术、交通技术、汽车维修、汽车科普、汽车管理及汽车类、交通类教材方面的稿件，欢迎来电来函咨询。

咨询电话：010-88379353　　编辑信箱：cmpzhq@163.com

二、课件下载

选用本书作为教材，免费赠送电子课件等教学资源供授课教师使用，请添加客服人员微信手机号"13683016884"咨询详情；亦可在机械工业出版社教育服务网（www.cmpedu.com）注册后免费下载。

三、教师服务

机工汽车教师群为您提供教学样书申领、最新教材信息、教材特色介绍、专业教材推荐、出版合作咨询等服务，还可免费收看大咖直播课，参加有奖赠书活动，更有机会获得签名版图书、购书优惠券。

加入方式：搜索 QQ 群号码 317137009，加入机工汽车教师群 2 群。请您加入时备注院校 + 专业 + 姓名。

四、购书渠道

机工汽车小编
13683016884

我社出版的图书在京东、当当、淘宝、天猫及全国各大新华书店均有销售。

团购热线：010-88379735

零售热线：010-68326294　88379203

目 录

实训工作页 1　　底盘的认识及工具设备的使用　　　　　　　　　　003

实训工作页 2　　离合器的检修　　　　　　　　　　　　　　　　　005

实训工作页 3　　手动变速器的检修　　　　　　　　　　　　　　　008

实训工作页 4　　万向传动装置的检修　　　　　　　　　　　　　　010

实训工作页 5　　驱动桥的检修　　　　　　　　　　　　　　　　　012

实训工作页 6　　车轮定位的检查与调整　　　　　　　　　　　　　014

实训工作页 7　　车架与悬架的检修　　　　　　　　　　　　　　　016

实训工作页 8　　车轮与轮胎的检修　　　　　　　　　　　　　　　018

实训工作页 9　　机械转向系统的检修　　　　　　　　　　　　　　021

实训工作页 10　　动力转向系统的检修　　　　　　　　　　　　　023

实训工作页 11　　制动器的检修　　　　　　　　　　　　　　　　025

实训工作页 12　　制动系统的检修　　　　　　　　　　　　　　　027

实训工作页 1　底盘的认识及工具设备的使用

实训项目	底盘的认识及工具设备的使用		日期	
学生姓名		班级		学号	
实训仪器设备				

1. 写出图中底盘基本组成系统

2. 写出汽车底盘各系统的结构组成及功用

1）传动系统：＿＿＿＿＿＿＿＿＿＿＿＿＿＿＿＿＿＿＿＿＿＿＿＿＿＿＿＿＿
＿＿＿＿＿＿＿＿＿＿＿＿＿＿＿＿＿＿＿＿＿＿＿＿＿＿＿＿＿＿＿＿＿＿＿＿

2）行驶系统：＿＿＿＿＿＿＿＿＿＿＿＿＿＿＿＿＿＿＿＿＿＿＿＿＿＿＿＿＿
＿＿＿＿＿＿＿＿＿＿＿＿＿＿＿＿＿＿＿＿＿＿＿＿＿＿＿＿＿＿＿＿＿＿＿＿

3）转向系统：＿＿＿＿＿＿＿＿＿＿＿＿＿＿＿＿＿＿＿＿＿＿＿＿＿＿＿＿＿
＿＿＿＿＿＿＿＿＿＿＿＿＿＿＿＿＿＿＿＿＿＿＿＿＿＿＿＿＿＿＿＿＿＿＿＿

4）制动系统：＿＿＿＿＿＿＿＿＿＿＿＿＿＿＿＿＿＿＿＿＿＿＿＿＿＿＿＿＿
＿＿＿＿＿＿＿＿＿＿＿＿＿＿＿＿＿＿＿＿＿＿＿＿＿＿＿＿＿＿＿＿＿＿＿＿

3. 写出汽车传动系统的布置形式

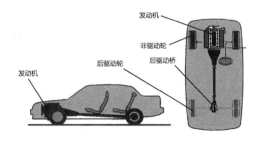

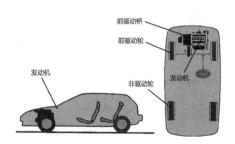

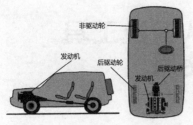 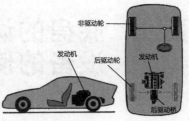 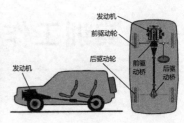

_____　　　　_____　　　　_____

4. 写出工具盒中常用工具的名称及使用方法

1）_____
2）_____
3）_____
4）_____
5）_____
6）_____
7）_____

5. 举升和支撑车辆，并记录相关操作

1）使用举升机前是否清除举升机附近妨碍作业的器具及杂物。　　　　是☐　否☐
2）支车前，是否调整四个举升臂支撑块高度在同一平面上。　　　　　是☐　否☐
3）支车时，举升臂支撑块是否支撑在规定的支撑点位置。　　　　　　是☐　否☐
4）当举升机升至距离地面 10cm 时，是否检查并确认车辆托举安全可靠。　是☐　否☐
5）举升过程中，是否严禁任何人进入车辆下面。　　　　　　　　　　是☐　否☐
6）举升到需要高度时，保险锁销等锁止装置是否起到保险锁止作用，是否
　　确保安全可靠才开始车底作业。　　　　　　　　　　　　　　　是☐　否☐

6. 本次实训中存在的疑问有哪些

_____
_____
_____
_____

7. 自我评价

你认为个人技能掌握程度是　　　非常熟练☐　比较熟练☐　一般熟练☐　不熟练☐

教师评语：

_____
_____

成绩：_____　教师签字：_____

实训工作页 2　离合器的检修

实训项目	离合器的检修			日期	
学生姓名		班级		学号	
实训仪器设备					

1. 写出图中离合器各零部件名称

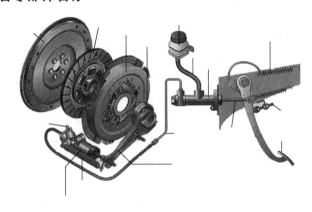

2. 写出离合器各部分机构包括的零部件

　　1）主动部分：_____
　　2）从动部分：_____
　　3）压紧机构：_____
　　4）操纵机构：_____

3. 看图写出离合器的工作原理

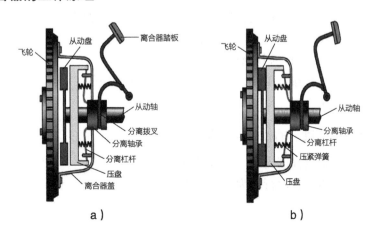

a)　　　　　　　　　　　　b)

_____
_____
_____
_____

4. 离合器的检修

（1）从动盘的检查

1）目视检查。从动盘摩擦片是否有裂纹、铆钉外露、减振器弹簧断裂等情况。　　　　　　　　　　　　　　　　　　　　　是□　否□

2）检查从动盘摩擦片的磨损程度。用游标卡尺测量摩擦片的厚度为____，是否正常。　　　　　　　　　　　　　　　　　　是□　否□

3）检查从动盘摩擦片上的铆钉深度。用游标卡尺测量从动盘摩擦片上的铆钉深度为____，是否正常。　　　　　　　　　　　是□　否□

（2）压盘和离合器盖的检查

1）检查压盘表面粗糙度。目视检查压盘表面不应有明显的沟槽，沟槽深度应小于0.30mm。若有沟槽，检测沟槽深度为____，是否正常。　是□　否□

2）检查压盘平面度。用刀口尺压在压盘上，然后用塞尺测量。离合器压盘平面度为____，是否正常。　　　　　　　　　　　是□　否□

3）检查离合器盖与飞轮接合面的平面度。离合器盖与飞轮的接合面的平面度为____，是否正常。　　　　　　　　　　　　　是□　否□

（3）膜片弹簧的检查

1）检查膜片弹簧的磨损程度。用游标卡尺测量膜片弹簧与分离轴承接触部位磨损的深度为____，宽度为____，是否正常。　　是□　否□

2）检查膜片弹簧。目视检查膜片弹簧的分离指是否在同一高度，是否有断裂和过度磨损现象。　　　　　　　　　　　　　　是□　否□

（4）分离轴承的检查　用手固定分离轴承内圈，转动外圈，同时在轴向施加压力，是否有阻滞或有明显间隙感。　　　　　　是□　否□

5. 离合器储液罐液面高度检查

1）检查储液罐中制动液液位是否处于MIN线与MAX线之间。　是□　否□

2）如果制动液液位低于MIN线，检查是否有泄漏。　　　　　　是□　否□

3）给储液罐加注制动液，制动液型号为____。

4）对离合器管路进行排气工作，检查离合器管路中的空气是否已全部放出。　　　　　　　　　　　　　　　　　　　　　　是□　否□

6. 离合器踏板行程（高度）的检查与调整

1）检查离合器踏板的高度为____，是否正常。　　　　　　　　是□　否□

2）检查离合器踏板的自由行程为____，是否正常。　　　　　　是□　否□

7. 本次实训中存在的疑问有哪些

_____
_____
_____
_____
_____
_____

8. 自我评价

  你认为个人技能掌握程度是   非常熟练□   比较熟练□   一般熟练□   不熟练□

教师评语：

_____
_____

成绩：_____ 教师签字：_____

实训工作页 3　手动变速器的检修

实训项目	手动变速器的检修		日期	
学生姓名		班级	学号	
实训仪器设备				

1. 写出图中手动变速器零部件名称

2. 写出手动变速器档位的动力传递路线

　1）写出手动变速器一档的动力传递路线

```
_____
_____
_____
_____
```

　2）写出手动变速器三档的动力传递路线

```
_____
_____
_____
_____
```

3. 手动变速器的检测

（1）齿轮与花键的检修

1）检查齿轮的齿面。目视检查齿轮上是否有明显的疲劳斑点、
划痕或阶梯形磨损。　　　　　　　　　　　　　　　　　　　是□　否□

2）检查斜齿轮齿面的磨损程度，磨损量是否超过原齿面的15%。　是□　否□

3）检查齿轮与齿轮、齿轮与轴及花键之间各啮合间隙是否符合规定值。　是□　否□

（2）变速器轴的检修

1）目视检查变速器轴上是否有裂纹或破损处。　　　　　　　　是□　否□

2）检查变速器轴是否有弯曲变形情况。　　　　　　　　　　　是□　否□

3）用游标卡尺测量变速器轴颈（或定位凹槽），测量值为____，是否正常。是□　否□

（3）同步器的检修

1）用塞尺测量锁环和换档齿轮端面之间的间隙，测量值为____，是否正常。是□　否□

2）检查同步器滑块和滑块槽是否出现磨损。　　　　　　　　　是□　否□

4. 写出手动变速器齿轮油的更换步骤

1）放油：_____
_____
_____

2）加油：_____
_____
_____

5. 本次实训中存在的疑问有哪些

_____
_____
_____
_____

6. 自我评价

你认为个人技能掌握程度是　　　非常熟练□　比较熟练□　一般熟练□　不熟练□

教师评语：
_____
_____

成绩：_____　教师签字：_____

实训工作页4　万向传动装置的检修

实训项目	万向传动装置的检修		日期	
学生姓名		班级	学号	
实训仪器设备				

1. 写出图中万向传动装置的组成零部件名称

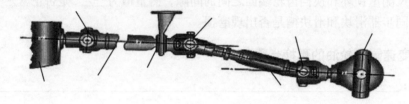

2. 写出图中球笼式等速万向节零部件名称

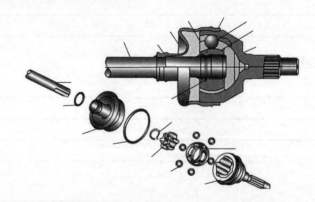

3. 万向节的检修

1）检查内、外等速万向节中各部件的磨损情况和装配间隙是否正常。　　　是☐　否☐
2）检查万向节球笼、星形套与钢球有无凹陷与磨损，万向节间隙是否过大。　是☐　否☐
3）检查万向节防尘罩、卡箍、弹簧挡圈等是否损坏。　　　　　　　　　　是☐　否☐

4. 传动轴总成的检修

1）检查传动轴套管是否有裂纹、变形或过度磨损。　　　　　　　　　　　是☐　否☐
2）用百分表测量传动轴弯曲程度，是否超过规定值。　　　　　　　　　　是☐　否☐

3）用塞尺检查传动轴轴颈轴向侧隙，是否超过规定值。　　　　　　　是□　否□
4）检查十字轴是否完整、密封良好以及没有变形。　　　　　　　　　是□　否□
5）十字轴转动时，是否有噪声或有受阻的感觉。　　　　　　　　　　是□　否□
6）将传动轴握紧，左右、上下地转动连接轴叉，此时十字轴上是否
　　感到有明显的松旷。　　　　　　　　　　　　　　　　　　　　是□　否□
7）检查中间支撑的橡胶垫环是否开裂、油封磨损是否过甚而失效、
　　轴承松旷或内孔磨损是否严重。　　　　　　　　　　　　　　　是□　否□
8）检查中间支撑吊架固定螺栓是否松动。　　　　　　　　　　　　　是□　否□
9）检查万向节凸缘盘连接螺栓是否松动。　　　　　　　　　　　　　是□　否□
10）检查传动轴花键，在两个相反的方向上来回转动传动轴数次，
　　　是否感觉有明显的间隙。　　　　　　　　　　　　　　　　　是□　否□
11）检查花键部分是否过度磨损，以及传动轴管部是否有焊接缺陷。　是□　否□
12）在传动轴两端装上万向节之后，检查两端的万向节叉是否在
　　　同一平面上。　　　　　　　　　　　　　　　　　　　　　　是□　否□

5. 本次实训中存在的疑问有哪些

_____
_____
_____
_____

6. 自我评价

　　你认为个人技能掌握程度是　　　　非常熟练□　比较熟练□　一般熟练□　不熟练□

教师评语：

_____
_____

成绩：_____　教师签字：_____

实训工作页 5 驱动桥的检修

实训项目	驱动桥的检修			日期	
学生姓名		班级		学号	
实训仪器设备					

1. 写出图中驱动桥主要零部件名称及作用

1）驱动桥的功用：_____

2）主减速器的功用：_____

3）差速器的功用：_____

4）半轴的功用：_____

2. 写出图中普通齿轮式差速器零部件名称

3. 主减速器的调整

（1）主动锥齿轮轴承预紧度的调整
 1）检查主动锥齿轮轴承预紧度是否符合规定。　　　　　　　　　　　　是☐　否☐
 2）增加垫片的厚度，主动锥齿轮轴承预紧度是否变小；
　　反之，轴承预紧度是否变大。　　　　　　　　　　　　　　　　　是☐　否☐

（2）从动锥齿轮轴承预紧度的调整
 1）检查从动锥齿轮轴承预紧度是否符合规定。　　　　　　　　　　　　是☐　否☐
 2）拧动从动锥齿轮轴承两侧的轴承调整螺母。拧入调整螺母，轴承预紧度
　　是否变大；反之，轴承预紧度是否变小。　　　　　　　　　　　　是☐　否☐

（3）锥齿轮啮合的调整
 1）齿面啮合印痕的调整。检查齿面啮合印痕，是否位于齿高的中间偏小端，
　　并占齿宽60%以上。　　　　　　　　　　　　　　　　　　　　　是☐　否☐
 2）齿侧啮合间隙的调整。将百分表抵在从动锥齿轮正面的大端处，用手
　　把住主动锥齿轮，然后轻轻地往复摆转从动锥齿轮，读取间隙值。间
　　隙值是否符合规定。　　　　　　　　　　　　　　　　　　　　　是☐　否☐

4. 差速器的检修

1）用游标卡尺测量差速器行星轮止推垫圈的厚度值为＿＿，是否正常。　是☐　否☐
2）用游标卡尺测量差速器行星轮轴的外径为＿＿，是否正常。　　　　　是☐　否☐

5. 驱动桥齿轮油的检查与更换

1）检查驱动桥齿轮油的油面是否在加油螺塞开口最低点以下5mm范围内。是☐　否☐
2）驱动桥齿轮油的油位低时，检查齿轮油是否泄漏。　　　　　　　　　是☐　否☐
3）手动变速驱动桥齿轮油的型号为＿＿＿＿＿＿＿＿＿＿＿＿＿＿＿＿＿＿＿。

6. 本次实训中存在的疑问有哪些

_____
_____
_____
_____

7. 自我评价

你认为个人技能掌握程度是　　　　非常熟练☐　比较熟练☐　一般熟练☐　不熟练☐

教师评语：

_____
_____

成绩：_____　教师签字：_____

实训工作页6　车轮定位的检查与调整

实训项目	车轮定位的检查与调整			日期	
学生姓名		班级		学号	
实训仪器设备					

1. 车轮定位包括哪几个参数？各有何功用？

_____
_____
_____
_____

2. 车轮定位的检查与调整

（1）实训车型基本信息

　　车型：_____ VIN：_____

　　生产年份：_____ 制造商：_____

（2）查找车型维修资料，确定实训车型四轮定位标准数据

　1）前轮：

　　前束值____，车轮外倾角____，主销后倾角____，主销内倾角____。

　2）后轮：

　　前束值____，车轮外倾角____，主销后倾角____，主销内倾角____。

（3）车辆的准备

1）在车内安装好座椅套、转向盘套，垫上脚垫，然后将车辆开上四轮定位仪专用举升机。

2）检查轮胎，测量四个轮胎气压是否在标准值范围内。　　　　　　　　　是□ 否□

3）查看四个轮胎胎面的磨损情况，要求各轮胎磨损基本一致。　　　　　是□ 否□

4）检查车身悬架、减振器、车轮及轮胎是否有松旷或变形等情况。　　　是□ 否□

5）检查底盘各个活动连接部件的球头、胶套、防尘套是否有老化或
　　脱落的现象。　　　　　　　　　　　　　　　　　　　　　　　　　是□ 否□

（4）检查与调整

1）打开四轮定位检测设备，按照检测设备上的提示，将四个传感器安装到
　　相应的车轮上，注意不可安装错误。安装是否正确。　　　　　　　　是□ 否□

2）升起车辆，操作四轮定位仪，启动四轮定位系统，进入设备使用界面，按照设备的提示，进入四轮定位界面。

3）填写车辆相关的信息，选择车型。

4）选择车轮偏心补偿界面的操作，先使转向盘摆正，然后使用专用工具固定制动踏板。

5）根据设备界面的提示，少量移动车辆位置，进行车轮偏心补偿调整。

6）调整车轮偏心补偿后，设备会自动出现检测结果。

7）记录实训车型四轮定位标准数据

前轮：

前束值____，车轮外倾角____，主销后倾角____，主销内倾角____。

后轮：

前束值____，车轮外倾角____，主销后倾角____，主销内倾角____。

8）如果显示的检测结果不符合标准值，应进行车轮的调整。点击"车轮调整"界面，选择"前轮调整"，进入调整界面。

9）调整前，将四轮定位仪移动圆盘上的锁销拔下。

10）按照标准数值，在车辆上调整前轮、后轮相关部位，直到符合各参数的规定值。

11）降下车辆，拆下四个传感器和夹具，放回到原来的指定位置。

12）最后对车辆进行路试检查。

3. 本次实训中存在的疑问有哪些

_____
_____
_____
_____

4. 自我评价

你认为个人技能掌握程度是　　　　非常熟练□　比较熟练□　一般熟练□　不熟练□

教师评语：

_____
_____

成绩：_____　教师签字：_____

实训工作页 7　车架与悬架的检修

实训项目	车架与悬架的检修			日期	
学生姓名		班级		学号	
实训仪器设备					

1. 写出图中前悬架总成的零部件名称

1：_____ 2：_____
3：_____ 4：_____
5：_____ 6：_____
7：_____ 8：_____
9：_____ 10：_____
11：_____ 12：_____
13：_____ 14：_____
15：_____ 16：_____
17：_____ 18：_____
19：_____ 20：_____

2. 写出图中独立悬架的类型

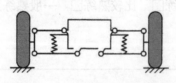

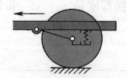

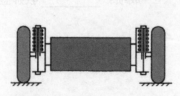

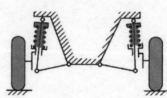

3. 检查减振器总成

1）按压车身,检查减振器的压缩和回弹效果是否正常。　　　　　　　是□　否□
2）举升车辆,检查减振器总成安装是否松动或损坏。　　　　　　　　是□　否□
3）举升车辆,检查减振器是否出现轻微泄漏迹象。　　　　　　　　　是□　否□
4）举升车辆,检查减振器完全伸展时密封罩是否完好。　　　　　　　是□　否□
5）检查减振器衬套是否磨损。　　　　　　　　　　　　　　　　　　是□　否□

4. 检查其他零部件

1）检查螺旋弹簧弹力是否不足。　　　　　　　　　　　　　　　　　是□　否□
2）检查横向稳定杆是否变形。　　　　　　　　　　　　　　　　　　是□　否□

5. 本次实训中存在的疑问有哪些

_____
_____
_____
_____

6. 自我评价

你认为个人技能掌握程度是　　　　非常熟练□　比较熟练□　一般熟练□　不熟练□

教师评语：

_____
_____

成绩：_____　教师签字：_____

实训工作页 8　车轮与轮胎的检修

实训项目	车轮与轮胎的检修			日期	
学生姓名		班级		学号	
实训仪器设备					

1. 写出图中车轮总成零部件名称

2. 写出子午线轮胎的规格含义

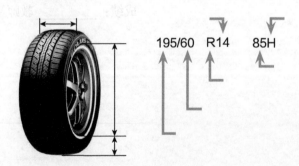

1）195＿＿＿＿＿＿＿＿＿＿＿＿＿＿＿＿＿＿＿＿＿＿＿＿＿＿＿＿＿＿＿＿＿＿＿
2）60＿＿＿＿＿＿＿＿＿＿＿＿＿＿＿＿＿＿＿＿＿＿＿＿＿＿＿＿＿＿＿＿＿＿＿＿
3）R＿＿＿＿＿＿＿＿＿＿＿＿＿＿＿＿＿＿＿＿＿＿＿＿＿＿＿＿＿＿＿＿＿＿＿＿＿
4）14＿＿＿＿＿＿＿＿＿＿＿＿＿＿＿＿＿＿＿＿＿＿＿＿＿＿＿＿＿＿＿＿＿＿＿＿
5）85＿＿＿＿＿＿＿＿＿＿＿＿＿＿＿＿＿＿＿＿＿＿＿＿＿＿＿＿＿＿＿＿＿＿＿＿
6）H＿＿＿＿＿＿＿＿＿＿＿＿＿＿＿＿＿＿＿＿＿＿＿＿＿＿＿＿＿＿＿＿＿＿＿＿＿

3. 车轮的拆装

1）车辆是否停稳。 是□ 否□
2）用千斤顶或举升机升起车辆时，是否支撑在车辆指定的位置。 是□ 否□
3）在车轮总成拆装过程中，是否按对角线的顺序分 2~3 次拧松和
拧紧车轮螺栓。 是□ 否□
4）最后一次是否按规定力矩拧紧车轮螺栓。 是□ 否□

4. 轮毂轴承预紧度的调整

1）车辆是否停稳。 是□ 否□
2）用千斤顶或举升机升起车辆时，是否支撑在车辆指定的位置。 是□ 否□
3）调整合适的轮毂轴承预紧度，车轮是否能够自由转动，
且轴向推动是否无明显间隙。 是□ 否□

5. 轮胎的检查

1）轮胎外观的检查。举升车辆，缓慢转动轮胎，检查轮胎是否有胎体变形、
鼓包、橡胶开裂、异常磨损及穿刺异物等现象。 是□ 否□
2）胎面花纹深度检查。擦净轮胎花纹顶面及纹槽，将深度尺垂直插入轮胎
花纹槽中，保持深度尺的测量平面与两侧花纹顶面可靠接触，观察并读
取深度尺外壳顶端与标尺对齐的刻度线指示的数值，是否符合规定值。 是□ 否□
3）轮胎气压的检查。用气压表检查轮胎气压，是否符合规定值。 是□ 否□

6. 车轮动平衡的检验

1）被测车轮是否进行清洗，是否去掉泥土、砂石，是否拆掉旧平衡块。 是□ 否□
2）检查轮胎气压是否符合规定值。 是□ 否□
3）是否根据轮辋中心孔的大小选择锥体。 是□ 否□
4）将车轮安装于平衡机上时，是否用锁紧螺母将车轮锁紧。 是□ 否□
5）在轮辋内侧或外侧装卡或粘贴平衡块后，是否再次进行动平衡试验，
直至动不平衡量小于 5g。 是□ 否□

7. 轮胎的换位

1）如果轮胎有方向性花纹，是否采用单边换位法。 是□ 否□
2）轮胎换位后，按所换轮胎位置的要求，是否重新调整气压。 是□ 否□
3）轮胎换位后是否作好记录，下次换位仍要按上次选定的换位方法换位。 是□ 否□
4）对于有胎压监测功能的轮胎，换位后是否重新设定轮胎位置。 是□ 否□

8. 轮胎的拆装

（1）轮胎的拆卸
1）用专用工具拆卸气门芯，是否将轮胎内的空气放尽，
是否取下轮辋边缘的平衡块。 是□ 否□

2）拆卸时，是否在轮胎与轮辋边缘涂润滑剂（肥皂水）。　　　　　　　是□　否□

　　3）若轮辋上安装有胎压传感器，拆装时是否使拆装头避开胎压传感器的
　　　　位置。　　　　　　　　　　　　　　　　　　　　　　　　　　　是□　否□

（2）轮胎的安装

　　1）安装时，是否在轮胎与轮辋边缘涂润滑剂（肥皂水）。　　　　　　　是□　否□

　　2）安装时，是否调整轮胎位置，保证轮胎气门嘴位置安装正确。　　　　是□　否□

　　3）安装时，是否先充入少量的压缩空气，待轮胎的边缘充气伸展后
　　　　再继续充气至规定值气压。　　　　　　　　　　　　　　　　　　是□　否□

9. 本次实训中存在的疑问有哪些

_____

_____

_____

_____

10. 自我评价

　　　　你认为个人技能掌握程度是　　　非常熟练□　比较熟练□　一般熟练□　不熟练□

教师评语：

_____

_____

　　　　　　　　　　　　　　　　　　　　　　成绩：_____　教师签字：_____

实训工作页9　机械转向系统的检修

实训项目	机械转向系统的检修		日期	
学生姓名		班级	学号	
实训仪器设备				

1. 写出图中转向系统零部件名称

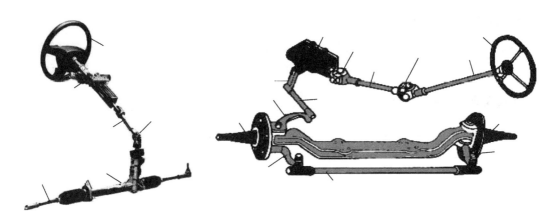

2. 齿轮齿条式转向器的拆卸

　　1）拆卸分解中，是否先在转向齿条端头与横拉杆连接处打上安装标记。　　是□　否□
　　2）拆卸转向齿条端头。
　　3）拆下转向齿条导块组件后，拉住转向齿条，使齿对准转向齿轮，再拆卸转向齿轮。
　　4）最后抽出转向齿条。

3. 齿轮齿条式转向器的检修

　（1）检查齿条柱塞
　　1）检查齿条柱塞是否磨损或者损坏。　　　　　　　　　　　　　　　　是□　否□
　　2）检查齿条柱塞弹簧是否损坏变形。　　　　　　　　　　　　　　　　是□　否□

　（2）检查转向齿轮
　　1）检查齿轮的齿面是否磨损或损坏。　　　　　　　　　　　　　　　　是□　否□
　　2）检查油封是否损坏。　　　　　　　　　　　　　　　　　　　　　　是□　否□
　　3）检查齿轮箱密封件是否损坏。　　　　　　　　　　　　　　　　　　是□　否□

（3）检查转向齿轮轴承

　　1）检查轴承的旋转状态是否正常。　　　　　　　　　　　　　　　是□　否□

　　2）检查零件是否磨损。　　　　　　　　　　　　　　　　　　　　是□　否□

（4）检查转向齿条

　　1）检查齿条齿是否磨损或者损坏。　　　　　　　　　　　　　　　是□　否□

　　2）检查齿条背面是否磨损或者损坏。　　　　　　　　　　　　　　是□　否□

　　3）将齿条放在V形架上，用百分表测量齿条是否有偏差，
　　　　齿条偏差范围：0.1mm。偏差是否超过规定值范围。　　　　　　是□　否□

4. 齿轮齿条式转向器的安装与调整

　　1）齿轮齿条式转向器安装后，手感应无轴向窜动，转动自如。　　　是□　否□

　　2）调整转向齿条与转向齿轮的啮合间隙。　　　　　　　　　　　　是□　否□

5. 检查转向盘自由行程

　　1）是否将车辆停在平坦路面上，车轮是否对准正前位置。　　　　　是□　否□

　　2）向左和向右慢慢转动转向盘，检查转向盘的自由行程为＿＿＿，是否正常。　是□　否□

6. 本次实训中存在的疑问有哪些

　　_____
　　_____
　　_____
　　_____

7. 自我评价

　　你认为个人技能掌握程度是　　　非常熟练□　比较熟练□　一般熟练□　不熟练□

教师评语：

　　_____
　　_____

成绩：_____　教师签字：_____

实训工作页 10　动力转向系统的检修

实训项目	动力转向系统的检修		日期	
学生姓名		班级	学号	
实训仪器设备				

1. 写出图中转向系统零部件名称

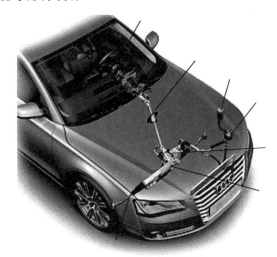

2. 转向盘转向操纵力的检查

1）检查转向操纵力时，车辆是否停放在水平干燥的路面上，
发动机机油温度是否达到 60~80℃，轮胎气压是否正常，
前轮是否处于直线行驶位置。　　　　　　　　　　　　　　　　　是□　否□

2）发动机怠速运转，将一弹簧秤钩在转向盘边缘上，拉动转向盘，
检查转向盘左右转动一圈所需拉力变化。

3）如果转向操纵力超过规定力矩，说明动力转向工作不正常，应检查
有无 V 带打滑或损坏、转向油泵输出油压或油量是否低于标准、
油液中是否渗入空气、油管是否有压瘪或弯曲变形等故障。　　　　是□　否□

3. 动力转向系统转向液罐油面的检查

1）车辆是否停放在平坦的地面上，前轮是否处于直行位置。　　　　是□　否□

2）观察转向液罐的液面，此时液面是否处于"MAX"（上限）与"MIN"

（下限）之间。 是□ 否□
3）给转向液罐加注动力转向油液，型号为_____。
4）对动力转向系统进行排气工作，检查系统中的空气是否已全部放出。 是□ 否□

4. 检查动力转向系统泄漏的检查

1）检查动力转向泵V带张紧度是否正常。 是□ 否□
2）检查转向液罐油液是否加注过量。 是□ 否□
3）检查转向液管接头是否过松。 是□ 否□
4）检查部件密封面是否损坏。 是□ 否□
5）起动发动机，将转向盘向左右两个方向打到底，重复几次，查明转向系统是否有泄漏点？ 是□ 否□；如果有，记录漏点位置_____。

5. 本次实训中存在的疑问有哪些

_____
_____
_____
_____

6. 自我评价

你认为个人技能掌握程度是　　　非常熟练□　比较熟练□　一般熟练□　不熟练□

教师评语：

_____
_____

成绩：_____　教师签字：_____

实训工作页 11　制动器的检修

实训项目	制动器的检修			日期	
学生姓名		班级		学号	
实训仪器设备					

1. 写出图中制动系统零部件名称

2. 盘式制动器的检修

1）拆卸盘式制动器时，在制动盘和车桥轮毂上是否做好装配标记。　　　　　是☐　否☐

2）检查钳体是否变形或有裂纹，轮缸缸孔是否不均匀磨损，
防尘罩是否损坏或变质，活塞是否在不均匀磨损中损坏。　　　　　　　　是☐　否☐

3）用直尺测量制动摩擦片衬块厚度为____，标准厚度为____，是否正常。　是☐　否☐

4）检查盘式制动器衬块支撑板是否有足够的弹性，是否无变形、
裂纹或磨损等情况。　　　　　　　　　　　　　　　　　　　　　　　　是☐　否☐

5）用游标卡尺测量制动盘厚度为____，标准厚度为____，是否正常。　　　是☐　否☐

6）用百分表测量制动盘的径向圆跳动为____，最大径向圆跳动为____，
是否正常。　　　　　　　　　　　　　　　　　　　　　　　　　　　　是☐　否☐

7）安装前制动盘时，是否对准制动盘和车桥轮毂的装配标记。　　　　　　是☐　否☐

8）制动器摩擦片或制动盘的摩擦面上是否有油污或润滑脂。　　　　　　　是☐　否☐

3. 鼓式制动器的检修

1）检查制动底板是否变形，制动蹄接触面是否严重磨损、
是否有机械损伤等缺陷。　　　　　　　　　　　　　　　是□　否□

2）用游标卡尺测量制动蹄片的厚度为＿＿，标准值为＿＿，使用
极限为＿＿，其铆钉与摩擦片的表面深度为＿＿，是否正常。　是□　否□

3）检查制动鼓内侧是否有烧损、刮痕和凹陷等。　　　　　是□　否□

4）用游标卡尺检查制动鼓内径尺寸为＿＿，标准值为＿＿，
使用极限为＿＿，是否正常。　　　　　　　　　　　　　是□　否□

5）测量制动鼓内径的圆度误差为＿＿，使用极限为＿＿，是否正常。是□　否□

6）检查后制动蹄衬片与后制动鼓接触面积，是否大于60％。　是□　否□

7）检查后制动器定位弹簧、上复位弹簧、下复位弹簧和楔形调整板拉簧
的自由长度增长率是否达5％。　　　　　　　　　　　　是□　否□

4. 本次实训中存在的疑问有哪些

_____
_____
_____
_____

5. 自我评价

你认为个人技能掌握程度是　　　非常熟练□　比较熟练□　一般熟练□　不熟练□

教师评语：
_____
_____

成绩：_____　教师签字：_____

实训工作页 12 制动系统的检修

实训项目	制动系统的检修			日期	
学生姓名		班级		学号	
实训仪器设备					

1. 写出图中制动系统零部件名称

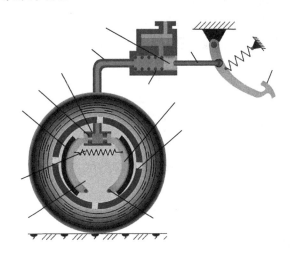

2. 真空助力器工作情况的检查

（1）检查气密性

1）起动发动机。发动机运行 1~2min 后，关闭发动机。
2）用相同的一般制动力踩制动踏板几次，并观察踏板行程。
　　如果第一次踏板下沉很深，第二次和第三次踩下踏板时，
　　若气密形成，踏板行程是否减小。　　　　　　　　　　　　　　　　　　是□　否□
3）如果踏板行程不变，气密是否形成。　　　　　　　　　　　　　　　　　是□　否□

（2）工作情况检查

1）发动机停止运转后，用相同的力，踩制动踏板几次，确认踏板行程未改变。
2）起动发动机的同时，踩制动踏板。如果踏板行程有少许增大，
　　真空助力器工作是否正常。　　　　　　　　　　　　　　　　　　　　　是□　否□
　　若踏板行程无变化，则表明真空助力器是否有故障。　　　　　　　　　　是□　否□

（3）有负荷条件下气密性检查

    1）在发动机运转的同时，踩制动踏板，然后让发动机停止运转而制动踏板仍保持踩下状态。

    2）让制动踏板保持踩下状态 30s，如果踏板高度不发生变化，

        真空助力器工作是否正常。   是□ 否□

        若踏板升高，真空助力器工作是否正常。   是□ 否□

3. 制动踏板行程的检查

    1）测量制动踏板表面与地板之间的距离为_____，是否正常。   是□ 否□

    2）测量制动踏板的自由行程为_____，是否正常。   是□ 否□

4. 制动液液面高度的检查

    1）检查储液罐中制动液液位是否正常。   是□ 否□

    2）给储液罐加注制动液，制动液型号为_____。

    3）对制动管路进行排气工作，检查管路中的空气是否已全部放出。   是□ 否□

        制动管路排气的顺序为_____。

5. 驻车制动装置的检查

    1）缓慢将驻车制动杆向上拉到底，并计算咔嗒声和次数_____，是否正常。 是□ 否□

    2）检查驻车制动器是否卡滞。   是□ 否□

    3）检查制动拉索回位弹簧挂钩是否正确，弹簧弹力有无下降，

        弹簧是否被折断或变形。   是□ 否□

    4）操作驻车制动杆时，检查并确认制动警告灯是否亮起。   是□ 否□

6. 本次实训中存在的疑问有哪些

_____

_____

_____

7. 自我评价

    你认为个人技能掌握程度是   非常熟练□   比较熟练□   一般熟练□   不熟练□

教师评语：

_____

_____

成绩：_____   教师签字：_____